KB219124

어느 **교과서**를 배우더라도

꼭 알아야 하는 **개념**과 **기본 문제** 구성으로

다양한 학교 평가에 완벽 대비할 수 있어요!

8종 검정 교과서

평가 자료집

사회 3-1

공통 개념과 다양한 검정 교과서 자료

8종 교과서를 아우르는 다양한 평가 문제

핵심 정리

🟤 장소

의미	• 우리가 생활하면서 이용하는 곳 • 우리가 사는 곳을 이루고 있는 부분
종류	학교, 놀이터, 시장, 공원 등

🟤 우리 주변의 장소들

① 학교 가는 길에 있는 장소들 예

편의점

문구점

② 학교 안에 있는 장소들 예

교실

급식실

🟤 메타버스에서 가 보는 장소

천재교과서

① 메타버스의 의미: 현실 세계와 같은 활동이 이루어지는 가상의 공간을 말합니다.
② 우리는 스마트 기기를 이용해 메타버스에서 수업을 듣거나 친구와 대화할 수 있습니다.

---

❶ 우리 주변에 있는 장소

🟫 서술형·논술형 문제   8종 공통

1 다음 사진들의 공통점을 쓰시오.

▲ 바다

▲ 학교

▲ 시장

_____

_____

8종 공통

2 장소에 대한 알맞은 설명에 ○표를 하시오.

(1) 장소는 일상생활에서 방문하는 곳이 아닙니다.

(   )

(2) 우리는 여러 장소에서 다른 사람들과 교류하며 생활하고 있습니다.

(   )

8종 공통

3 다음 일기에 등장한 장소를 학교 외에 두 곳만 더 쓰시오.

20XX년 3월 2일 O요일

오늘은 새 학년 첫날이다. 2학년에 이어 3학년 때도 같은 반이 된 다은이와 OO 약국 앞에서 만나 함께 학교에 갔다. 오늘따라 학교 가는 길에 보던 편의점, 병원, 식당, 문구점 등이 새롭게 보였다. 새로운 담임 선생님과 친구들을 만나고 싶어서 나도 모르게 발걸음이 빨라졌다.

(   )

8종 공통

4 다음 그림에 나타난 장소들의 특징으로 알맞지 <u>않은</u> 것은 어느 것입니까? (   )

① 다양한 장소이다.
② 주변에서 볼 수 있는 곳이다.
③ 어린이들에게 익숙한 곳이다.
④ 우리 생활과 관련 있는 곳이다.
⑤ 모두 학교 안에서 볼 수 있는 곳이다.

천재교과서, 동아출판, 미래엔

5 '주변의 장소를 이어서 말하는 놀이'에서 놀이가 끝나는 경우를 보기 에서 찾아 기호를 쓰시오.

보기
㉠ 가위바위보에서 이긴 경우
㉡ 내가 떠올린 새로운 장소를 말하지 못한 경우
㉢ 앞 친구가 말한 장소들을 차례대로 말한 경우

(   )

천재교과서, 미래엔

6 다음 어린이가 생각하고 있는 장소를 찾아 기호를 쓰시오.

이곳에서 좋아하는 반찬이 나와서 행복했어요.

㉠ 운동장   ㉡ 화단   ㉢ 급식실

(   )

8종 공통

7 학교 안 장소의 특징을 바르게 말한 어린이는 누구인지 쓰시오.

훈영: 학교 안에는 우리에게 친숙한 장소가 없어요.
조은: 학교 안의 장소에 대한 생각은 사람마다 달라요.
아라: 학교 안에서는 다양한 장소를 찾아볼 수 없어요.

(   )

미래엔, 비상, 아이스크림 미디어, 와이비엠

8 체육 활동을 하고 뛰어놀 수 있는 학교 안의 장소는 어디입니까? (   )

① 교실   ② 운동장   ③ 미술실
④ 급식실   ⑤ 컴퓨터실

8종 공통

9 다음 표에서 장소에 대한 설명이 잘못된 것은 어느 것입니까? (   )

시장	① 책을 읽을 수 있는 곳
병원	② 아픈 곳을 치료하는 곳
우체국	③ 우편물을 보낼 수 있는 곳
공원	④ 산책하거나 쉴 수 있는 곳
문구점	⑤ 학용품이나 준비물을 사는 곳

천재교과서

10 메타버스에서 할 수 있는 일을 보기 에서 찾아 기호를 쓰시오.

보기
㉠ 가상 공간의 식당에서 음식을 배부르게 먹을 수 있습니다.
㉡ 가상의 공간에서 동물원의 동물을 직접 만져 볼 수 있습니다.
㉢ 가상의 공간에서 수업을 듣고 친구와 대화를 나눌 수 있습니다.

(   )

핵심 정리

천재교과서, 와이비엠

🥟 주변의 여러 장소에서 감각을 통해 경험하고 느낀 것 예

🥟 장소에서의 경험과 느낌을 살펴보는 방법

> 사진첩 살펴보기, 일기장 살펴보기, 수첩 살펴보기

⬇

> 위와 같은 방법을 통해 장소에서의 경험과 느낌을 떠올려 보면 주변 장소에서의 경험과 느낌을 찾기 쉽고, 내가 가 보았지만 떠올리지 못한 장소들을 더 많이 살펴볼 수 있음.

🥟 같은 장소에 대한 생각이나 느낌 예 놀이터

❷ 여러 장소에 대한 다양한 경험과 느낌

8종 공통

1 경험에 대한 설명으로 알맞은 것을 두 가지 고르시오.
(,)

① 직접 겪은 일이다.
② 실제로 해 본 일이다.
③ 눈으로 본 것만 해당한다.
④ 귀로 들은 것만 해당한다.
⑤ 경험을 기록으로 남길 수는 없다.

[2~3] 다음 그림을 보고, 물음에 답하시오.

ㄱ

🔺 분식집에서 떡볶이를 먹었음.

ㄴ

🔺 공원에서 봄꽃을 구경했음.

ㄷ

🔺 수영장에서 헤엄을 쳤음.

ㄹ

🔺 빵집에서 빵 냄새를 맡았음.

💼 서술형·논술형 문제
8종 공통

2 위 그림에 나타난 공통점을 쓰시오.

_____

_____

천재교과서, 와이비엠

3 위 그림 중 다음 감각 기관과 관련 있는 경험을 찾아 기호를 쓰시오.

( )

천재교과서, 와이비엠

4 다음 두 어린이 중 피부로 느낀 경험을 말한 어린이는 누구인지 쓰시오.

나는 여름에 놀이터에서 철봉을 손으로 만졌더니 뜨거웠어. ▲ 재희

나는 놀이터에서 개미와 매미를 관찰했는데 신기했어. ▲ 훈영

( )

천재교과서, 미래엔, 지학사

5 주변 장소에서의 나의 경험과 느낌을 바르게 살펴본 어린이는 누구인지 쓰시오.

세영: 휴대 전화의 사진첩을 살펴보았어요.
다은: 내년에 배울 교과서를 살펴보았어요.
주훈: 가 본 적 없는 장소의 사진을 찾아보았어요.

( )

천재교과서, 미래엔, 아이스크림 미디어

6 다음과 같은 자료를 통해 장소에서의 경험과 느낌을 살펴보면 좋은 점은 어느 것입니까? ( )

20XX년 2월 15일 O요일
 오늘은 치과에 가서 충치를 치료했습니다. 기계가 돌아가는 소리와 소독약 냄새 때문에 무서웠습니다. 치과 진료를 마친 뒤 미용실에서 머리를 짧게 잘랐습니다. 머리 모양이 어색했지만 가볍고 시원해서 기분이 좋았습니다.

① 무서운 기억을 쉽게 잊어버릴 수 있다.
② 신나고 즐거운 기억만 떠올릴 수 있다.
③ 지금까지 내가 가 봤던 장소를 모두 다 기억할 수 있다.
④ 내가 갔던 장소보다 더 적은 수의 장소를 떠올릴 수 있다.
⑤ 내가 떠올리는 것보다 더 많은 장소를 생각해 낼 수 있다.

동아출판, 미래엔, 아이스크림 미디어, 와이비엠

7 다음 장소 카드에 대한 설명에서 ☐ 안에 공통으로 들어갈 알맞은 말에 ○표를 하시오.

 장소 카드를 만들 때 장소 이름을 쓴 뒤 장소에서 한 ☐ 을 쓰고, ☐ 에 따른 느낌도 함께 적습니다.

• 상상 • 경험 • 바라는 섬

천재교과서

8 다음과 같은 생각이나 느낌이 나타나는 장소는 어디입니까? ( )

• 기계 소리가 무섭다. • 치료할 때 아프다.

① 서점 ② 치과 ③ 공원
④ 영화관 ⑤ 미술관

8종 공통

9 놀이터에 대해 다음과 같이 다양하게 생각하는 까닭을 찾아 ○표를 하시오.

지연: 벌레가 많아서 무서워.
민준: 친구와 놀 수 있어서 좋아.

(1) 장소에서 한 경험이 달라서 ( )
(2) 한 장소에서는 한 가지 경험만 해서 ( )

8종 공통

10 장소에서의 경험과 관련 있는 장소 다섯 고개를 읽고 해당하는 장소를 쓰시오.

첫째 고개	운동장에서 놀았던 추억이 있습니다.
둘째 고개	낮 시간에는 사람들이 많습니다.
셋째 고개	교실에서 공부할 때 지루하기도 합니다.
넷째 고개	아침에 늦을까 봐 뛰기도 합니다.
다섯째 고개	좋아하는 친구들을 만날 수 있습니다.

( )

핵심 정리

🌰 장소에서의 경험과 느낌을 표현하는 다양한 방법

① 글로 표현하기 ⑩ 놀이공원

신나는 놀이공원

놀이공원에서 정말 즐거운 경험을 했다. 사람이 많지 않아서 놀이기구를 실컷 탈 수 있어서 좋았고, 팝콘이랑 음료수도 사 먹었다.

처음에는 놀이기구가 무섭게 보였는데 자꾸 타다 보니 신나고 재미있었다. 하루 종일 놀이공원에 있었지만 나오는 길이 너무 아쉬웠다. 다음에는 친구들이랑 꼭 다시 오고 싶다.

② 그림으로 표현하기 ⑩ 편의점

🌰 장소에서의 경험과 느낌을 그림지도로 표현하기

그림지도의 의미	고장을 실제 그대로 나타낸 것이 아니라, 개개인의 머릿속에 있는 장소에 관한 정보를 지도처럼 그려서 나타낸 것
그림지도의 특징	중요한 장소를 크게 그리거나 장소에 어울리는 색을 칠하여 장소에 대한 느낌을 표현함.

❸ 여러 장소에 대한 경험과 느낌의 표현과 존중

8종 공통

1 장소에서의 경험과 느낌을 바르게 표현하지 <u>않은</u> 어린이는 누구인지 쓰시오.

소정: 놀이공원에서 경험한 것을 글로 썼어요.
희운: 공원에서 행복했던 경험을 사진으로 남겼어요.
윤서: 학교에서 경험한 것을 세계 지도에 표시했어요.

(   )

8종 공통

2 장소에서의 경험과 느낌을 표현한 다음 작품에 대한 설명으로 알맞은 것은 어느 것입니까? (   )

① 글로만 표현했다.
② 상상의 장소를 표현했다.
③ 그림은 나타나 있지 않다.
④ 친구에게 쓰는 편지로 표현했다.
⑤ 장소의 특징이 드러나게 표현했다.

8종 공통

3 다음 어린이들의 대화를 읽고, (   ) 안의 알맞은 말에 ○표를 하시오.

 나는 공원에 갔을 때 느꼈던 기분을 글과 그림으로 표현할 거야.

 나는 주변에 달라진 장소를 소식지로 나타내 보고 싶어.

장소에서의 경험과 느낌을 표현하는 방법은 (한 가지입니다 / 다양합니다).

서술형·논술형 문제   천재교과서

4 다음 두 작품이 공통으로 표현하고 있는 내용을 쓰시오.

_____

_____

천재교과서

5 다음 자료에 대한 설명으로 알맞은 것은 어느 것입니까? (   )

① 가 보지 않은 장소를 소개하고 있다.

② 주변에 있는 장소를 모두 소개하고 있다.

③ 장소에 대한 느낌을 그림으로만 나타냈다.

④ 장소에 대한 느낌을 편지로 나타내고 있다.

⑤ 그림말을 사용하여 장소에 대한 느낌을 나타냈다.

8종 공통

6 다음과 같이 여러 장소의 모습을 지도처럼 그려서 나타낸 것은 무엇입니까? (   )

① 약도   ② 노선도   ③ 백지도

④ 그림지도   ⑤ 영상 지도

8종 공통

7 그림지도에 대한 설명으로 알맞은 것에 ○표를 하시오.

(1) 주변의 모든 장소를 그려야 합니다. (   )

(2) 장소에 대한 나의 느낌이 드러나게 그려도 됩니다.

(   )

8종 공통

8 그림지도를 바르게 그린 어린이는 누구인지 쓰시오.

> 정서: 장소의 모습과 위치를 있는 그대로 정확하게 그렸어요.
>
> 동효: 내가 소중하게 생각하는 장소들을 좀 더 크게 그렸어요.
>
> 지안: 내 주변에 있는 장소보다 꼭 있었으면 좋겠다고 생각한 장소 위주로 그렸어요.

(   )

[9~10] 다음 그림지도를 보고, 물음에 답하시오.

8종 공통

9 다음 어린이의 말을 읽고, 어린이가 가장 좋아하는 장소를 찾아 기호를 쓰시오.

> 내가 좋아하는 장소를 ☆ 모양으로 표시했어요.

(   )

8종 공통

10 위 그림지도에 나타나 있지 않은 장소는 어느 것입니까? (   )

① 학교   ② 공원   ③ 수영장

④ 놀이터   ⑤ 과학관

핵심 정리

🫕 상황에 따라 도움을 받을 수 있는 장소

비상

상황	도움을 받을 수 있는 장소
불이 났을 때	소방서
열이 날 때	병원
책을 빌리고 싶을 때	도서관

🫕 우리 생활에 도움을 주는 장소

① 우리가 놀거나 쉴 수 있는 장소

⬆ 놀이터

⬆ 공원

② 우리가 배우고 즐기는 장소

⬆ 학교

⬆ 미술관

③ 우리의 안전을 지켜 주는 장소

⬆ 경찰서

⬆ 소방서

④ 우리의 건강에 도움을 주는 장소

⬆ 보건소

⬆ 병원

---

❶ 우리 생활에 편리함과 도움을 주는 장소들

8종 공통

1 다음 그림에서 말하고 있는 사람이 도움을 받을 수 있는 장소는 어디입니까? (   )

독감에 걸린 것 같아요.

① 서점
② 병원
③ 공원
④ 식당
⑤ 학교

[2~3] 다음 보기 를 보고, 물음에 답하시오.

> **보기**
> ㉠ 시장   ㉡ 도서관
> ㉢ 소방서   ㉣ 기차역

8종 공통

2 위 보기 에서 다음 어린이가 도움을 받을 수 있는 장소를 찾아 기호를 쓰시오.

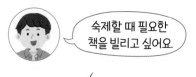
숙제할 때 필요한 책을 빌리고 싶어요.

(   )

8종 공통

3 위 보기 장소들의 공통점은 어느 것입니까? (   )
① 쉴 수 있다.
② 안전을 지켜 준다.
③ 물건을 살 수 있다.
④ 생활에 도움을 준다.
⑤ 건강에 도움을 준다.

8종 공통

4 다음 ☐ 안에 공통으로 들어갈 알맞은 말은 어느 것입니까? (   )

> 일이 없어 남는 자유로운 시간을 ☐ (이)라고 합니다. 우리 주변에 ☐ 을/를 보낼 수 있는 장소에는 놀이터, 놀이공원, 산, 하천 등이 있습니다.

① 여행   ② 여가   ③ 놀이
④ 외출   ⑤ 도움

5 다음 중 우리가 놀거나 쉴 수 있는 장소는 어디입니까? (   )

8종 공통

①
⚠ 약국

②
⚠ 기차역

③
⚠ 경찰서

④
⚠ 놀이터

8종 공통

6 놀이·여가와 관련 있는 장소에 대한 설명으로 알맞은 것을 보기 에서 찾아 기호를 쓰시오.

> **보기**
> ㉠ 일이나 공부를 할 수 있는 장소입니다.
> ㉡ 자유 시간을 즐겁게 보낼 수 있는 장소입니다.
> ㉢ 바닷가, 하천과 같은 자연환경은 해당하지 않습니다.

(   )

8종 공통

7 다음 어린이가 설명하고 있는 장소는 어디입니까?

(   )

교육·문화와 관련 있는 곳으로 다양한 체험을 하고 공부하는 곳이에요.

① 시장
② 도서관
③ 편의점
④ 전철역
⑤ 놀이공원

비상

8 다음 내용에 해당하는 장소를 바르게 줄로 이으시오.

(1) 다른 곳으로 이동할 때 가는 장소 •

(2) 물건을 사려고 가는 장소 •

• ㉠ 공항

• ㉡ 편의점

• ㉢ 시장

• ㉣ 버스 터미널

8종 공통

9 다음 장소를 보고, (   ) 안의 알맞은 말에 ○표를 하시오.

⚠ 보건소

⚠ 병원

위와 같은 장소는 (건강 / 지식)에 도움을 주는 장소입니다.

🧰 **서술형·논술형 문제**

천재교과서

10 다음 장소들의 공통점을 쓰시오.

⚠ 무더위 쉼터

⚠ 지진 옥외 대피 장소

⚠ 아동 안전 지킴이집

_____

_____

핵심 정리

🐚 디지털 영상 지도

의미	인공위성이나 비행기에서 찍은 사진과 영상을 이용해 만든 지도
좋은 점	• 여러 장소의 위치를 정확하게 알 수 있음. • 우리가 사는 곳에 어떤 장소들이 있는지 알 수 있음. • 우리가 사는 곳의 실제 모습을 한눈에 살펴볼 수 있음. • 우리가 사는 곳의 전체적인 모습과 자세한 모습을 모두 살펴볼 수 있음.

🐚 디지털 영상 지도로 장소를 찾는 방법

❶ 인터넷 검색 누리집의 지도 서비스 화면에 들어감.

⬇

❷ 내가 찾으려는 장소를 검색창에 쓰고, 돋보기 단추를 누름.

⬇

❸ '거리 보기' 단추를 누른 후 찾으려는 장소로 커서를 이동함.

⬇

❹ 찾은 장소 위에 놓인 마우스 왼쪽 단추를 눌러서 해당 장소의 모습과 주소를 확인함.

🐚 디지털 영상 지도의 기능

지도 선택 기능
위치 찾기 기능
거리 보기 기능
확대와 축소 기능

❷ 디지털 영상 지도의 활용

8종 공통

1 다음과 같은 지도를 무엇이라고 합니까? (   )

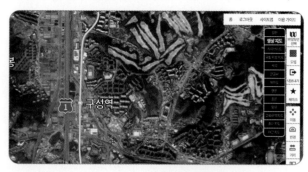

① 백지도
② 안내도
③ 세계 지도
④ 지하철 노선도
⑤ 디지털 영상 지도

8종 공통

2 디지털 영상 지도에 대한 설명에서 ☐ 안에 들어갈 알맞은 말을 두 가지 고르시오. (,   )

> 디지털 영상 지도는 ☐에서 찍은 사진과 영상을 이용해서 만든 지도입니다.

① 배
② 자전거
③ 자동차
④ 비행기
⑤ 인공위성

8종 공통

3 디지털 영상 지도를 바르게 활용한 어린이는 누구인지 쓰시오.

> 정하: 우리 고장의 날씨를 알아보았어요.
> 세은: 우리 생활에 도움이 되는 장소들을 찾아보았어요.
> 민규: 우리 고장에 얼마나 많은 사람이 사는지 살펴보았어요.

(   )

8종 공통

4 디지털 영상 지도에 대한 설명으로 알맞은 것에 ○표를 하시오.

(1) 디지털 영상 지도는 아주 높은 곳에서 내려다본 모습처럼 보입니다.   (   )

(2) 디지털 영상 지도를 보면 높은 건물 뒤에 가려진 모습은 보이지 않습니다.   (   )

📖 서술형·논술형 문제   8종 공통

5 다음 찬우가 사는 곳을 나타낸 두 지도를 보고 알 수 있는 디지털 영상 지도의 특징을 쓰시오.

_____

_____

                                                          8종 공통

6 디지털 영상 지도를 보고 알 수 있는 것을 보기에서 찾아 기호를 쓰시오.

보기
㉠ 우리가 사는 곳에 있는 장소들
㉡ 우리 고장에 사는 사람들의 외모
㉢ 우리 고장에서 사람들이 가장 많이 가는 장소

(   )

                                                          8종 공통

7 디지털 영상 지도를 활용할 때 가장 먼저 해야 하는 일은 어느 것입니까? (   )

① 지도를 확대해 보기
② 장소의 모습 살펴보기
③ 디지털 영상 지도 열기
④ 찾고 싶은 장소 검색하기
⑤ 지도를 볼 수 있는 누리집 들어가기

                                                          8종 공통

8 다음 디지털 영상 지도에서 ○표 한 부분을 통해 할 수 있는 일은 어느 것입니까? (   )

① 지도를 확대할 수 있다.
② 지도를 축소할 수 있다.
③ 찾고 싶은 장소의 주변을 둘러볼 수 있다.
④ 검색창에 찾고 싶은 장소의 이름을 쓸 수 있다.
⑤ '거리 보기'를 통해 실제 모습을 살펴볼 수 있다.

                                                          8종 공통

9 다음 설명에 해당하는 디지털 영상 지도의 기능은 어느 것입니까? (   )

영상 지도에서 일반 지도로도 바꾸어 볼 수 있습니다.

① 위치 찾기 기능
② 지도 선택 기능
③ 거리 보기 기능
④ 면적 재기 기능
⑤ 확대와 축소 기능

                                                          8종 공통

10 다음 자료를 보고, (   ) 안의 알맞은 말에 ○표를 하시오.

 왼쪽 그림은 디지털 영상 지도의 기능 중 (확대·축소 / 검색) 기능과 관련 있는 것입니다.

8종 검정 교과서 **단원**평가

핵심 정리

🐚 우리 주변의 여러 장소를 조사하는 방법

경험 떠올려 보기	디지털 영상 지도로 살펴보기

어른들께 여쭤보기	답사하기

🐚 주변의 여러 장소를 답사하는 과정

▐ 답사 계획 세우기
답사 장소와 날짜, 조사할 내용, 준비물, 역할 등을 정함.
❷ 답사하기
답사 장소에서 사진을 찍고 관찰한 내용을 기록하며, 궁금한 점을 물어봄.
❸ 답사 결과 정리하기
답사하면서 알게 된 답사 장소의 좋은 점과 불편한 점을 정리해 답사 보고서를 작성함.
❹ 답사 결과 발표하기
친구들 앞에서 답사 결과를 발표하고, 함께 이야기를 나눔.

🐚 주변의 장소를 더 좋은 곳으로 만들기 위해 우리가 할 수 있는 일

① 주변의 장소에 관심을 갖습니다.
② 장소에서 예절과 규칙을 잘 지킵니다.
③ 장소의 좋은 점을 알립니다.
④ 장소의 불편한 점을 고치려고 노력합니다.

📦 서술형·논술형 문제 천재교과서, 미래엔, 아이스크림 미디어, 와이비엠, 지학사

1 다음 내용 외에 주변 장소를 조사하는 방법을 한 가지만 더 쓰시오.

경험 떠올려 보기	디지털 영상 지도로 살펴보기

_____

_____

천재교과서, 미래엔, 지학사

2 우리가 사는 곳의 주요 장소를 조사하기 위해 가장 먼저 해야 할 일은 어느 것입니까? (   )

① 조사 주제를 정한다.
② 조사 계획서를 쓴다.
③ 조사 내용을 정한다.
④ 조사 내용을 발표한다.
⑤ 직접 나가서 조사한다.

천재교과서, 미래엔, 지학사

3 다음 조사 과정에서 ☐ 안에 들어갈 알맞은 말은 어느 것입니까? (   )

> 조사할 ☐ 정하기
> • 어린이 공원에서 할 수 있는 것은 무엇인가요?
> • 어린이 공원을 주로 이용하는 사람은 누구인가요?
> • 어린이 공원을 이용할 때 좋은 점은 무엇인가요?

① 내용   ② 방법
③ 역할   ④ 인원
⑤ 준비물

[4~5] 다음 자료를 보고, 물음에 답하시오.

천재교과서, 미래엔, 지학사

조사 장소	주제	놀이 · 여가와 관련 있는 곳
	장소	○○○ 자전거 길
조사 내용		• 장소에서 사람들이 할 수 있는 일 • 장소를 이용할 때의 좋은 점과 불편한 점
㉠		지도에서 찾아보기, 직접 찾아가기, 장소를 잘 아는 사람에게 물어보기
내가 맡은 역할		• 자전거 길 안내도 찾아보기 • 장소의 특징이 드러나는 사진 찍기 • 장소에 대해 물어볼 질문 만들기
준비물		자전거, 스마트폰, 필기도구
주의할 점		• 장소에 직접 찾아갈 때는 어른(보호자)과 함께 갑니다. • 사진을 찍거나 녹음을 할 때는 먼저 허락을 구합니다.

천재교과서, 미래엔, 지학사

4 위 자료를 보고, ( ) 안의 알맞은 말에 ○표를 하시오.

위와 같이 조사를 하기 전에 먼저 쓰는 것을 조사 (계획서 / 보고서)라고 합니다.

천재교과서, 미래엔, 아이스크림 미디어, 와이비엠, 지학사

5 위 자료에서 ㉠에 들어갈 알맞은 말은 어느 것입니까? ( )

① 조사 결과　　　② 조사 시간
③ 조사 방법　　　④ 조사 인원
⑤ 조사 발표

8종 공통

6 답사의 좋은 점을 바르게 말한 어린이를 쓰시오.

한서: 짧은 시간 안에 조사를 할 수 있어요.
유나: 날씨나 시간에 관계 없이 어느 때나 할 수 있어요.
지율: 사진이나 글로는 알 수 없는 사실을 발견할 수 있어요.

( )

천재교과서, 미래엔, 지학사

7 조사 보고서에서 다음 내용과 관련 있는 것은 무엇입니까? ( )

• 길 건너편에 경찰서가 있어서 안전합니다.
• 몸이 불편한 친구도 함께 놀 수 있는 놀이터는 없는지 궁금합니다.

① 조사 주제
② 장소의 이름
③ 조사 장소에서 불편한 점
④ 장소를 이용하는 사람들의 모습
⑤ 조사하며 알게 되거나 알고 싶은 점

8종 공통

8 다음 ( ) 안의 알맞은 말에 ○표를 하시오.

우리 주변의 장소에 대한 불편한 점을 (고쳐서 / 숨겨서) 더 나은 곳으로 만들 수 있습니다.

8종 공통

9 살기 좋은 곳의 기준으로 알맞지 <u>않은</u> 것을 보기에서 찾아 기호를 쓰시오.

보기
㉠ 사람들이 안전한 곳
㉡ 사람들이 살지 않는 곳
㉢ 의료 시설이 잘 갖춰진 곳

( )

8종 공통

10 주변의 장소를 더 좋은 곳으로 만들기 위해 어린이가 할 수 있는 일을 두 가지 고르시오. (,)

① 장소의 좋은 점을 널리 알린다.
② 주변의 장소에 관심을 갖지 않는다.
③ 시설이 망가져서 불편해진 것을 직접 고친다.
④ 사람들이 보지 않을 때는 규칙을 지키지 않는다.
⑤ 장소에서 바뀌었으면 하는 점을 알리는 캠페인을 한다.

단원 평가

8종
검정 교과서

❶ 시간의 흐름을 알 수 있게 해 주는 것

천재교과서, 동아출판, 미래엔, 와이비엠, 지학사

핵심 정리

천재교과서, 동아출판, 미래엔, 와이비엠, 지학사

🥏 일상에서 시간의 흐름을 알 수 있는 사례

① 나의 변화: 시간이 흐르면서 나의 몸이 자랐습니다.

② 새싹의 변화: 시간이 흐르면서 새싹이 자라 꽃이 폈습니다.

③ 거리의 변화: 시간이 흐르면서 거리에 새로운 건물과 상점이 생겼습니다.

천재교과서, 미래엔, 와이비엠, 지학사

🥏 가정에서 시간의 흐름을 알 수 있는 사례

△ 어머니의 초등학교 졸업식 날
1998. 2. 16

△ 어머니가 은행에서 일하기 시작하신 날
2009. 7. 10

➡ 가족들의 옛날 사진을 보면 변화한 모습을 찾아볼 수 있고, 이를 통해 시간이 흘렀다는 것을 알 수 있음.

🥏 시간의 흐름을 표현하는 방법 (예)

비상

하루 일과표

• 하루 동안의 생활을 계획하고, 그 내용을 정리한 표
• 시간대별로 해야할 일을 기록함.

학급 시간표

학급 시간표					
8시 50분까지	월	화	수	목	금
8:50~9:00	아침활동	아침활동	아침활동	아침활동	아침활동
1교시 9:00~9:40	자율	수학	수학	자율	수학
2교시 9:50~10:30	국어	국어	국어	자율	사회
3교시 10:40~11:20	과학	사회	영어	국어	국어
4교시 11:30~12:10	사회	체육	과학	자율	도덕
5교시 12:50~1:40		음악	과학	미술	체육
6교시 1:50~2:30	자율		미술		

• 학급에서 시간대별로 공부할 과목을 적어 놓은 표
• 수업을 어떤 순서로 하는지 알 수 있음.

---

1 다음 ☐ 안에 들어갈 사례로 알맞은 것은 어느 것입니까? (   )

> 우리는 ☐☐☐을 보고 시간의 흐름을 알 수 있습니다.

① 항상 깨끗한 교실의 모습
② 새싹이 자라서 꽃이 핀 모습
③ 친구가 새로 산 자전거를 타는 모습
④ 옛날에 있었던 건물이 그대로인 모습
⑤ 친구들이 놀이터에서 놀고 있는 모습

8종 공통

2 시간의 흐름에 대한 설명으로 옳은 것을 보기에서 찾아 기호를 쓰시오.

> **보기**
> ㉠ 시간은 계속 흘러가고, 우리는 시간의 흐름 속에서 살고 있습니다.
> ㉡ 가족들의 옛날 사진을 보면 시간이 흘렀다는 것을 알 수 없습니다.
> ㉢ 주변에서 변하지 않는 것들을 살펴보면 시간의 흐름을 알 수 있습니다.

(   )

📝 서술형·논술형 문제   천재교과서, 동아출판, 미래엔, 와이비엠, 지학사

3 일상에서 시간의 흐름을 알 수 있는 사례를 한 가지만 쓰시오.

_____

_____

천재교과서, 미래엔, 와이비엠, 지학사

4 다음 □ 안에 공통으로 들어갈 알맞은 말을 쓰시오.

> 우리는 주변의 다양한 □□□□을/를 통해 시간의 흐름을 알 수 있습니다. 또한 가족들의 옛날 사진을 보면 □□□한 모습을 찾아볼 수 있고, 이를 통해서 시간의 흐름을 알 수 있습니다.

( )

[5~6] 다음 가족 사진을 보고, 물음에 답하시오.

2016. 4. 13
△ 윤수의 첫돌

2023. 1. 4
△ 윤수의 유치원 졸업식

와이비엠, 지학사

5 두 사진 속 가족에 대해 바르게 말한 어린이를 쓰시오.

> 서진: 시간이 지나서 가족이 네 명이 됐어.
> 재현: 두 사진 속 사람들이 같은 옷을 입었어.
> 가희: 첫돌을 맞았던 윤수가 시간이 지나서 유치원을 졸업했어.

( )

와이비엠, 지학사

6 두 사진을 보고 알 수 있는 것으로 알맞은 것은 어느 것입니까? ( )

① 두 사진을 찍은 장소가 같다.
② 두 사진을 찍은 날짜가 같다.
③ 두 사진을 찍어 준 사람이 같다.
④ 두 사진 속 가족의 모습이 변하지 않았다.
⑤ 두 사진을 찍은 시기 사이에 많은 시간이 흘렀다.

비상

7 다음 중 시간의 흐름을 표현한 것으로 알맞은 것을 보기에서 찾아 기호를 쓰시오.

> **보기**
> ㉠ 전화기
> ㉡ 백과사전
> ㉢ 학급 시간표

( )

비상

8 다음 ( ) 안의 알맞은 말에 ○표를 하시오.

> 하루 일과표는 하루 동안의 생활을 계획하고 그 내용을 (시간대별 / 과목별)로 정리한 표입니다.

비상

9 다음 표에 대한 설명으로 알맞지 <u>않은</u> 것을 보기에서 찾아 기호를 쓰시오.

1교시	체육	09:00 ~ 09:40
2교시	과학	09:50 ~ 10:30
3교시	사회	10:40 ~ 11:20
4교시	국어	11:30 ~ 12:10
점심시간		12:10 ~ 13:00
5교시	수학	13:00 ~ 13:40

> **보기**
> ㉠ 학급에서 주로 볼 수 있는 표입니다.
> ㉡ 한 과목당 수업 시간은 알 수 없습니다.
> ㉢ 시간대별로 공부할 과목이 적혀 있습니다.

( )

비상

10 시간의 흐름을 알 수 있게 표현하면 좋은 점에 ○표를 하시오.

(1) 해야 할 일들을 시간과 상관없이 정할 수 있습니다.

( )

(2) 해야 할 일들이 시간 순서대로 정리되어 있어서 헷갈리지 않습니다.

( )

8종
검정 교과서

단원평가

천재교과서, 동아출판, 미래엔, 아이스크림 미디어, 와이비엠

핵심 정리

🍙 시간을 표현하는 말 알아보기

과거	현재를 기준으로 지나간 시간 ㉐ 옛날, 어제, 작년
현재	지금의 시간 ㉐ 오늘날, 오늘, 올해
미래	현재를 기준으로 다가올 시간 ㉐ 내일, 내년

연도	일 년 동안의 기간을 묶어서 표현하는 말 ㉐ 2025년
연대	10년, 100년, 1000년 단위의 해를 나타내는 말 ㉐ 2000년대

🍙 일상에서 시간을 표현하는 말을 사용하는 모습 ㉐

3대 전통 바지락칼국수 전문
△△ 칼국수
60년 전부터 한결같은 맛!
(1965년 20월부터~)

바지락칼국수
7,000원
바지락수제비
7,000원
잔치국수
5,000원

🔼 광고지

➡ 얼마나 오래되었는지 알 수 있는 '3대', 과거를 나타내는 '60년 전', 연도를 나타내는 '1965년'과 같은 표현을 사용했음.

🍙 가까운 과거와 더 먼 과거
천재교과서
① 가까운 과거와 더 먼 과거를 표현하는 말로 '옛날'과 '아주 먼 옛날'이라는 말이 있습니다.
② 과거를 보여 주는 자료를 살펴보면 얼마나 오래전의 모습인지 생각해 볼 수 있습니다.

---

❷ 시간을 표현하는 말

천재교과서, 동아출판, 미래엔, 아이스크림 미디어, 와이비엠

1 다음 ( ) 안의 알맞은 말에 ○표를 하시오.

> 시간을 표현하는 말 중에서 현재를 기준으로 다가올 시간을 (과거 / 미래)라고 합니다.

8종 공통

2 다음 ☐ 안에 들어갈 수 있는 말로 알맞은 것은 어느 것입니까? (   )

> 현재를 기준으로 지나간 시간은 ☐ 등의 말로 표현할 수 있습니다.

① 옛날   ② 오늘
③ 내년   ④ 내일
⑤ 오늘날

8종 공통

3 시간을 표현하는 말과 그 뜻을 바르게 줄로 이으시오.

(1) 연도 •

• ㉠ 10년, 100년, 1000년 단위의 해를 나타내는 말

(2) 연대 •

• ㉡ 일 년 동안의 기간을 묶어서 표현하는 말

천재교과서, 동아출판, 미래엔, 비상, 아이스크림 미디어, 지학사

4 다음 밑줄 친 부분을 연대를 사용한 표현으로 바르게 바꾼 것은 어느 것입니까? (   )

> 나는 <u>2023년</u>에 초등학교에 입학했습니다.

① 1990년대   ② 2010년대
③ 2020년대   ④ 2023년대
⑤ 2100년대

서술형·논술형 문제   8종 공통

5 다음 광고지에 나온 시간을 표현하는 말을 보고 알 수 있는 점을 한 가지만 쓰시오.

△ 광고지

_____

_____

천재교과서, 동아출판, 미래엔, 비상, 아이스크림 미디어, 지학사

6 다음 자료에 대한 설명으로 알맞은 것을 보기에서 찾아 기호를 쓰시오.

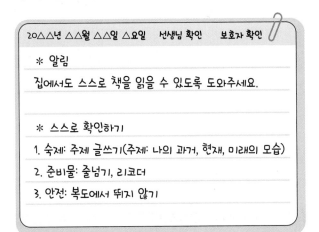

보기

㉠ 연대가 적혀 있습니다.
㉡ 몇 시에 썼는지 적혀 있습니다.
㉢ 연도와 월, 일이 적혀 있습니다.

(   )

8종 공통

7 다음 편지에서 시간을 표현하는 말로 알맞지 않은 것을 찾아 기호를 쓰시오.

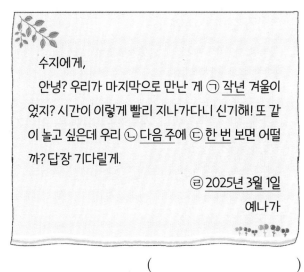

수지에게,
안녕? 우리가 마지막으로 만난 게 ㉠작년 겨울이었지? 시간이 이렇게 빨리 지나가다니 신기해! 또 같이 놀고 싶은데 우리 ㉡다음 주에 ㉢한 번 보면 어떨까? 답장 기다릴게.
㉣2025년 3월 1일
예나가

(   )

천재교과서

8 다음 중 가장 먼 과거를 나타내는 말은 어느 것입니까?

(   )

① 오늘   ② 내일
③ 옛날   ④ 모레
⑤ 아주 먼 옛날

천재교과서

9 다음 중 더 가까운 과거의 모습을 찾아 기호를 쓰시오.

△ 1990년 어머니의 초등학교 시절   △ 2000년 어머니의 고등학교 졸업식

(   )

천재교과서

10 다음 ( ) 안의 알맞은 말에 ○표를 하시오.

(과거 / 현재)를 보여 주는 자료를 살펴보면 얼마나 오래전의 모습인지 생각해 볼 수 있습니다.

핵심 정리

🐚 우리가 살아온 이야기
천재교과서, 동아출판, 와이비엠

① 기록의 의미: 과거에 있었던 일을 남긴 글이나 사진, 영상 등을 말합니다.

② 기록으로 알 수 있는 것
- 과거에 있었던 일이나 사람들이 살아온 이야기를 알 수 있습니다.
- 우리 학교, 우리 지역, 우리나라에 있었던 중요한 일을 알 수 있습니다.

🐚 시간의 흐름에 따라 연표로 나타내기

① 연표의 의미: 과거부터 현재까지 있었던 일을 시간 순서대로 연도와 함께 나타낸 것입니다.

2016 2017 2018 2019 2020 2021 2022 2023 2024 2025

돌잔치를 함. / 동생이 태어남. / 발표회를 함. / 초등학교에 입학함. / 강아지를 데려옴.

⌃ 연표

② 연표를 보고 알 수 있는 것
- 어떤 일이 언제 일어났는지 알 수 있습니다.
- 일이 어떤 순서로 일어났는지 알 수 있습니다.
- 과거의 일이 지금으로부터 얼마나 멀리 떨어져 있는지 알 수 있습니다.
- 사람들이 살아온 모습이 다양하고, 우리나라 역사가 여러 가지 사건으로 이루어져 있음을 알 수 있습니다.

③ 연표를 만드는 과정
천재교과서, 동아출판, 아이스크림 미디어

연표 주제 정하기 → 연표에 들어갈 사실 조사하기 → 연표 종류를 정하고 연표 틀 그리기

→ 연표에 연도 표시하기 → 중요한 일이 일어난 연도와 내용 정리하기 → 연표에 내용을 쓰고 제목 붙이기

---

❸ 시간의 흐름을 나타내는 방법

[1~2] 다음 자료를 보고, 물음에 답하시오.

⌃ 내가 쓴 일기

⌃ 어린 시절 영상

천재교과서, 동아출판, 와이비엠

1 위와 같이 과거에 있었던 일을 글이나 사진, 영상 등으로 남긴 것을 무엇이라고 하는지 쓰시오.

(   )

천재교과서, 동아출판, 와이비엠

2 위와 같은 자료를 남기는 까닭으로 알맞은 것에 ○표를 하시오.

(1) 과거의 일을 기억하기 위한 것입니다. (   )

(2) 현재의 일을 꾸며내기 위한 것입니다. (   )

(3) 미래의 일을 상상하기 위한 것입니다. (   )

🧱 서술형·논술형 문제   천재교과서, 동아출판, 와이비엠

3 기록으로 알 수 있는 것을 한 가지만 쓰시오.

_____

_____

천재교과서, 미래엔, 비상, 지학사

4 나와 가족에게 일어난 일을 바르게 조사한 어린이를 쓰시오.

> 민하: 학교에서 선생님께 여쭤보았어요.
> 영지: 과거의 사진과 영상을 살펴보았어요.
> 나은: 지역 누리집에서 지역 소개를 살펴보았어요.

(   )

천재교과서, 아이스크림 미디어

📚 서술형·논술형 문제

5 다음 그림과 같이 학교에서 일어난 일을 조사하는 방법을 쓰시오.

_____

_____

8종 공통

6 다음 (   ) 안의 알맞은 말에 ○표를 하시오.

> 과거부터 현재까지의 일을 시간 순서대로 연도와 함께 나타낸 것을 (연표 / 생활 계획표)라고 합니다.

8종 공통

7 다음 ☐ 안에 들어갈 알맞은 말은 어느 것입니까?
(   )

> 연표를 보면 사람들이 살아온 모습이 다양하고, 우리나라 ☐이/가 여러 가지 사건으로 이루어져 있음을 알 수 있습니다.

① 역사   ② 지도   ③ 장소
④ 학교   ⑤ 물건

8종 공통

8 다음 중 연표를 보고 알 수 있는 것을 **보기**에서 찾아 기호를 쓰시오.

> **보기**
> ㉠ 어떤 일이 일어난 때
> ㉡ 어떤 일이 일어나게 된 까닭
> ㉢ 어떤 일에 대한 사람들의 반응

(   )

천재교과서, 동아출판, 아이스크림 미디어

9 연표를 만드는 과정으로 알맞지 <u>않은</u> 것은 어느 것입니까? (   )
① 연표 틀 그리기
② 연표 주제 정하기
③ 연표에 제목 붙이기
④ 연표 종류를 정하기
⑤ 일어났던 모든 일을 연표에 적기

천재교과서

10 연표의 요소에 대해 알맞게 말한 어린이에 ○표를 하시오.

(1) 연표는 항상 직선으로 된 모양으로 만들어야 해.

(2) 연표에는 사건이나 일에 관련된 사진이나 그림을 넣을 수 있어.

(   )   (   )

8종
검정 교과서
단원평가

핵심 정리

천재교과서, 동아출판, 미래엔, 비상, 와이비엠, 지학사

🦪 나의 과거 모습을 알려 주는 오래된 물건이나 자료

① 나와 관련된 오래된 물건이나 자료

| 🔼 곰인형 | 🔼 카드 앨범 | 🔼 태권도복 | 🔼 일기장 |

② 나와 관련된 오래된 물건이나 자료로 알 수 있는 것: 내가 기억하지 못하는 일과 나의 과거 모습을 알 수 있습니다.

🦪 집 안의 오래된 물건이나 자료

천재교과서, 동아출판, 미래엔, 비상, 아이스크림 미디어

| 🔼 반장 명찰 | 🔼 월급봉투 |

| 🔼 필름 사진기 | 🔼 비디오 |

➡ 오래된 물건과 자료는 과거의 모습을 알려 주는 증거 역할을 합니다.

🦪 주변에서 오래된 물건이나 자료를 찾는 방법
동아출판, 비상

① 박물관, 민속촌에 가서 사진을 찍어 옵니다.
② 오래된 물건이나 자료가 있는지 주변 어른께 여쭈어 봅니다.
③ 인터넷으로 오래된 신문 기사, 사진, 광고 등을 찾아 봅니다.
④ 집이나 주변에서 오래된 물건이나 자료를 가져오거나 사진을 찍어 옵니다.

❶ 주변에서 오래된 물건이나 자료 찾아보기

천재교과서, 동아출판, 미래엔, 비상, 와이비엠

1 다음 ☐ 안에 들어갈 말로 알맞지 <u>않은</u> 것은 어느 것입니까? (   )

> 우리 주변에서는 오래된 물건이나 자료를 찾아볼 수 있습니다. 나와 관련된 오래된 물건은 ☐☐☐☐ 등이 있습니다.

① 5살 때 받은 선물
② 유치원 때 썼던 일기장
③ 오늘 새로 산 필기도구
④ 어렸을 때 좋아했던 인형
⑤ 1학년 때 입었던 태권도복

🗂 서술형·논술형 문제   천재교과서, 동아출판, 미래엔, 비상, 와이비엠, 지학사

2 나와 관련된 오래된 물건을 보고 알 수 있는 것을 한 가지만 쓰시오.

_____

_____

천재교과서, 동아출판, 미래엔, 비상, 와이비엠, 지학사

3 다음 중 자신과 관련된 오래된 물건에 대해 바르게 말한 어린이에게 ○표를 하시오.

(1)

나는 다음 주부터 입을 새 태권도복을 받아서 기분이 좋아.

(2)
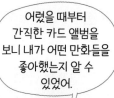

어렸을 때부터 간직한 카드 앨범을 보니 내가 어떤 만화들을 좋아했는지 알 수 있었어.

(   )   (   )

천재교과서, 동아출판, 미래엔, 비상, 와이비엠, 지학사

4 다음 중 나의 과거 모습을 알 수 있는 물건은 어느 것입니까? (   )

① 내일 새로 살 운동화
② 오늘 학교에서 찍은 사진
③ 아기 때 입던 배냇저고리
④ 내년에 공부할 4학년 교과서
⑤ 이번 주에 도서관에서 빌린 책

[5~6] 다음 할머니의 일기를 읽고, 물음에 답하시오.

> 1971년 12월 15일 수요일
> 이번 주는 내가 교실에 나무 땔감을 가져오는 당번이다. 난로에 불을 피우려면 꼭 해야 하는 일이다. 따뜻한 난로 위에 도시락을 올려놓았다가 먹으면 정말 맛있다. 점심시간이 되면 선생님께서는 60명이 넘는 반 친구들의 도시락에 보리밥과 쌀밥이 섞여 있는지 검사하신다. 나는 오늘도 무사히 통과했다.

천재교과서, 미래엔, 비상, 아이스크림 미디어, 와이비엠

5 위 일기를 읽고 알 수 있는 점으로 알맞은 것을 보기 에서 찾아 기호를 쓰시오.

> 보기
> ㉠ 교실에서 전기난로를 사용했습니다.
> ㉡ 학교 점심시간에 도시락 검사를 받았습니다.
> ㉢ 도시락은 쌀밥으로만 가져올 수 있었습니다.

(   )

천재교과서, 미래엔, 비상, 아이스크림 미디어, 와이비엠

6 위와 같은 자료를 통해 알 수 있는 것에 ○표를 하시오.

(1) 과거의 모습을 알 수 있습니다. (   )
(2) 미래의 기술을 알 수 있습니다. (   )
(3) 현재 사람들의 생활 모습을 알 수 있습니다. (   )

천재교과서

7 할아버지가 설명하는 물건의 이름으로 알맞은 것은 어느 것입니까? (   )

> 옛날에는 일을 하고 월마다 이름과 금액이 적혀 있는 봉투에 돈을 받았어.

① 일기장 ② 월급봉투
③ 반장 명찰 ④ 필름 사진기
⑤ 비디오테이프

천재교과서

8 다음 오래된 물건을 보고 알 수 있는 과거의 모습은 어느 것입니까? (   )

① 옛날에는 교실에 난로가 있었다.
② 옛날에는 교실에 학생 수가 많았다.
③ 옛날에는 학교에서 도시락을 먹었다.
④ 옛날에는 반장이 되면 명찰을 달았다.
⑤ 옛날에는 학생들이 교복을 입지 않았다.

천재교과서, 동아출판, 미래엔, 비상, 지학사

9 다음 (   ) 안의 알맞은 말에 ○표를 하시오.

> 오래된 물건이나 자료는 과거의 모습을 알려 주는 (증거 / 질문) 역할을 합니다.

동아출판, 비상

10 주변에서 오래된 물건이나 자료를 찾는 방법을 바르게 말하지 <u>않은</u> 어린이를 쓰시오.

> 라온: 박물관에서 오래된 자료를 가져올 거야.
> 시율: 집에서 오래된 물건의 사진을 찍어 올 거야.
> 가은: 인터넷으로 오래된 신문 기사나 사진을 찾아봐야겠어.

(   )

8종
검정 교과서
단원평가

핵심 정리

천재교과서, 비상, 아이스크림 미디어, 와이비엠

🍙 오래된 물건으로 과거의 모습을 탐구할 때 필요한 질문

① 어떻게 사용했을까요?

② 무엇으로 만들었을까요?

③ 무엇을 할 때 쓰던 물건일까요?

🍘 오래된 물건과 건축물로 과거 모습 알아보기

① 오래된 물건으로 과거의 모습 알아보기

위 뚜껑에 작은 구멍을 내어 기름을 담을 수 있도록 주전자처럼 만든 그릇

➡

옛날에는 호롱에 불을 붙여 어두운 방 안을 환하게 밝혔음.

짚으로 엮어서 허리나 어깨에 두를 수 있게 만든 것

➡

옛날에는 비가 올 때 도롱이를 입었음.

② 오래된 건축물로 과거의 모습 알아보기 천재교과서, 동아출판, 미래엔, 지학사

곡식을 빻기 위해 물레방앗간에 물레방아를 놓았음.

마을에 성을 쌓아 적의 침입을 막았음.

옛날 사람들은 초가집이나 기와집에 살았음.

기차역에서 기차를 타고 다른 지역으로 이동했음.

③ 오래된 물건과 건축물을 통해 알 수 있는 것: 과거의 모습과 옛날 사람들의 생활 모습을 알 수 있습니다.

---

❷ 오래된 물건과 건축물로 과거의 모습을 알아보기

천재교과서, 비상, 아이스크림 미디어, 와이비엠

1 오래된 물건으로 과거의 모습을 탐구할 때 알맞지 <u>않은</u> 질문의 기호를 쓰시오.

㉠ 무엇으로 만들었을까?

㉡ 어떻게 사용했을까?

㉢ 얼마나 비싼 물건일까?

( )

천재교과서

2 다음 ☐ 안에 들어갈 알맞은 말은 어느 것입니까?

( )

이 물건의 이름은 도롱이입니다. 옛날에는 ☐ 도롱이를 입었습니다.

① 더울 때   ② 배고플 때

③ 비가 올 때   ④ 꽃이 필 때

⑤ 날씨가 맑을 때

미래엔, 비상, 아이스크림 미디어, 와이비엠

3 다음 물건들의 공통점으로 알맞은 것을 보기에서 찾아 기호를 쓰시오.

△ 요강

△ 맷돌

보기
㉠ 오래된 건축물입니다.
㉡ 옛날에 쓰던 물건입니다.
㉢ 오늘날에도 많이 쓰는 물건입니다.

( )

4 다음 물건으로 알 수 있는 과거의 모습으로 알맞은 것을 [보기]에서 찾아 기호를 쓰시오.

> **보기**
> ㉠ 소의 힘을 이용해 밭을 갈 때 쓰던 물건입니다.
> ㉡ 옷을 두드려서 매끄럽게 만들기 위해 사용한 물건입니다.
> ㉢ 옛날에 곡식에 섞인 티끌을 골라낼 때 사용한 물건입니다.

( )

천재교과서, 지학사

5 다음에서 설명하는 물건은 어느 것입니까? ( )

어두운 방을 환하게 밝혔던 물건이에요.

① 호롱 ② 쟁기 ③ 맷돌
④ 벼루 ⑤ 가마솥

8종 공통

6 오래된 물건을 보고 알 수 있는 것에 ○표를 하시오.

(1) 생활 방식이 변화했다는 것을 알 수 있습니다.
( )

(2) 옛날에 과학 기술이 더 발전했다는 것을 알 수 있습니다. ( )

천재교과서

7 도현이네 모둠 친구들이 이야기하고 있는 것이 무엇인지 쓰시오.

> 도현: 오래된 건축물이야.
> 지우: 돌로 높이 쌓아 올린 모습이야.
> 윤아: 적이 침입하는 것을 막기 위해 세운 건가 봐.

( )

[서술형·논술형 문제] 천재교과서

8 다음 건축물을 보고 알 수 있는 과거 모습을 한 가지만 쓰시오.

⬆ 섶다리

_____

_____

천재교과서

9 다음 건축물에 대해 바르게 말한 어린이를 쓰시오.

⬆ 향교

> 한결: 옛날에 학생들이 공부하던 곳이야.
> 태윤: 마을에 적이 침입하는 것을 막기 위해 세운 곳이야.
> 다인: 다른 지역으로 이동하기 위해 기차를 타던 곳이야.

( )

천재교과서, 동아출판, 미래엔, 아이스크림 미디어, 지학사

10 오래된 건축물을 보고 알 수 있는 것으로 알맞지 않은 것을 [보기]에서 찾아 기호를 쓰시오.

> **보기**
> ㉠ 과거의 모습을 알 수 있습니다.
> ㉡ 옛날 사람들의 생활 모습을 알 수 있습니다.
> ㉢ 오늘날 사람들의 생각과 지혜를 알 수 있습니다.

( )

핵심 정리

🐚 과거의 모습을 담은 자료

신문 기사	옛날 사진
초등학교 4학년까지 2부제 수업 ○○시는 지금까지 1, 2학년 어린이에게만 2부제 수업을 해 오던 것을 3, 4학년까지 확대하게 됐습니다. 1978. 2. 27. 🔺 학생 수가 많아 교실을 두 개 학급이 교대로 사용했음.	[출처: 국가기록원] 🔺 냉장고가 없어 겨울철에 한강에서 얼음을 얻었음.
노래	옛날 책
 🔺 학교에서 종을 쳐서 수업의 시작과 끝을 알렸음.	 🔺 수원 화성을 만드는 과정이 자세히 담겨 있음.

🐚 어른들이 들려주는 과거 이야기
천재교과서, 동아출판, 미래엔, 비상,아이스크림 미디어, 지학사

① 어른들의 과거 이야기는 특별한 경험이나 기억이 담겨 있는 소중한 자료입니다.

② 어른들의 과거 이야기로 알 수 있는 점
• 지금과는 달랐던 당시 생활 모습이나 사람들의 생각을 엿볼 수 있습니다.
• 특별한 장소의 옛 모습과 어린이들이 즐겼던 놀이, 읽었던 책 등을 알 수 있습니다.

🐚 자료에 따라 달라지는 과거의 모습
천재교과서, 동아출판, 미래엔, 비상, 지학사

① 옛날 사람들이 남긴 물건 중 무엇을 발견하느냐에 따라 과거에 대한 설명이 달라질 수 있습니다.

② 우리가 어떤 물건을 남기느냐에 따라 미래 사람들이 우리의 모습을 다르게 이해할 수 있습니다.

➡ 우리의 현재 모습을 보여 주려면 현재를 대표할 수 있는 물건을 남겨야 합니다.

❸ 오래된 자료로 과거의 모습 살펴보기

1 오래된 자료에 대한 설명으로 알맞은 것에 ○표를 하시오.
8종 공통

(1) 일기를 통해 당시 생활 모습을 알 수 있습니다.
( )

(2) 노래 가사를 보면 미래에 사용할 물건을 알 수 있습니다.
( )

천재교과서, 동아출판, 미래엔, 비상, 아이스크림 미디어, 지학사

2 다음과 같이 과거의 모습을 보여 주는 자료는 무엇인지 쓰시오.

> 1978. 2. 27.
> **초등학교 4학년까지 2부제 수업**
> ○○시는 교실의 수가 부족해 지금까지 1, 2학년 어린이에게만 2부제 수업을 해 오던 것을 3, 4학년까지 확대하게 됐습니다.

( )

천재교과서, 지학사

3 다음 '꽁당보리밥' 노래 가사로 알 수 있는 과거의 모습으로 알맞은 것은 어느 것입니까? ( )

> 복남이네 집에서 아침을 먹네
> 옹기종기 둘러앉아 꽁당보리밥

① 책상 하나를 두 명이 함께 사용했다.
② 학교에서 태블릿을 이용해 공부했다.
③ 수업이 끝나면 운동장에서 뛰어놀았다.
④ 쌀과 보리를 섞어 지은 밥을 자주 먹었다.
⑤ 학교에서 종을 쳐서 수업의 시작과 끝을 알렸다.

천재교과서, 미래엔, 지학사

4 수원 화성을 만드는 과정이 담겨 있어 무너진 수원 화성을 다시 지을 때 사용한 자료는 무엇입니까?
( )

① 노래 ② 일기 ③ 편지
④ 옛날 책 ⑤ 옛날 사진

천재교과서

5 다음 일기와 관련 있는 과거의 모습에 ○표를 하시오.

> 1971년 12월 15일 수요일
>   오늘 점심시간에도 선생님께서 도시락 검사를 하셨다. 선생님께서는 매일 반 친구들의 도시락에 보리밥과 쌀밥이 섞여 있는지 검사하신다. 나는 오늘도 무사히 통과했다.

(1)

(   )

(2)

(   )

천재교과서, 미래엔

6 옛날 사진을 통해 알 수 있는 점을 바르게 말한 어린이는 누구인지 쓰시오.

> 예준: 사진을 찍은 사람의 생각을 알 수 있어.
> 서아: 직접 보지 못한 옛날 모습을 알 수 있어.

(   )

📋 서술형·논술형 문제

천재교과서, 동아출판, 미래엔, 비상, 아이스크림 미디어, 지학사

7 다음 할아버지의 과거 이야기로 알 수 있는 당시의 모습을 쓰시오.

내가 살던 마을에는 큰 상수리나무가 있었어. 우리는 나무가 만들어 주는 그늘에서 공기놀이와 비사치기 등 여러 가지 놀이를 했어.

_____

_____

천재교과서, 동아출판, 미래엔, 비상, 지학사

8 다음 선생님의 질문에 바르게 말하지 <u>않은</u> 어린이는 누구인지 쓰시오.

> 선생님: 미래 어린이들에게 현재 초등학생의 생활을 보여 준다면 어떤 물건을 남기고 싶은지 말해 볼까요?
> 동현: 엄마의 초등학교 졸업 사진을 남길래요.
> 보민: 학교에서 공부하는 교과서를 남길 거예요.
> 재이: 1학년 때부터 쓴 제 일기장을 남기고 싶어요.

(   )

천재교과서, 동아출판, 미래엔, 비상, 지학사

9 다음 밑줄 친 곳에 들어갈 말로 알맞은 것을 [보기]에서 찾아 기호를 쓰시오.

> 우리가 어떤 물건을 남기느냐에 따라 미래 사람들이 현재의 모습을 다르게 이해할 수 있습니다. 그러므로 우리는 현재의 모습을 보여 주기 위해 _____ 을 남겨야 합니다.

[보기]
㉠ 미래에 발명될 물건
㉡ 현재를 대표할 수 있는 물건
㉢ 과거의 물건 중에 가장 유명한 물건

(   )

천재교과서, 비상, 지학사

10 자료를 보존해야 하는 까닭으로 알맞은 것은 어느 것입니까? (   )

① 미래 사람들의 생각을 엿보기 위해서
② 미래에 일어날 일을 미리 알기 위해서
③ 과거 사람들에게 미래의 모습을 알리기 위해서
④ 미래 사람들에게 자랑할 만한 것을 남기기 위해서
⑤ 미래 사람들에게 과거의 지혜와 교훈을 전달하기 위해서

핵심 정리

🐚 역사 자료로 살펴보는 지역의 변화 모습

① 역사 자료의 종류: 사진이나 영상, 문헌, 주변 어른들의 증언, 옛날 그림과 지도, 옛이야기 등이 있습니다.

② 지역의 다양한 역사 자료를 보면 알 수 있는 점
- 시간의 흐름에 따라 지역의 모습이 어떻게 변화했는지 알 수 있습니다.
- 지역 사람들의 생활 모습이 어떻게 달라졌는지 알 수 있습니다.

🐚 지역의 변화 모습 살펴보기 예 서울특별시 금천구

① 사진

⚫ 논과 밭이 있는 모습　⚫ 높은 건물이 있는 모습

② 옛날 지도

천재교과서, 지학사

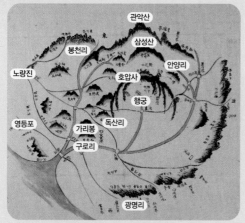

⚫ 금천구의 옛 이름과 범위를 알 수 있음.

③ 주변 어른들의 증언

내가 어렸을 때는 멀리 호암산 아래를 보면 천막집이 엄청 많았단다. 요즘에는 천막집은 볼 수 없고, 높은 아파트를 쉽게 볼 수 있지.

❶ 지역의 변화를 보여 주는 역사 자료

8종 공통

1 지역의 변화 모습을 보여 주는 자료와 설명을 바르게 줄로 이으시오.

(1) 사진　•　•㉠ 당시 상황을 자세히 들을 수 있음.

(2) 지도　•　•㉡ 변화 모습을 생생하게 볼 수 있음.

(3) 증언　•　•㉢ 옛 이름과 범위를 알 수 있음.

천재교과서

2 다음 사진을 통해 알 수 있는 지역의 변화 모습을 바르게 말한 어린이는 누구인지 쓰시오.

⚫ 1960년대 금천구　⚫ 2020년대 금천구

시은: 지역의 모습은 달라지지 않았어.
한결: 논과 밭이 사라지고 우물이 생겼어.
주하: 논과 밭이 사라지고 아파트가 생겼네.

(　　　　　　)

8종 공통

3 다음 ☐ 안에 들어갈 알맞은 말을 쓰시오.

지역의 변화 모습이 담긴 사진이나 영상은 인터넷을 이용하여 지역 문화원이나 시·군·구청 ☐에서 찾을 수 있습니다.

(　　　　　　)

4 미래엔

다음을 보고 알 수 있는 당시 담양 지역의 모습으로 알맞은 것은 어느 것입니까? (   )

> 『세종실록지리지』에는 옛날에 담양 지역에서 우수한 대나무를 왕에게 바쳤다고 쓰여 있습니다.

① 지역 사람들이 대나무를 재배했다.
② 비가 오지 않아 농사짓기 어려웠다.
③ 왕을 만나기 위해 배를 타고 이동했다.
④ 대나무가 많아 홍수 피해를 겪지 않았다.
⑤ 여름에 아이들이 대나무 숲에서 뛰어놀았다.

5 와이비엠

다음 신문 기사를 통해 알 수 있는 마차리 지역의 변화 모습으로 알맞은 것에 ○표를 하시오.

> ○○신문
>
> 석탄 산업이 몰락하면서 폐광촌이 되었던 마차리 지역 주변에 탄광 마을의 생활상을 엿볼 수 있는 탄광 문화촌이 세워졌습니다.

(1) 오늘날 사람들은 농사를 짓습니다. (   )

(2) 옛날에는 탄광에서 일하는 사람이 많았습니다.

(   )

6 미래엔

다음 그림으로 알 수 있는 당시 제주도 지역의 모습으로 알맞은 것을 보기 에서 찾아 기호를 쓰시오.

△ 「탐라순력도」

> 보기
> ㉠ 옛날에는 농사짓는 사람이 많았습니다.
> ㉡ 옛날에도 육지와 연결된 다리가 있었습니다.
> ㉢ 옛날에도 배를 타고 지역의 아름다운 풍경을 즐기는 사람들이 있었습니다.

(   )

7 🗂 서술형·논술형 문제 천재교과서, 지학사

다음과 같은 옛날 지도를 보고 알 수 있는 점을 한 가지만 쓰시오.

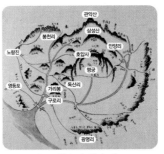

△ 금천구의 옛날 지도

_____

_____

8 8종 공통

다음 □ 안에 들어갈 알맞은 말은 어느 것입니까?

(   )

> 주변 ☐☐☐들의 증언을 통해 지역의 변화 모습을 살펴보면 누리집에서는 찾기 힘든 생생한 이야기나 새로운 사실을 알 수 있습니다.

① 기록   ② 친구   ③ 어른
④ 박물관   ⑤ 외국인

9 8종 공통

지역의 변화 모습을 살펴볼 수 있는 역사 자료로 알맞지 않은 것은 어느 것입니까? (   )

① 책   ② 장소   ③ 영상
④ 옛이야기   ⑤ 신문 기사

10 8종 공통

지역의 다양한 역사 자료를 통해 알 수 있는 것은 어느 것입니까? (   )

① 지역의 사라진 모습은 알 수 없다.
② 앞으로 지역에 일어날 일을 알 수 있다.
③ 나의 모습이 어떻게 변화했는지 알 수 있다.
④ 미래 지역 사람들의 생활 모습을 알 수 있다.
⑤ 과거부터 현재까지 이어져 내려온 지역의 모습을 알 수 있다.

핵심 정리

🌏 옛이야기와 지명에 담긴 지역의 특징

① 옛이야기와 지명의 특징

옛이야기	지역마다 오래전부터 전설, 민담, 지명에 얽힌 이야기 등 다양한 옛이야기가 전해 내려옴.
지명	• 지역이나 산, 강 등의 이름을 의미함. • 학교, 건물, 도로, 다리, 공원, 행사 등 곳곳에서 볼 수 있음.

② 옛이야기와 지명으로 알 수 있는 점

• 지역의 유래와 특징
• 지역의 자연환경
• 옛날 지역 사람들의 생활 모습

🌏 옛이야기와 지명으로 알아보는 옛날 모습

① 병점 이야기(경기도 화성시)   동아출판, 비상, 아이스크림 미디어, 와이비엠

• 이 지역은 예전부터 사람이 많이 오가던 곳이었음.
• 오가는 사람들에게 떡을 파는 가게가 많아지자 '병점'이라고 부르게 되었음.

② 사기막골(경기도 이천시)   천재교과서, 미래엔

• 옛날에 사기나 옹기를 만들었던 사람들이 모여 살던 마을이었음.
• 옛날 이 지역 사람들은 사기그릇을 팔며 생활하였음.

동아출판, 미래엔, 비상, 와이비엠

🌏 지명과 옛이야기로 살펴보는 지역의 변화 모습

말죽거리(서울특별시 서초구 양재동)

• 옛날 이 지역에는 말을 타고 온 여행자들에게 숙소와 음식을 제공하며 생활하는 사람들이 많았음.
• 오늘날에도 여전히 교통의 중심지로 많은 차와 사람이 다니는 지역임.

➡ 지역의 옛날부터 이어져 내려온 모습, 변화된 모습, 사라진 모습 등을 알 수 있습니다.

2 옛이야기와 지명으로 알아보는 지역의 변화

8종 공통

1 옛이야기와 지명의 특징을 바르게 줄로 이으시오.

(1) 옛이야기 •

(2) 지명 •

• ㉠ 지역 곳곳에서 볼 수 있음.

• ㉡ 지역마다 다양하게 전해 내려옴.

8종 공통

2 옛이야기와 지명을 통해 알 수 있는 점으로 알맞지 않은 것은 어느 것입니까? (   )

① 지역의 특징
② 지역의 유래
③ 지역의 자연환경
④ 오늘날 사람들의 옷차림
⑤ 옛날 사람들의 생활 모습

천재교과서

3 다음 옛이야기와 관련된 지명으로 알맞은 말을 찾아 쓰시오.

> 하천이 불어나 집으로 돌아갈 수 없던 장개남은 편찮으신 어머니를 위하는 마음으로 간절히 기도했습니다. 그러자 하천이 갈라지면서 무사히 건너갈 수 있었습니다.

• 교동	• 병점동	• 효자동

(   )

천재교과서, 미래엔

4 다음 자료로 알 수 있는 경기도 안성 지역의 옛이야기는 무엇입니까? (　　　)

안성맞춤

어떤 물건이나 상황이
딱 들어맞는다는 뜻

① 얼음 창고가 있었다.
② 말에게 죽을 먹였다.
③ 나루터와 장터가 있었다.
④ 품질 좋은 유기를 만들었다.
⑤ 누에를 기르고 비단을 만들었다.

동아출판, 비상, 아이스크림 미디어, 와이비엠

5 병점 이야기로 알 수 있는 지역의 옛날 생활 모습을 찾아 ○표를 하시오.

(1)　　　　　　　　(2)

(　　　　)　　　　(　　　　)

천재교과서

6 다음 자연환경과 관련된 지명으로 알맞은 것은 어느 것입니까? (　　　)

고개에 구름이
많이 끼었네.

① 교동　　　　　② 마이산
③ 구름재　　　　④ 제주도
⑤ 목계나루

천재교과서, 동아출판, 아이스크림 미디어

7 다음 ☐ 안에 들어갈 알맞은 말을 쓰시오.

옛날에 이 지역은 뽕나무 잎을 먹여 누에를 기르고, 누에고치가 되면 실을 뽑아 비단을 만들었습니다. ☐(이)라는 지명도 누에를 기르는 방이 많다는 뜻에서 유래했습니다.

(　　　　　　　)

천재교과서

8 옛날에 얼음 창고가 있던 지역에 붙은 이름은 무엇입니까? (　　　)

① 화성시　　　　② 안성시
③ 두물머리　　　④ 서빙고동
⑤ 사기막골

🚌 서술형·논술형 문제　　　　천재교과서, 미래엔

9 다음 자료를 보고, ㉠에 들어갈 알맞은 내용을 쓰시오.

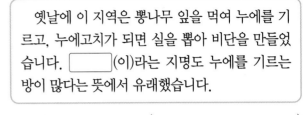

교동	사기막골
옛날에 향교가 있던 지역에 붙여진 이름	㉠

_____

_____

동아출판, 미래엔, 비상, 와이비엠

10 말죽거리 이야기를 통해 알 수 있는 양재동 지역의 변화 모습을 바르게 말한 어린이는 누구인지 쓰시오.

다온: 말죽거리라는 지명이 양재동으로 바뀌었어.
봄이: 과거에는 교통의 중심지였지만, 지금은 사람이 많이 다니지 않는 곳이야.

(　　　　　　　)

8종 검정 교과서 단원평가

❸ 지역의 변화 모습 조사하기

8종 공통

1 다음은 지역의 변화 모습을 조사하는 과정입니다. ㉠ 과 ㉡에 들어갈 알맞은 말을 각각 쓰시오.

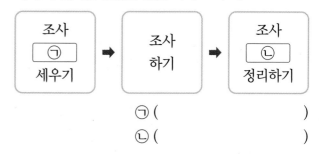

㉠ ( )

㉡ ( )

천재교과서, 미래엔, 비상, 아이스크림 미디어

2 조사 계획을 세울 때 정해야 할 것으로 알맞지 <u>않은</u> 것을 보기에서 찾아 기호를 쓰시오.

> **보기**
> ㉠ 느낀 점
> ㉡ 조사 주제
> ㉢ 조사 방법

( )

천재교과서

3 다음 ㉠에 들어갈 말로 알맞은 것은 어느 것입니까?

( )

> 우리 지역 사람들의 달라진 생활 모습을 조사 하기 위한 장소를 정할 때는 생각해 본 장소 중 에서 _____㉠_____ 을 선택합니다.

① 나와 관련 있는 곳
② 구경할 것이 많은 곳
③ 사람들이 가장 적게 사는 곳
④ 경치가 아름답다고 생각하는 곳
⑤ 지역의 변화가 가장 잘 나타나는 곳

핵심 정리

🐚 지역의 변화 모습을 조사하는 과정

조사 계획 세우기
• 조사할 곳과 주제 정하기
• 조사 방법 정하기

↓

조사하기

↓

조사 결과 정리하기

🐚 지역의 변화 모습을 조사하는 방법

⬆ 과거와 현재 사진 찾아보기

⬆ 주변 어른께 여쭈어보기

⬆ 문헌 찾아보기

⬆ 지역 누리집 방문하기

🐚 조사 보고서 작성하기

조사 주제	우리 지역의 변화와 달라진 생활 모습
조사한 사람	인우, 세연, 성훈, 채은
조사한 곳	영종도
조사 방법	사진, 증언
지역의 변화 모습	과거에는 갯벌이 있었으나 현재는 갯 벌을 땅으로 메우고 국제공항이 들어 섰다.
달라진 사람들의 생활 모습	과거에는 물고기나 조개를 잡았으나 현재는 공항에서 일하는 사람이 많다.
더 알고 싶은 점	영종도처럼 갯벌을 메워 땅이 넓어진 곳이 또 있는지 궁금해졌다.

천재교과서, 미래엔, 비상, 아이스크림 미디어

4 지역의 변화 모습을 조사하기 위한 계획을 세울 때 가장 먼저 해야 할 일은 어느 것입니까? (   )

① 조사할 때 주의할 점을 알아본다.

② 선택한 방법으로 자료를 살펴본다.

③ 조사하고 싶은 곳과 주제를 정한다.

④ 조사할 때 필요한 준비물을 챙긴다.

⑤ 어떤 방법으로 조사할 것인지 정한다.

천재교과서, 미래엔

5 지역의 변화를 살펴볼 수 있는 주제로 알맞지 <u>않은</u> 것을 보기 에서 찾아 기호를 쓰시오.

> 보기
> ㉠ 지역의 모습
> ㉡ 학교에서 볼 수 있는 장소
> ㉢ 지역 사람들이 주로 하는 일

(   )

서술형·논술형 문제

8종 공통

6 다음 지역의 변화 모습을 조사하기 위한 조사 계획서를 보고, ㉠에 들어갈 알맞은 내용을 한 가지 쓰시오.

조사 주제	우리 지역의 변화 모습
조사할 곳	영종도
조사 방법	• 인터넷으로 과거와 현재 사진 찾아보기 • ㉠
조사 내용	• 우리 지역은 옛날에 어떤 모습이었을까? • 옛날에는 있었는데 오늘날에는 없어진 것이 있을까?

_____

_____

천재교과서

7 다음 설명과 관련 있는 조사 방법을 찾아 ○표를 하시오.

> 지역의 유래와 관련된 이야기나 자세한 정보 등을 찾기 위해 우리 지역과 관련된 문헌을 살펴봅니다.

(1)

(   )

(2)

(   )

미래엔, 아이스크림 미디어, 와이비엠, 지학사

8 다음 ☐ 안에 들어갈 알맞은 말을 쓰시오.

> 지역의 문화원이나 박물관, 시·군·구청 등 지역의 변화를 알 수 있는 장소를 직접 찾아가는 조사 방법을 [   ](이)라고 합니다.

(   )

8종 공통

9 다음 조사 방법에 대한 설명으로 알맞은 것은 어느 것입니까? (   )

⚠ 주변 어른께 여쭈어보기

① 질문할 내용은 어른을 만나서 정한다.

② 어른의 허락을 받지 않고 몰래 녹음한다.

③ 수첩, 필기도구 등 필요한 물건은 미리 준비한다.

④ 옛날에 다른 지역으로 이사 가신 분께 여쭈어본다.

⑤ 어른의 이야기를 들을 때 내용은 적지 않고 듣는 일에만 집중한다.

미래엔, 비상, 아이스크림 미디어, 와이비엠, 지학사

10 다음 그림과 관련 있는 설명으로 가장 알맞은 것을 보기 에서 찾아 기호를 쓰시오.

△ 지역 누리집 방문하기

보기
㉠ 지역에 관련된 책과 신문을 찾는 방법입니다.
㉡ 조사한 내용을 정리해 조사 보고서에 작성
  합니다.
㉢ 지역의 발자취와 역사 부분을 살펴보며 지역
  의 변화를 조사합니다.

(   )

천재교과서

11 다음 어른의 이야기를 보고, 영종도 지역 사람들의 생활 모습을 바르게 말한 어린이는 누구인지 쓰시오.

옛날 영종도 지역 주변에는 갯벌이 넓게 펼쳐
져 있었고, 작은 논이 모여 있었단다. 지금은 인천
국제공항이나 아파트 단지 같은 여러 시설이 들
어섰지.

채현: 오늘날 영종도에는 공항에서 일하는 사람
  이 많습니다.
연우: 옛날 영종도 사람들은 여행자들에게 음식
  이나 숙소를 제공하며 생활했습니다.

(   )

🗂 서술형·논술형 문제

천재교과서

12 지역의 변화 모습을 조사한 결과를 정리할 때 어떤 점이 드러나도록 정리해야 하는지 쓰시오.

_____

_____

천재교과서, 미래엔, 아이스크림 미디어, 지학사

13 조사 보고서에 들어갈 내용으로 알맞지 않은 것은 어느 것입니까? (   )
① 조사 주제
② 더 알고 싶은 점
③ 지역의 변화 모습
④ 조사할 때 필요한 준비물
⑤ 달라진 사람들의 생활 모습

천재교과서, 미래엔, 아이스크림 미디어, 지학사

14 지역의 변화 모습을 조사한 보고서에 다음과 같은 내용이 들어갈 항목을 보기 에서 찾아 기호를 쓰시오.

우리 지역에 영종도처럼 갯벌을 메워 땅이
넓어진 곳이 또 있는지 궁금해졌습니다.

보기
㉠ 조사 방법
㉡ 더 알고 싶은 점
㉢ 지역의 변화 모습

(   )

8종 공통

15 다음 ☐ 안에 들어갈 알맞은 말을 쓰시오.

사진이나 영상, 지역 누리집, 문헌 등을 통해
지역의 과거와 현재 모습을 조사하면 지역의
변화에 따라 지역 사람들의 ☐☐☐이/가 달라
진다는 것을 알 수 있습니다.

(   )

교과서 개념을 쉽게 이해할 수 있는

개념북

BOOK 1

+ 쉽고 자세한 개념 학습
+ 다양한 검정 교과서 자료

천재교육

사회 리더

3-1

천재교육

Chunjae
Makes
Chunjae

▼

사회 리더 3-1

편집개발	기주영, 황우정, 이지현, 김민경
디자인총괄	김희정
표지디자인	윤순미, 장미
내지디자인	박희춘
본문 사진 제공	게티이미지, 뉴스뱅크, 셔터스톡, 연합뉴스, 경기도청, 국토정보플랫폼, 국토지리정보원, 국립민속박물관, 국가유산포털, 국가기록원, 국가유산청, 국립중앙박물관, 금천구청, 대구 동구 자원봉사 센디, 서울대학교 규장각한국학연구원, 서울연구데이터서비스, 시흥시청, 인천광역시청, 인천중구청, 한국학중앙연구원, e영상 역사관
제작	황성진, 조규영

발행일	2025년 1월 15일 초판 2025년 1월 15일 1쇄
발행인	(주)천재교육
주소	서울시 금천구 가산로9길 54
신고번호	제2001-000018호
고객센터	1577-0902
교재 구입 문의	1522-5566

리더가 되기 위한 공부 비법

사회
리더

3-1

구성과 특징

교과서 개념북

1 검정 교과서 완벽 반영

쉽고 재미있게 개념을 딱! 다잡고,

개념을 쏙! 익히기

2 실력 평가 실력 확! 올리기를 통해 단원 실력 쌓기

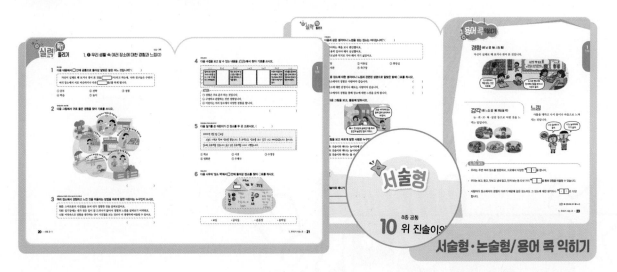

서술형·논술형/용어 콕 익히기

3 단원 평가

단원 평가로 단원 마무리하기

평가북

1 스피드 쪽지 시험

2 학교 시험에 잘 나오는 대표 문제

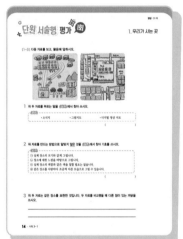

연습 · 실전

3 단원 평가로 단원 정리

4 서술형 · 논술형 평가 완벽 대비

코칭북

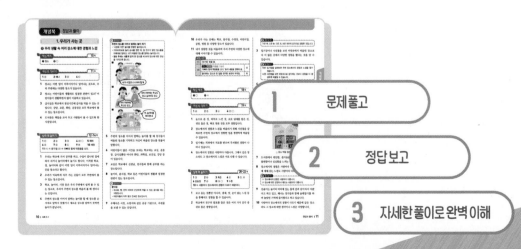

1 문제 풀고

2 정답 보고

3 자세한 풀이로 완벽 이해

차례

1 우리가 사는 곳

2 일상에서 만나는 과거

1

우리가
사는 곳

배울 내용

1. 우리 생활 속 여러 장소에 대한 경험과 느낌
2. 우리가 만드는 살기 좋은 곳

우리 주변에 있는 장소

 **장소**

1. 장소의 의미

→ 우리가 사는 곳을 이루고 있는 부분입니다.

의미	학교, 집, 놀이터와 같이 어떤 일이 이루어지거나 일어나는 곳
특징	• 우리 생활과 *밀접한 관련이 있음. • 우리가 생활하면서 이용하는 곳임. → 사람들의 활동이 이루어지는 곳입니다. • 우리는 여러 장소에서 다양한 경험을 쌓고 다른 사람들과 관계를 맺으며 생활함.

*밀접은 아주 가깝게 맞닿아 있다는 것을 뜻해.

2. 장소에 대한 일기 예

> 20XX년 3월 2일 0.요일
>
> 　오늘은 새 학년 첫날이다. 2학년에 이어 3학년 때도 같은 반이 된 다은이와 OO 약국 앞에서 만나 함께 학교에 갔다. 오늘따라 학교 가는 길에 보던 편의점, 병원, 식당, 문구점 등이 새롭게 보였다. 새로운 담임 선생님과 친구들을 만나고 싶어서 학교에 가는 발걸음이 나도 모르게 빨라졌다.

일기에 등장한 장소	약국, 학교, 편의점, 병원, 식당, 문구점 등
일기에 등장한 장소의 특징	학교 가는 길에 볼 수 있고, 주변에서 쉽게 볼 수 있는 장소임.

3. 주변의 장소를 떠올려 보기

우리는 일상생활에서 여러 장소를 이용하고 있어.

제가 사는 곳 주변에는 학교, 놀이터, 시장 등의 장소가 있어요.

1
단원

✦ 이런 자료도 있어요
천재교과서, 동아출판, 미래엔

주변의 장소 이어서 말하는 놀이

1 가위바위보로 놀이 순서를 정함.

2 앞 친구가 말한 장소들을 차례대로 말하고, 내가 떠올린 장소를 말함.

3 장소를 순서대로 말하지 못했거나 새로운 장소를 말하지 못하면 놀이가 끝남.

개념② 학교 안의 다양한 장소

1. 학교에서 볼 수 있는 장소들 → 과학실, 음악실, 보건실, 화단, 강당 등도 있습니다.

교실

선생님, 친구들과 함께 공부하는 곳

운동장

체육 활동을 하고 뛰어놀 수 있는 곳

급식실

점심시간에 급식을 먹을 수 있는 곳

우리는 하루 중 많은 시간을 학교에서 보내.

2. 학교 안의 다양한 장소에 대한 어린이들의 생각

교실에서 내 자리에 앉으면 마음이 편해.

운동장에서 달리다가 넘어져서 아팠어.

급식에 좋아하는 반찬이 나와서 기뻤어.

3. 학교 안 장소의 특징

학교 안에 다양한 장소가 있음. — 우리에게 친숙한 장소임. — 장소에 대해 각자 생각하는 것이 다름.

개념 ③ 우리 주변의 다양한 장소

우리가 살고 있는 집도
우리 주변의 장소입니다.

*학용품은
공부하는 데
쓰이는 여러 가지
물건을 말해.

편의점	물건을 사는 곳	병원	아픈 곳을 치료하는 곳
수영장	수영을 할 수 있는 곳	도서관	책을 읽을 수 있는 곳
문구점	*학용품을 사는 곳	우체국	우편물을 보낼 수 있는 곳
공원	산책하거나 쉴 수 있는 곳	소방서	불이 나는 것을 예방하거나 불을 꺼 주는 곳

→ 산, 강 등과 같은 장소도 우리 주변에 있습니다.

대표 자료로
★핵심을 잡아요

우리 주변에 있는 여러 장소

놀이터

친구들과
함께 놀아요.

분식집

학교 끝나고
가서 간식을
먹어요.

학교

다양한
것을 배워요.

- 장소는 사람들이 주로 이용하거나 우리가 사는 곳을 이루고 있는 부분입니다.
- 우리가 사는 곳에는 다양한 장소가 있고, 우리 생활과 밀접한 관련이 있습니다.

핵심 체크

정답·10쪽

☑ 학교, 집, 놀이터와 같이 어떤 일이 이루어지거나 일어나는 곳을 ❶(장소 / 마을)(이)라고
합니다.
☑ 학교 안에는 교실, 보건실, 강당 등의 장소가 있습니다. ❷(○ / X)

1. ❶ 우리 생활 속 여러 장소에 대한 경험과 느낌(1)

1 8종 공통
다음에서 설명하는 낱말은 어느 것입니까? (   )

> • 학교, 집, 놀이터 등이 해당합니다.
> • 어떤 일이 이루어지거나 일어나는 곳입니다.

① 마을　　　　　　② 장소　　　　　　③ 나라
④ 지역　　　　　　⑤ 터전

2 8종 공통
장소에 대해 바르게 말한 어린이는 누구인지 쓰시오.

> 수민: 장소는 어른들만 이용하는 곳이에요.
> 혜나: 우리는 여러 장소에서 다양한 경험을 쌓으며 살아요.
> 지우: 주변에 장소는 많지만 우리 생활과 큰 관련은 없어요.

(　　　　　　　　)

3 천재교과서, 미래엔
다음 어린이가 설명하고 있는 학교의 장소는 어디입니까? (   )

저는 학교에서 이 장소가 제일 좋아요.
이곳에 가면 맛있는 것을 매일 먹을 수 있거든요.

① 강당　　　　　　② 교문　　　　　　③ 화단
④ 급식실　　　　　⑤ 운동장

4 8종 공통
다음 그림의 장소 중 책을 빌리거나 읽을 수 있는 곳을 찾아 기호를 쓰시오.

(　　　　　　　　)

1
8종 공통
다음 내용에서 ☐ 안에 공통으로 들어갈 알맞은 말을 보기 에서 찾아 기호를 쓰시오.

> 우리 주변에는 우리가 공부하는 학교, 친구들과 노는 놀이터, 필요한 물건을 사는 시장 등 여러 ☐ 이/가 있습니다. 이러한 ☐ 은/는 우리 생활과 밀접한 관련이 있습니다.

보기
㉠ 땅   ㉡ 환경   ㉢ 장소   ㉣ 고장

(   )

2
8종 공통
다음 중 장소의 예로 알맞지 <u>않은</u> 것은 어느 것입니까? (   )
① 집   ② 병원   ③ 공원
④ 마음   ⑤ 기차역

3
8종 공통
다음 어린이의 말풍선 안에 들어갈 말로 알맞은 것은 어느 것입니까? (   )

① 처음 본 장소야.
② 내가 갈 수 없는 곳들이야.
③ 주변에 있는 여러 장소들이야.
④ 일상생활에서 접할 수 없는 곳들이야.
⑤ 무엇을 하는 곳인지 알 수 없는 장소야.

4
천재교과서, 동아출판, 미래엔
주변의 장소를 이어서 말하는 놀이를 할 때 놀이가 끝나는 경우에 ◯표를 하시오.
(1) 앞 친구가 말한 장소들을 차례대로 말한 경우   (   )
(2) 내 순서에서 새로운 장소를 말하지 못한 경우   (   )

천재교과서, 동아출판, 미래엔

5 주변의 장소를 이어서 말하는 놀이를 바르게 한 어린이는 누구인지 쓰시오.

> 민성: 내가 가 보지 않은 장소, 친구들이 모르는 장소만 말했어요.
> 주원: 앞 친구가 말한 장소들 중에 내가 좋아하는 장소만 말했어요.
> 채하: 장소를 순서대로 말한 뒤에 내가 생각한 새로운 장소를 말했어요.

(   )

천재교과서, 미래엔, 비상, 와이비엠

6 다음 장소들의 공통점은 어느 것입니까? (   )

▲ 교실

▲ 운동장

▲ 급식실

① 밥을 먹는 장소이다.
② 학교 안에 있는 장소이다.
③ 뛰어놀 수 있는 장소이다.
④ 어린이들이 갈 수 없는 장소이다.
⑤ 나 혼자만 사용할 수 있는 장소이다.

미래엔, 비상, 와이비엠

7 다음 어린이가 말하고 있는 학교 안의 장소는 어디입니까? (   )

내 자리에 앉으면 마음이 편해.

① 교문
② 화단
③ 교실
④ 강당
⑤ 보건실

천재교과서

8 다음 어린이가 말하는 장소를 찾아 기호를 쓰시오.

> 세나: 친구들과 자주 가는 곳이에요. 간식으로 먹는 떡볶이가 정말 맛있어요.

㉠

▲ 놀이터

㉡

▲ 분식집

㉢

▲ 학교

(   )

[9~11] 다음 그림을 보고, 물음에 답하시오.

9 천재교과서
다음에서 설명하는 장소를 위 그림에서 찾아 기호를 쓰시오.

- 시청, 보건소 등과 같이 고장의 모든 사람들을 위해 일하는 장소입니다.
- 사람들은 이곳에서 택배나 우편물을 보냅니다.

(   )

10 8종 공통
위 그림을 보고 바르게 말한 어린이는 누구인지 쓰시오.

세정: 우리 주변에는 다양한 장소가 있어요.
누리: 우리가 이용할 수 있는 장소는 별로 없어요.
한영: 우리가 이용해 본 적이 없는 장소는 알 필요가 없어요.

(   )

서술형

11 8종 공통
위 장소 중 내가 좋아하는 장소를 한 곳 쓰고, 그 장소에서 무엇을 했는지 쓰시오.
(1) 내가 좋아하는 장소: (   )

(2) 한 일: _____

_____

용어 콕 익히기

장소 (場 마당 장 所 바 소)

학교, 집, 놀이터와 같이 어떤 일이 이루어지거나 일어나는 곳입니다.

> 학교와 교실은 우리와 뗄 수 없는 장소야.

학교 (學 배울 학 校 학교 교)

일정한 시설을 갖추고 학생에게 교육을 실시하는 기관입니다.

교실 (教 가르칠 교 室 집 실)

학교에서 주로 학습 활동이 이루어지는 방입니다.

[출처: 연합뉴스]

용어 체크

• 우리는 ❶ ⌐ ㅅ 에서 선생님, 친구들과 함께 공부를 합니다.

• 교실, 운동장, 급식실 등의 장소를 볼 수 있는 곳은 ❷ ㅎ ㄱ 입니다.

• 우리 주변에서 볼 수 있는 곳으로, 어떤 일이 이루어지는 곳을 ❸ ㅈ ㅅ 라고 합니다.

정답 ❶ 교실 ❷ 학교 ❸ 장소

개념 딱! 다잡기

여러 장소에 대한 다양한 경험과 느낌

개념 ① 장소에서 경험한 것 떠올리기

1. 경험

의미	자신이 실제로 해 보거나 겪어 본 것
특징	보고 듣는 것뿐만 아니라, 냄새, 맛, 손이 닿는 느낌 등을 통해서도 경험을 할 수 있음.

2. 다섯 가지 *감각을 통해 경험 떠올리기

*감각은 눈·귀·코·혀·피부 등으로 어떤 것을 느끼는 일 또는 그 느낌을 말해.

감각의 종류	경험한 것 예
눈 👀	시장에서 다양한 색깔의 과일을 봤습니다.
코 👃	빵집에서 갓 구운 빵 냄새를 맡았습니다.
혀 👄	분식집에서 매콤한 떡볶이를 먹었습니다.
귀 👂	학교에서 친구가 발표하는 것을 들었습니다.
피부 ✋	공원에서 친구네 강아지를 만져 보았습니다.

피부로 느낀 것 ← 나는 더운 여름에 놀이터에서 철봉을 손으로 만졌더니 뜨거웠어.

나는 놀이터에서 곤충들을 관찰했어. → 눈으로 본 것

개념 ② 장소에서의 경험과 느낌 살펴보기

1. 사진첩 살펴보기 → 사진첩을 보면 주변의 장소에서 경험한 일을 생생하게 떠올릴 수 있고, 머릿속으로 떠올리지 못한 장소들을 더 많이 살펴볼 수 있습니다.

공원에 핀 꽃이 정말 예뻤어.

뒷산을 오를 때 힘들었지만 뿌듯했어.

태권도 학원에서 심사를 받을 때 떨렸어.

[출처: 연합뉴스]

2. 수첩 살펴보기

일요일	월요일	화요일	수요일	목요일	금요일	토요일
할머니와 시장에 가서 사과를 샀다. 시장 구경을 하니 재미있었다.		학교 화단에 살고 있는 식물과 곤충을 관찰하는 수업을 했다.			어린이 박물관에 다녀왔다. 특별 전시실에서 봤던 작품이 인상적이었다.	가족들과 동네에 있는 산에 오르니 정상에서 동네가 한눈에 보였다.

3. 일기장 살펴보기 → 일기장을 살펴보면 머릿속에서 떠올린 장소보다 더 많은 곳에서 다양한 경험을 했다는 것을 알 수 있습니다.

20XX년 2월 15일 ○요일 ☀ ☁ ☂

오늘은 치과에 가서 충치를 치료했습니다. 기계가 돌아가는 소리와 소독약 냄새 때문에 무서웠습니다. 치과 진료를 마친 뒤 미용실에서 머리를 짧게 잘랐습니다. 머리 모양이 어색했지만 가볍고 시원해서 기분이 좋았습니다.

치과와 미용실에서의 경험을 통해 느낀 점을 일기에 썼습니다.

20XX년 3월 3일 ○요일 ☀ ☁ ☂

오늘은 가족과 함께 영화관에서 영화를 봤습니다. 큰 화면으로 영화를 보니 *실감 나고 재미있었습니다. 돌아오는 길에는 서점에 들러 동화책을 샀습니다. 읽고 싶은 동화책을 사서 기뻤습니다.

*실감은 실제로 체험하는 느낌을 말해.

★ **이런 자료도 있어요** 천재교과서, 동아출판, 미래엔, 아이스크림 미디어, 와이비엠

소개하고 싶은 장소를 다양한 방법으로 만들기

장소 책 만들기

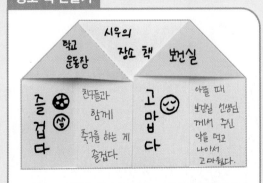
시우의 장소 책
학교 운동장 / 보건실
즐겁다 친구들과 함께 축구를 하는 게 즐겁다.
고맙다 아플 때 보건실 선생님께서 주신 약을 먹고 나아서 고마웠다.

세모 모양에 장소를 쓰고 네모 모양에 장소에 대한 경험과 느낌을 써서 장소 책을 만듦.

장소 카드 만들기

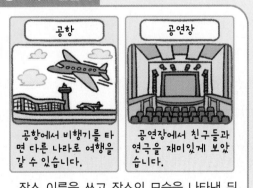
공항 / 공연장
공항에서 비행기를 타면 다른 나라로 여행을 갈 수 있습니다.
공연장에서 친구들과 연극을 재미있게 보았습니다.

장소 이름을 쓰고 장소의 모습을 나타낸 뒤 경험한 일과 느낌을 씀.

개념 ③ 장소에 대한 생각이나 느낌 나누기

1. **같은 장소에 대한 다양한 생각이나 느낌**: 우리는 여러 장소에서 다양한 경험을 하며 그 장소에 대한 생각이나 느낌을 갖게 됩니다.

2. **같은 장소에 대한 생각이나 느낌이 다른 까닭** → 같은 장소에서의 경험과 느낌을 친구들과 비교해 볼 수 있습니다.

도서관	치과	놀이터
편안했다, 심심했다, 재미있다 등	무섭다, 치료해서 다행이다 등	아팠다, 즐거웠다 등

⌄

사람마다 장소에서의 경험이 다르기 때문에 같은 장소라도 그 장소에서의 느낌은 서로 다를 수 있음.

대표 자료로 핵심을 잡아요

같은 장소에서의 느낌을 동시에 말해 보기 → 놀이터에서 친구와 말다툼을 하거나 싸워서 기분이 상하기도 합니다.

• 친구들이 놀이터라는 장소에 대해 다양한 경험을 했기 때문에 다양한 감정을 갖고 있습니다.

핵심 체크
정답 · 11쪽

☑ 우리는 여러 장소에서 다양한 경험을 하며 그 장소에 대한 생각이나 느낌을 갖게 됩니다.
❶(O / X)

☑ 장소에 대한 감정이나 태도는 사람들마다 모두 같습니다. ❷(O / X)

1 천재교과서, 와이비엠

주변 장소에서 경험한 것에 대한 설명으로 알맞은 것은 어느 것입니까? (   )

① 눈으로 본 것만 경험이다.

② 귀로 들은 것만 경험이다.

③ 피부로 느끼는 것은 경험이라고 할 수 없다.

④ 분식집에서 떡볶이를 먹고 매웠던 일은 경험이다.

⑤ 백화점에서 맡았던 좋은 냄새는 경험이라고 할 수 없다.

2 천재교과서, 미래엔, 지학사

다음과 같이 경험한 것을 살펴볼 수 있는 자료는 어느 것입니까? (   )

① 신문   ② 사진첩   ③ 소식지
④ 일기장   ⑤ 그림지도

3 8종 공통

다음 일기에 나타난 장소에 대한 감정으로 알맞은 것을 보기 에서 찾아 기호를 쓰시오.

> 20XX년 2월 15일 ◯요일
>
> 　오늘은 치과에 가서 충치를 치료했습니다. 기계가 돌아가는 소리와 소독약 냄새 때문에 도망가고 싶었습니다.
>
> 치과는 내게 언제나 가기 싫은 곳입니다.

보기
　⊙ 기쁘다.　　　ⓒ 무섭다.　　　ⓒ 뿌듯하다.　　　ⓔ 다행이다.

(　　　　　)

4 8종 공통

장소에 대한 경험과 느낌에 대한 설명으로 알맞은 것에 ◯표를 하시오.

(1) 같은 장소에서의 경험은 사람마다 대부분 같습니다. 　　　　　　　(　　)

(2) 장소가 같아도 장소에 대한 느낌은 사람마다 다릅니다. 　　　　　(　　)

1. ❶ 우리 생활 속 여러 장소에 대한 경험과 느낌(2)

1 8종 공통
다음 내용에서 ☐ 안에 공통으로 들어갈 알맞은 말은 어느 것입니까? (   )

> 자신이 실제로 해 보거나 겪어 본 것을 [   ](이)라고 하는데, 나와 친구들은 주변의
> 여러 장소에서 서로 비슷하거나 다른 [   ]을/를 하게 됩니다.

① 공부   ② 견학   ③ 경험
④ 학습   ⑤ 놀이

2 천재교과서, 와이비엠
다음 그림에서 귀로 들은 경험을 찾아 기호를 쓰시오.

분식집에서 떡볶이를 먹었어요. ㉠
공원에서 봄꽃을 구경했어요. ㉡
빵집에서 갓 구운 빵 냄새를 맡았어요. ㉢
수영장에서 헤엄을 치며 놀았어요. ㉣
학교에서 친구의 발표를 들었어요. ㉤

(   )

3 천재교과서, 미래엔, 아이스크림 미디어, 지학사
여러 장소에서 경험하고 느낀 것을 떠올리는 방법을 바르게 말한 어린이는 누구인지 쓰시오.

> 희준: 스마트폰의 사진첩을 보며 내가 경험한 것을 살펴보았어요.
> 지빈: 일기장에는 내가 겪은 일이 잘 드러나지 않아서 경험과 느낌을 살펴보기 어려워요.
> 나영: 머릿속으로 경험을 생각하는 것이 사진첩을 보는 것보다 더 생생하게 떠올릴 수 있어요.

(   )

천재교과서

4 다음 수첩을 보고 알 수 있는 내용을 보기 에서 찾아 기호를 쓰시오.

일요일	월요일	화요일	수요일	목요일	금요일	토요일
할머니와 시장에 가서 사과를 샀다. 시장 구경을 하니 재미있었다.		학교 화단에 살고 있는 식물과 곤충을 관찰하는 수업을 했다.			어린이 박물관에 다녀왔다. 특별 전시실에서 봤던 작품이 인상적이었다.	가족들과 동네에 있는 산에 오르니 정상에서 동네가 한눈에 보였다.

보기

㉠ 경험은 주로 혼자 하는 것입니다.
㉡ 구경하고 관찰하는 것만 경험입니다.
㉢ 어린이는 여러 장소에서 다양한 경험을 합니다.

(   )

천재교과서, 아이스크림 미디어

5 다음 일기를 쓴 어린이가 간 장소를 두 곳 고르시오. (,   )

> 20XX년 3월 3일 ○요일
>
> 오늘은 가족과 함께 영화를 봤습니다. 큰 화면으로 영화를 보니 실감 나고 재미있었습니다. 돌아오는 길에는 동화책을 샀습니다. 읽고 싶은 동화책을 사서 기뻤습니다.

① 학교   ② 서점   ③ 수영장
④ 영화관   ⑤ 우체국

천재교과서

6 다음 시우의 '장소 책'에서 □ 안에 들어갈 장소를 찾아 ○표를 하시오.

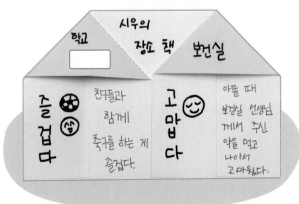

• 교실	• 급식실	• 운동장	• 음악실

7 _{천재교과서}
다음과 같은 생각이나 느낌을 갖는 장소는 어디입니까? (　　　)

> • 좋아하는 책을 보니 편안했어요.
> • 조용히 있어야 해서 심심했어요.
> • 부모님과 억지로 가야 해서 가기 싫었어요.

① 식당　　　　　　② 미용실　　　　　　③ 화장실
④ 도서관　　　　　　⑤ 축구장

8 _{8종 공통}
다음 중 장소에 대한 생각이나 느낌과 관련된 설명으로 알맞은 말에 ○표를 하시오.

(1) 장소에서의 경험은 사람마다 같습니다. 　　　　　　　　　　　　(　　)

(2) 장소에 대한 감정이나 태도는 사람마다 같습니다. 　　　　　　　(　　)

(3) 장소에서의 경험을 통해 장소에 대한 느낌을 갖게 됩니다. 　　(　　)

[9~10] 다음 그림을 보고, 물음에 답하시오.

9 _{천재교과서}
위 그림을 보고 바르게 말한 사람은 누구인지 쓰시오.

> 수훈: 진솔이와 해나는 놀이터에 갔던 경험이 있어요.
> 진아: 진솔이와 해나는 놀이터에 대해 같은 느낌을 갖고 있어요.
> 다겸: 진솔이와 해나는 둘 다 놀이터에 가는 것을 싫어하고 있어요.

(　　　　　　　　　　)

서술형

10 _{8종 공통}
위 진솔이와 해나가 같은 장소에 대해 다른 생각을 하는 까닭을 쓰시오.

_____

_____

1 단원

경험 (經 날 경 驗 시험 험)

자신이 실제로 해 보거나 겪어 본 것입니다.

감각 (感 느낄 감 覺 깨달을 각)

눈·귀·코·혀·살갗 등으로 어떤 것을 느끼는 일입니다.

느낌

사물을 대하고 나서 몸이나 마음으로 느껴지는 것입니다.

용어 체크

• 우리는 주변 여러 장소를 방문하고, 그곳에서 다양한 ❶ [ㄱ][ㅎ]을 합니다.

• 우리는 보고, 듣고, 맛보고, 냄새 맡고, 만져 보는 등 다섯 가지 ❷ [ㄱ][ㄱ]을 통해 경험을 떠올릴 수 있습니다.

• 사람마다 장소에서의 경험이 다르기 때문에 같은 장소라도 그 장소에 대한 생각이나 ❸ [ㄴ][ㄱ]은 다양합니다.

여러 장소에 대한
경험과 느낌의 표현과 존중

개념 ① 장소에서의 경험과 느낌을 표현하기

그림으로 표현하기

→ 표정 그림말로, 그림말은 글 대신 간단한 그림으로 나타낸 표시입니다.

장소의 모습을 차례대로 하나씩 그림을 그려 표현했음. → 장소의 특징이 드러나게 그림을 그렸습니다.

장소에서의 경험과 느낌을 표현할 때에는 상상 속의 장소가 아니라 주변에 실제로 있는 장소를 표현해.

소식지로 표현하기

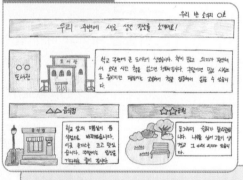

그림과 글로 알리고 싶은 장소를 소식지로 표현했음.

편지로 표현하기

친구에게 좋아하는 장소를 소개하는 편지를 쓰고 장소 그림을 덧붙여서 표현했음.

사진으로 표현하기

공원에서

집 앞 공원에서 자전거 타는 법을 배웠던 순간을 기억하고 싶어서 사진으로 찍음.

동시로 표현하기

→ 동시에 어울리는 그림도 그렸습니다.

공원에 갔을 때 느꼈던 기분을 동시처럼 글을 써서 표현함.

^② **장소에서의 경험과 느낌을 그림지도(심상지도)로 표현하기**

1. 그림지도를 그리는 방법 → 중요한 장소를 크게 그리거나 장소에 어울리는 색을 칠하여 느낌을 잘 표현할 수 있습니다.

| 좋아하는 장소, 다른 사람에게 알려 주고 싶은 장소 등의 주제를 정함. | ⇨ | 주제에 맞게 머릿속에 떠오르는 장소로 그림지도를 그림. | ⇨ | 장소에 대한 느낌을 장소 위에 간단한 그림으로 나타내서 표현하는 등 그림지도를 꾸밈. |

2. 그림지도로 표현하기

그림지도는 고장을 실제 그대로 나타낸 것이 아니라, 개개인의 머릿속에 있는 장소에 관한 정보를 지도처럼 그려서 나타낸 것입니다.

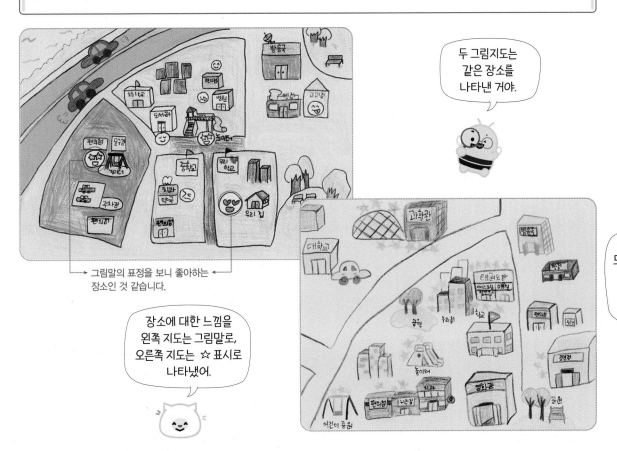

→ 그림말의 표정을 보니 좋아하는 ←
장소인 것 같습니다.

두 그림지도는 같은 장소를 나타낸 거야.

장소에 대한 느낌을 왼쪽 지도는 그림말로, 오른쪽 지도는 ☆ 표시로 나타냈어.

그림지도에 모든 장소를 그린 것이 아니라 좋아하거나 알려 주고 싶은 장소를 그렸어.

✦**이런 자료도 있어요** 천재교과서, 아이스크림 미디어, 와이비엠, 지학사

주변의 장소를 기준에 맞게 무리 지어 보기

내가 자주 가는 장소	예 학교, 편의점
내가 잘 아는 장소	예 공원, 놀이터
내가 가장 좋아하는 장소	예 태권도장, 과학관
다른 사람에게 알리고 싶은 장소	예 공연장, 박물관

 장소에 대한 생각과 느낌을 나누기

1. 장소에서의 경험과 느낌을 표현한 작품을 소개하기 → 내가 선택한 장소를 어떤 방법으로 표현했는지, 그 장소를 왜 그렇게 표현했는지에 대해서도 경험과 느낌을 바탕으로 이야기합니다.

공원은 제가 좋아하는 장소예요. 공원에 갔을 때 기분이 좋았던 느낌을 동시와 그림으로 표현했어요.

제가 잘 아는 장소를 표정 그림말을 활용하여 그림으로 그려 보았어요. 병원에 갔을 때 무서웠던 기억이 있어서 우는 표정의 그림말로 표현했어요.

저는 제가 좋아하는 장소를 ☆로 표시했어요. 특히 과학관은 밤에 별을 관찰하며 즐거웠던 경험이 있어서 친구들에게 알려 주고 싶었어요.

주변에 새롭게 달라진 장소인 도서관, 음식점, 공원 등을 알려 주는 소식지를 만들어 보았어요.

 2. 여러 장소에 대한 생각과 느낌을 나누어 보기

① 주변 여러 장소에 대한 친구들의 이야기를 듣고 주변 장소에 더욱 관심을 가질 수 있습니다.
② 같은 장소라도 표현하는 사람의 경험이나 느낌에 따라 다른 모습으로 나타날 수 있기 때문에 장소에 대한 생각과 느낌을 서로 이해하고 존중해야 합니다.

대표 자료로

같은 장소를 다르게 표현한 그림지도 → 학교, 운동장, 아파트 등은 두 그림지도에 모두 그려져 있지만, 학교의 모습이나 도로 등은 다르게 표현하고 있습니다.

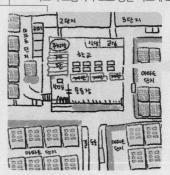

학교를 왼쪽 그림지도보다 더 자세히 표현했음.

오른쪽 그림지도에는 없는 마트를 크게 그렸음

• 장소에서의 느낌은 각자의 경험에 따라 다르므로 서로 이해하고 존중해야 합니다.

핵심 체크

정답 · 12쪽

☑ 장소에서의 느낌은 모두 같기 때문에 서로 이해할 필요가 없습니다. ❶ (○ / ✕)
☑ 우리 주변의 장소에 관심을 ❷ (갖는 / 갖지 않는) 자세가 필요합니다.

1 8종 공통
다음과 같이 주변의 장소를 표현한 모습을 보고 바르게 말한 어린이는 누구인지 쓰시오.

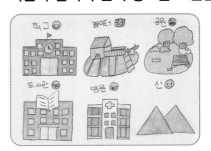

소은: 장소의 특징이 잘 드러나게 그림으로 표현했어요.
선율: 주변의 장소를 사진으로 하나씩 찍어서 표현했어요.
진하: 실제로 있는 장소가 아니라 상상의 장소를 그렸어요.

( )

2 천재교과서, 비상, 지학사
다음 말풍선에서 ☐ 안에 들어갈 알맞은 표현 방법은 어느 것입니까? ( )

공원에 갔을 때 느꼈던 기분을 ☐(으)로 표현해 봤어요.

① 편지
② 지도
③ 동시
④ 계획서
⑤ 보고서

3 8종 공통
다음 자료를 보고, ( ) 안의 알맞은 말에 ○표를 하시오.

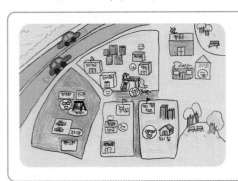

왼쪽과 같이 내 머릿속에 떠오르는 장소를 (신문 / 그림지도)(으)로 표현할 수 있습니다.

4 8종 공통
여러 장소에 대한 생각과 느낌을 표현하는 것에 대한 설명으로 알맞은 것에 ○표를 하시오.

(1) 장소에서의 경험과 느낌은 한 가지 방법으로만 표현할 수 있습니다. ( )

(2) 같은 동네에 살고, 같은 학교에 다니는 친구라도 표현하는 장소나 방법이 다를 수 있습니다. ( )

천재교과서, 와이비엠

1 다음은 주변의 장소를 그림으로 표현한 것입니다. 장소 옆에 있는 표정 그림말을 보고 알 수 있는 것은 어느 것입니까? (   )

① 장소의 위치
② 장소를 간 횟수
③ 장소에 대한 생각
④ 장소에서 파는 것
⑤ 장소에서 배우는 것

천재교과서

2 다음과 같이 장소에 대해 표현한 방법은 어느 것입니까? (   )

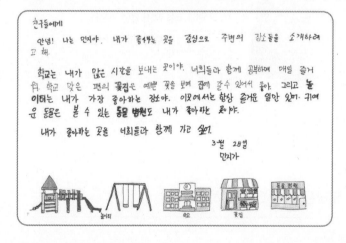

① 동시 쓰기
② 사진 찍기
③ 편지 쓰기
④ 지도 그리기
⑤ 보고서 만들기

천재교과서, 아이스크림 미디어, 와이비엠, 지학사

3 다음 중 주변의 여러 장소를 나눈 기준으로 알맞지 <u>않은</u> 것은 어느 것입니까? (   )

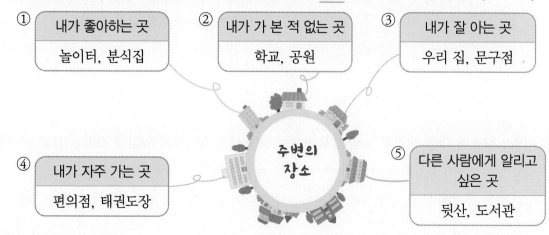

① 내가 좋아하는 곳 / 놀이터, 분식집
② 내가 가 본 적 없는 곳 / 학교, 공원
③ 내가 잘 아는 곳 / 우리 집, 문구점
④ 내가 자주 가는 곳 / 편의점, 태권도장
⑤ 다른 사람에게 알리고 싶은 곳 / 뒷산, 도서관

주변의 장소

4 그림지도를 그리는 과정을 보기 에서 찾아 순서대로 기호를 쓰시오.

> **보기**
> ㉠ 그림지도의 주제를 정합니다.
> ㉡ 주제에 맞게 머릿속에 떠오르는 장소로 그림지도를 그립니다.
> ㉢ 장소에 대한 느낌을 다양하게 표현하고 그림지도를 꾸밉니다.

(   ) → (   ) → (   )

8종 공통

5 그림지도를 그릴 때 주의할 점을 바르게 말한 어린이는 누구인지 쓰시오.

> 혜나: 우리 동네에 있는 장소를 모두 다 그려야 해요.
> 세준: 실제 지도와 되도록 똑같이 보이게 그려야 해요.
> 민영: 상상의 장소가 아닌 고장의 실제 장소를 그려야 해요.

(   )

천재교과서

6 다음 ☐ 안에 들어갈 알맞은 말은 어느 것입니까? (   )

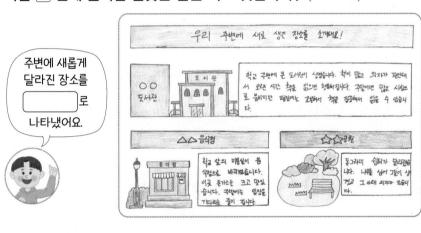

주변에 새롭게 달라진 장소를 ☐ 로 나타냈어요.

① 만화
② 일기
③ 지도
④ 메모
⑤ 소식지

8종 공통

7 다음 자료에 대한 설명으로 알맞은 것은 어느 것입니까? (   )

① 상상했던 장소를 표현하고 있다.
② 실제 지도와 똑같이 그린 모습이다.
③ 내가 모르는 장소를 주로 소개하고 있다.
④ 내 주변의 장소를 그림지도와 글로 표현했다.
⑤ 주변의 장소를 빠짐없이 모두 그린 모습이다.

8 ^{8종 공통}
장소에서의 경험과 느낌을 표현한 작품을 소개하는 방법을 바르게 말한 어린이를 쓰시오.

내가 선택한 장소를 어떤 방법으로 표현했는지는 설명하지 않아도 돼요.

내가 표현하는 방식이 가장 옳다는 것을 친구들에게 가르쳐 줘야 해요.

내가 선택한 장소에 대한 느낌을 친구들에게 설명해야 해요.

▲ 누리

▲ 하람

▲ 준연

(   )

[9~10] 같은 장소를 나타낸 두 그림지도를 보고, 물음에 답하시오.

▲ 민후의 그림지도

▲ 서이의 그림지도

9 ^{8종 공통}
위 두 그림지도에 대한 설명으로 알맞은 것은 어느 것입니까? (   )

① 겹치는 장소가 없다.

② 장소에서 한 일이 쓰여 있다.

③ 장소에 대한 느낌이 나타나 있다.

④ 과학관은 서이의 그림지도에만 있다.

⑤ 도서관은 민후의 그림지도에만 있다.

서술형

10 ^{8종 공통}
위 두 그림지도와 같이 같은 장소를 다르게 표현한 작품을 보고 가져야 할 태도를 쓰시오.

_____

_____

그림지도 (地 땅 지 圖 그림 도)

어느 동네나 고장의 모습을 나타내기 위해 중요 건물이나 시설, 길·산·강 등을 기호가 아닌 그림으로 나타낸 지도입니다.

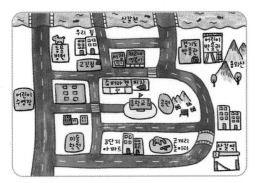
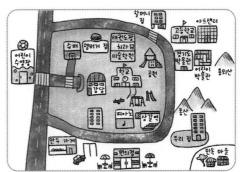

소식지 (消 사라질 소 息 쉴 식 紙 종이 지)

어떤 상황이나 형편을 알리는 책자입니다.

동시 (童 아이 동 詩 시 시)

어린이가 지은 시입니다.

용어체크

• 장소에서의 경험과 느낌을 그림과 글로 써서 ❶ [ㄷ][ㅅ] 로 표현할 수 있습니다.

• 새로운 소식을 알리는 책자인 ❷ [ㅅ][ㅅ][ㅈ] 로 알리고 싶은 장소를 표현할 수 있습니다.

• 고장을 실제 그대로 나타낸 것이 아니라, 개개인의 머릿속에 있는 장소에 관한 정보를 지도처럼 그려서 나타낸 것을 ❸ [ㄱ][ㄹ][ㅈ][ㄷ] 라고 합니다.

정답 ❶ 동시 ❷ 소식지 ❸ 그림지도

우리 생활에 편리함과 도움을 주는 장소들

개념 ① 주요 장소

의미	여러 장소 중에서 눈에 잘 띄거나 많은 사람이 이용하는 장소
종류	학교, 도서관, 박물관, 놀이터, 공원, 영화관, 병원, 경찰서 등 → 우리가 생활하는 데 편리함과 도움을 줍니다.

개념 ② 우리가 놀거나 쉴 수 있는 장소: 놀이 ·*여가와 관련 있는 곳

공원

공원에서 친구들과 공놀이를 하거나 자전거를 탐. → 휴식과 산책도 할 수 있습니다.

놀이공원

놀이공원에서 롤러코스터나 회전목마 등의 놀이기구를 탐.

*여가는 일이 없어 남는 시간을 말해.

캠핑장

캠핑장에서 가족들과 캠핑을 즐김.

경기장

경기장에서 축구나 야구 등 운동 경기를 관람함.

이런 자료도 있어요
천재교과서, 미래엔, 비상, 아이스크림 미디어

놀이나 여가와 관련 있는 장소

체육관

운동을 할 수 있음.

영화관

영화를 볼 수 있음.

바닷가

물놀이를 할 수 있음.

개념③ 우리가 배우고 즐기는 장소: 교육·문화와 관련 있는 곳

→ 문화 센터, 체험관 등에서도 다양한 것을 배우고 경험할 수 있습니다.

학교

방과 후 학교 수업 시간에 컴퓨터, 미술, 바둑, 로봇 과학 등을 배움.

태권도장

태권도의 발차기와 품새 동작 등을 배우고 연습함.

→ 태권도에서, 공격과 방어의 기본 기술을 연결한 연속 동작을 말합니다.

공연장

음악이나 연극 등을 관람함.

도서관

*위인전, 동화책, 만화책 등을 빌려 읽고 도서관에서 여는 행사에 참여함.

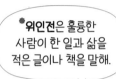
*위인전은 훌륭한 사람이 한 일과 삶을 적은 글이나 책을 말해.

박물관

조상들이 남긴 물건이나 과학 관련 전시물 등을 관람함.

미술관

미술 작품을 감상함.

공연장, 도서관, 박물관, 미술관 등은 문화 시설로, 문화를 누리고 발달시키는 데 필요한 시설을 말해.

★이런 자료도 있어요   비상

이동하는 것, 물건을 사는 것과 관련 있는 장소

다른 곳으로 이동할 때 가는 장소	버스 터미널, 전철역, 기차역, 공항, 항구 등
물건을 사려고 가는 장소	시장, 편의점, 백화점, 대형 할인점 등

개념 ④ 우리의 안전과 건강에 도움을 주는 장소 → 생명과 재산, 건강을 지켜 주는 곳입니다.

1. 안전을 지켜 주는 장소

경찰서
범죄를 예방하고 교통질서를 바로잡아서 주민의 안전을 책임짐.

소방서
불이 나면 끄고, 불이 나지 않도록 예방하며, 사고로 다치거나 아픈 사람을 구조함.

2. 건강에 도움을 주는 장소 → 약국, 치과, 한의원 등도 있습니다.

보건소
감염병 등 질병을 예방하고 치료하며, 건강 관련 정보를 제공하기도 함.

병원
아픈 사람을 진찰하고 치료하며 예방 접종을 해 줌.

3. 그 밖에 안전과 건강을 지켜 주는 장소

무더위 쉼터
여름철에 사람들이 무더위를 피해 시원하게 쉴 수 있는 장소

지진 옥외 대피 장소
지진이 발생했을 때 안전하게 피할 수 있도록 마련된 장소

아동 안전 지킴이집
위험에 처한 어린이를 임시로 보호해 주는 장소

이러한 장소들이 있어서 우리가 편안하게 생활할 수 있고, 위급한 일이 생겼을 때나 아플 때 도움을 받을 수 있어.

대표 자료로 핵심을 잡아요

생활에 편리함과 도움을 주는 장소들

놀이공원, 공원 등 놀이·여가와 관련 있는 곳

학교, 도서관 등 교육·문화와 관련 있는 곳

경찰서, 소방서 등 안전과 관련 있는 곳

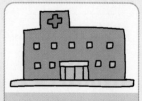
병원, 약국 등 건강·의료와 관련 있는 곳

핵심 체크

정답 • 13쪽

☑ 우리 주변에는 우리 생활에 편리함과 도움을 주는 주요 장소들이 있습니다. ❶(○ / X)

☑ 우리가 놀거나 쉴 수 있는 장소는 ❷(소방서 / 놀이공원)입니다.

1 8종 공통
다음 장소들의 공통점으로 알맞은 것을 두 가지 고르시오. (　　,　　)

> 학교, 공원, 병원, 도서관, 박물관, 놀이터, 경찰서, 영화관

① 흔히 볼 수 없는 곳이다.
② 많은 사람들이 이용한다.
③ 어린이는 이용할 수 없다.
④ 우리가 생활하는 데 도움을 준다.
⑤ 우리의 일상생활과 관련이 없는 곳이다.

2 8종 공통
우리가 놀거나 쉴 때 찾아가는 장소는 어디입니까? (　　　)
① 공원　　　　　　② 병원　　　　　　③ 소방서
④ 보건소　　　　　⑤ 경찰서

3 8종 공통
다음 장소에서 공통적으로 하는 일은 어느 것입니까? (　　　)

▲ 학교　　　　　　▲ 태권도장　　　　　　▲ 도서관

① 범죄를 예방한다.
② 건강을 지켜 준다.
③ 운동 경기를 본다.
④ 새로운 것을 배운다.
⑤ 친구들과 공놀이를 한다.

4 8종 공통
우리 주변의 장소에 대한 설명으로 알맞은 것에 모두 ○표를 하시오.
(1) 경찰서는 우리가 배우고 즐기는 장소입니다.　　　　　　　　　（　　　）
(2) 소방서는 우리의 안전을 지켜 주는 장소입니다.　　　　　　　（　　　）
(3) 보건소는 우리의 건강에 도움을 주는 장소입니다.　　　　　　（　　　）

8종 공통

1 우리 주변의 주요 장소에 대한 설명으로 알맞지 <u>않은</u> 것은 어느 것입니까? (   )

① 학교, 놀이터 등이 있다.

② 많은 사람들이 이용한다.

③ 생활을 편리하게 해 준다.

④ 사람들이 생활하는 데 도움을 준다.

⑤ 여러 장소 중에 사람들이 잘 알지 못하는 곳이다.

[2~3] 다음 그림을 보고, 물음에 답하시오.

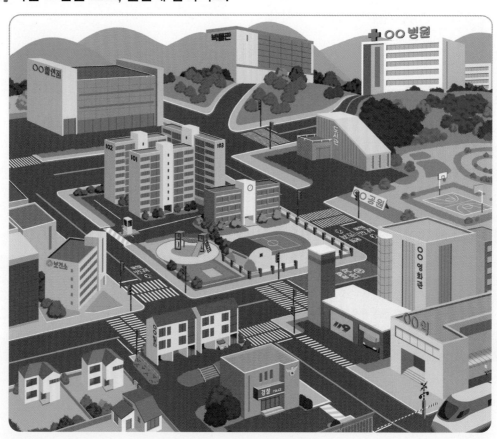

8종 공통

2 위 그림에서 우리가 배우는 장소를 한 곳만 찾아 쓰시오.

(   )

8종 공통

3 위 그림을 보고 바르게 말한 어린이는 누구인지 쓰시오.

> 지빈: 우리가 살아가는 데에는 여러 장소가 필요하지 않아요.
> 나율: 그림에 안전과 건강에 도움을 주는 장소는 보이지 않아요.
> 성훈: 그림에는 우리가 놀거나 쉴 수 있는 장소, 배우고 즐기는 장소 등이 있어요.

(   )

4 다음 장소들의 공통점은 어느 것입니까? (   )

▲ 공원

▲ 놀이공원

▲ 캠핑장

① 안전과 관련 있는 곳이다.
② 운동 경기를 하는 곳이다.
③ 놀거나 쉴 수 있는 곳이다,
④ 선생님과 함께 공부하는 곳이다.
⑤ 건강을 지키는 데 도움을 주는 사람들이 있는 곳이다.

5 다음 장소에 대한 설명에서 (   ) 안의 알맞은 말에 ○표를 하시오.

> 우리가 배우고 즐기는 장소 중 (박물관 / 공연장)에서는 조상들이 남긴 물건이나 과학 관련 전시물 등을 관람할 수 있습니다.

6 다음 두 장소와 가장 관련 있는 말을 보기 에서 찾아 기호를 쓰시오.

▲ 경찰서

▲ 소방서

보기
ㄱ 여가   ㄴ 안전   ㄷ 건강   ㄹ 놀이

(   )

7 다음 장소에서 하는 일은 어느 것입니까? (   )

① 건강 관련 정보를 제공한다.
② 사고로 다친 사람을 치료해 준다.
③ 위험에 처한 어린이를 보호해 준다.
④ 무더위를 피해 시원하게 쉴 수 있게 해 준다.
⑤ 지진이 발생했을 때 안전하게 피할 수 있게 해 준다.

▲ 아동 안전 지킴이집

8 ^{8종 공통}
보건소, 병원과 같은 장소에 가는 까닭으로 알맞은 것은 어느 것입니까? (   )

① 쉬기 위해
② 운동을 하기 위해
③ 건강을 지키기 위해
④ 즐거움을 느끼기 위해
⑤ 새로운 것을 배우기 위해

[9~10] 다음 그림지도를 보고, 물음에 답하시오.

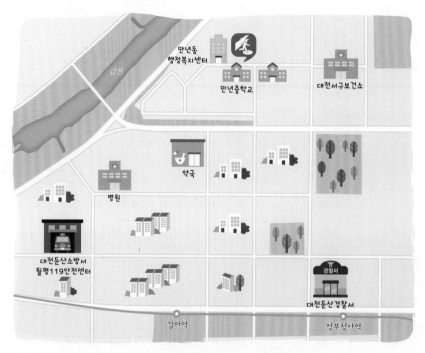

9 ^{8종 공통}
다음과 같이 말하는 사람이 가야 할 장소를 위 그림지도에서 찾아 쓰시오.

(   )

서술형

10 ^{8종 공통}
위 그림지도의 장소 중 경찰서에서 우리에게 주는 도움을 한 가지만 쓰시오.

_____

_____

1단원

주요 장소

(主 임금 **주** 要 요긴할 **요** 場 마당 **장** 所 바 **소**)

여러 장소 중에서 눈에 잘 띄거나 많은 사람이 이용하는 장소입니다.

공원

(公 공평할 **공** 園 동산 **원**)

주로 도시에서, 숲과 잔디밭, 그 밖의 여러 가지 시설을 마련하여 사람들이 들어와 쉬거나 산책할 수 있도록 한 넓은 장소입니다.

보건소 (保 지킬 **보** 健 굳셀 **건** 所 바 **소**)

질병의 예방, 진료, 공중 보건을 향상시키기 위해 만든 공공 의료 기관입니다.

용어 체크

• 우리는 쉬거나 산책을 할 때 **❶** [ㄱ] [ㅇ] 에 갑니다.

• 건강에 도움을 주는 장소로는 병원, **❷** [ㅂ] [ㄱ] [ㅅ] 등이 있습니다.

• 학교, 도서관, 박물관 등은 여러 장소 중에서도 많은 사람이 이용하는 **❸** [ㅈ] [ㅇ] [ㅈ] [ㅅ] 입니다.

정답 ❶ 공원 ❷ 보건소 ❸ 주요 장소

디지털 영상 지도의 활용

개념① 디지털 영상 지도

1. 의미

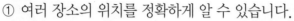

인공위성이나 비행기에서 찍은 사진과 영상을 이용해 만든 지도

→ 산이나 전망대에서 바라보는 것보다 더 넓은 범위의
모습을 볼 수 있습니다.

2. 특징

① 여러 장소의 위치를 정확하게 알 수 있습니다.
② 우리가 사는 곳에 어떤 장소들이 있는지 알 수 있습니다.
③ 우리가 사는 곳의 실제 모습을 한눈에 살펴볼 수 있습니다.
④ 우리가 사는 곳의 전체 모습과 자세한 모습을 알 수 있습니다.

인공위성

[출처: 3Dsculptor/shutterstock]

→ 지구 주위를 돌도록 우주로 쏘아
올린 장치입니다.

우리가 사는 곳의 전체 모습

[출처: 국토지리정보원]

디지털 영상 지도를 보면
건물에 가려진 모습이 없이
높은 하늘에서 내려다본
것처럼 전체적인 모습을
살펴볼 수 있어.

우리가 사는 곳의 자세한 모습

→ 도서관, 공원, 도로, 초등학교, 중학교 등의 위치를
파악할 수 있습니다.

[출처: 국토지리정보원]

개념② 디지털 영상 지도로 장소를 찾는 방법 ─→ 디지털 영상 지도를 이용하려면 인터넷이 연결되어 있어야 하고, 태블릿 컴퓨터, 스마트폰 등 스마트(디지털) 기기가 필요합니다.

1 지도를 볼 수 있는 누리집 들어가기 ─→ 인터넷 검색 누리집의 지도 서비스 화면을 찾아 들어갈 수도 있습니다.

국토정보플랫폼, 브이 월드 등과 같이 지도를 볼 수 있는 누리집에 들어가 봄.

[출처: 국토지리정보원]

✦ 이런 자료도 있어요   미래엔

다양한 방법으로 디지털 영상 지도를 활용하는 방법

• 평소에 사용하는 인터넷 검색 누리집에 있는 지도 서비스 화면에 들어가서 디지털 영상 지도를 봅니다.
• 국토지리정보원의 '국토정보플랫폼(map.ngii.go.kr)'에서 국토정보맵 서비스를 이용합니다.
• 스마트 기기의 지도 응용 프로그램을 열어 손으로 직접 화면을 조작할 수 있습니다.

2 디지털 영상 지도 열기

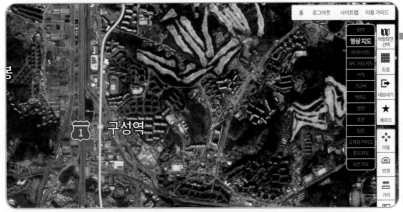

'바탕화면 선택'에서 '영상 지도'를 선택하여 디지털 영상 지도를 열어 봄.

[출처: 국토지리정보원]

3 찾고 싶은 장소 검색하기

검색창에 찾고 싶은 장소를 쓰고 돋보기를 선택해 봄.

검색창에 찾고 싶은 장소의 이름을 입력하면, 지도에서 그 장소의 위치를 확인할 수 있어.

[출처: 국토지리정보원]

4 지도를 확대·축소하면서 장소의 모습 살펴보기

[출처: 국토지리정보원]

└→ 마우스 왼쪽 버튼을 누른 채로 지도를 움직여서
원하는 장소를 찾아 살펴볼 수 있습니다.

지도를 원하는 곳으로 움직이거나 확대·축소하며, 찾은 장소와 그 장소 주변의 모습을 살펴봄.

확대하면 좀 더 자세히 볼 수 있고, 축소하면 전체 모습을 볼 수 있음.

대표 자료로
핵심을 잡아요

디지털 영상 지도 활용하기

위치 찾기 기능
찾으려는 장소를 검색창에 씀.

[출처: 국토정보플랫폼 국토정보맵]

지도 선택 기능
일반 지도로 바꾸어 볼 수 있음.

거리 보기 기능
내가 가고 싶은 장소의 모습을 살펴볼 수 있음.

확대와 축소 기능
지도를 확대하거나 축소할 수 있음.

핵심 체크

정답 · 14쪽

☑ 인공위성이나 비행기에서 찍은 사진을 스마트 기기로 이용할 수 있도록 만든 지도는 디지털
❶(영상 지도 / 그림지도)입니다.

☑ 국토정보플랫폼 누리집에 들어가면 디지털 영상 지도를 볼 수 있습니다. ❷(○ / X)

1 8종 공통
다음에서 설명하는 지도는 어느 것입니까? (   )

> 인공위성이나 비행기에서 찍은 사진과 영상을 이용해 만든 지도

① 지구본   ② 안내도   ③ 그림지도
④ 지하철 노선도   ⑤ 디지털 영상 지도

2 8종 공통
다음 두 지도 중 우리 고장의 더 자세한 모습을 나타낸 지도를 찾아 기호를 쓰시오.

㉠   ㉡

(   )

3 8종 공통
디지털 영상 지도로 장소를 찾는 방법을 [보기]에서 찾아 순서대로 기호를 쓰시오.

> [보기]
> ㉠ 디지털 영상 지도 열기
> ㉡ 찾고 싶은 장소 검색하기
> ㉢ 지도를 볼 수 있는 누리집 들어가기
> ㉣ 지도를 확대·축소하면서 장소의 모습 살펴보기

(   ) → (   ) → (   ) → (   )

4 8종 공통
다음 중 디지털 영상 지도에서 활용할 수 있는 기능으로 알맞지 <u>않은</u> 것은 어느 것입니까?
(   )

① 위치 찾기 기능   ② 지도 선택 기능
③ 거리 보기 기능   ④ 확대와 축소 기능
⑤ 지도 그리기 기능

1 다음 내용에서 □ 안에 공통으로 들어갈 알맞은 말을 쓰시오.

8종 공통

> • 지구 주위를 돌도록 우주로 쏘아 올린 장치를 [   ](이)라고 합니다.
> • 디지털 영상 지도는 [   ](이)나 비행기에서 찍은 사진과 영상을 이용해 만든 지도입니다.

(   )

[2~3] 다음 디지털 영상 지도를 보고, 물음에 답하시오.

ㄱ   ㄴ

2 위 디지털 영상 지도의 특징으로 알맞은 것을 두 가지 고르시오. (,   )

8종 공통

① 여러 장소의 위치를 확인하기는 어렵다.
② 우리 주변에 가까운 지역만 확인할 수 있다.
③ 우리가 사는 곳의 실제 모습을 살펴볼 수 있다.
④ 우리가 사는 곳에 어떤 장소들이 있는지 알 수 있다.
⑤ 우리가 사는 곳의 모습을 한눈에 살펴보기는 어렵다.

3 위 디지털 영상 지도에 대해 바르게 말한 어린이는 누구인지 쓰시오.

8종 공통

> 지효: ㄱ 지도보다 ㄴ 지도가 더 전체적인 모습을 나타내고 있어요.
> 정빈: ㄱ 지도와 ㄴ 지도는 모두 건물에 가려진 모습은 볼 수 없어서 불편해요.
> 서이: ㄴ 지도를 보면 ㄱ 지도를 볼 때보다 더 자세하게 우리 고장의 모습을 볼 수 있어요.

(   )

4 디지털 영상 지도에 대한 설명으로 알맞은 것에 ○표를 하시오.

8종 공통

(1) 디지털 영상 지도를 보려면 스마트 기기가 필요합니다. (   )

(2) 디지털 영상 지도를 이용하여 길을 찾을 수는 없습니다. (   )

5 8종 공통
디지털 영상 지도로 장소를 찾을 때 가장 먼저 해야 할 일은 어느 것입니까? ( )

① 찾은 장소 주변의 모습을 살펴본다.

② 찾은 장소 주변으로 지도를 확대 · 축소해 본다.

③ 지도를 볼 수 있는 국토정보플랫폼 누리집에 들어간다.

④ 검색창에 찾고 싶은 장소를 쓰고 돋보기를 선택해 본다.

⑤ '바탕화면 선택'에서 '영상 지도'를 선택하여 디지털 영상 지도를 연다.

6 8종 공통
다음 디지털 영상 지도에서 ○표한 기능을 통해 할 수 있는 일은 어느 것입니까? ( )

① 거리를 잴 수 있다.　　　　　② 지도를 확대할 수 있다.

③ 지도를 축소할 수 있다.　　　④ 실제 모습을 볼 수 있다.

⑤ 찾고 싶은 장소를 검색할 수 있다.

7 8종 공통
다음 어린이가 말하는 디지털 영상 지도의 기능을 지도에서 찾아 기호를 쓰시오.

내가 가고 싶은 장소의 실제 모습을 볼 수 있어요.

( )

8 <small>8종 공통</small> 다음 디지털 영상 지도로 여러 장소를 살펴보는 어린이가 할 말로 알맞지 <u>않은</u> 것은 어느 것입니까? (   )

① 지도를 원하는 곳으로 움직이기 쉬워.
② 지도를 축소하고 확대할 수 있어서 좋아.
③ 내가 찾은 장소의 주변을 볼 수 없어서 불편해.
④ 컴퓨터나 스마트폰이 있어야 디지털 영상 지도를 볼 수 있어.
⑤ 디지털 영상 지도를 보다가 일반 지도로 바꾸어 볼 수도 있어.

[9~10] 다음 디지털 영상 지도를 살펴보는 어린이들을 보고, 물음에 답하시오.

9 <small>8종 공통</small> 위 어린이들 중 바르게 말하고 있는 어린이를 두 명 찾아 기호를 쓰시오.

(,   )

 서술형

10 <small>8종 공통</small> 위 디지털 영상 지도를 더 자세히 보고 싶으면 어떻게 해야 하는지 쓰시오.

_____

_____

디지털 영상 지도

(映 비칠 **영** 像 모양 **상** 地 땅 **지** 圖 그림 **도**)

인공위성이나 비행기에서 찍은 사진과 영상을 이용해 만든 지도입니다.

디지털 영상 지도를 살펴보면 주변 여러 장소의 모습을 알 수 있어.

인공위성

(人 사람 **인** 工 장인 **공** 衛 지킬 **위** 星 별 **성**)

위치나 날씨 등의 정보를 얻으려고 우주로 쏘아 올린 비행 물체입니다.

[출처: ⓒPhonlamai Photo/shutterstock]

누리집

세상을 뜻하는 '누리'와 '집'이 합쳐져 만들어진 말로, 우리가 자주 사용하는 인터넷의 홈페이지를 나타냅니다.

용어 체크

• 인터넷 홈페이지를 우리말로 나타낸 것은 ❶ ㄴ ㄹ ㅈ 입니다.

• 지구 주위를 돌도록 우주로 쏘아 올린 장치는 ❷ ㅇ ㄱ ㅇ ㅅ 입니다.

• 인공위성이나 비행기에서 찍은 사진을 디지털 기기로 이용할 수 있도록 만든 지도는 ❸ ㄷ ㅈ ㅌ ㅇ ㅅ ㅈ ㄷ 입니다.

정답 ❶ 누리집 ❷ 인공위성 ❸ 디지털 영상 지도

우리 주변의 장소 조사해 보기

 조사 계획 세우기 → 조사할 장소와 내용, 방법을 정한 후 조사 계획서를 씁니다.

1. 조사할 주제와 장소 정하기

> 놀이·여가와 관련 있는 곳을 조사해 보면 어떨까?

> 그래, 주변의 장소 중에서 어린이 공원을 자세히 조사해 보자.

2. 조사할 내용 정하기

- 어린이 공원을 주로 이용하는 사람은 누구인 가요?
- 어린이 공원에서 할 수 있는 것은 무엇인가요?
- 어린이 공원을 이용할 때 좋은 점과 불편한 점은 무엇인가요?

 3. 조사 방법 정하기

 ▲ 지역 누리집에서 찾아보기
 ▲ 책이나 지도 등에서 찾아보기
 ▲ 장소를 잘 아는 사람에게 물어보기
 ▲ 직접 찾아가기: 답사하기

실제 장소에 가서 직접 보고 조사해 자세한 정보를 얻는 활동을 말합니다.

4. 조사 계획서 쓰기

> *편의란
> 형편이나 조건 등이 편하고 좋은 것을 말해.

조사 장소	주제	놀이·여가와 관련 있는 곳
	장소	어린이 공원
조사 내용		• 장소를 주로 이용하는 사람 • 장소에 있는 *편의·안전 시설 • 장소에서 사람들이 할 수 있는 일 • 장소를 이용할 때의 좋은 점과 불편한 점
조사 방법		지도에서 찾아보기, 직접 찾아가기, 장소를 잘 아는 사람에게 물어보기
내가 맡은 역할		• 어린이 공원 안내도 찾아보기 • 장소에 대해 물어볼 질문 만들기 • 장소의 특징이 드러나는 사진 찍기
준비물		스마트폰, 필기도구
주의할 점		• 사진을 찍거나 녹음을 할 때는 먼저 허락을 구합니다. • 장소에 직접 찾아갈 때는 어른(보호자)과 함께 갑니다.

개념② 조사하기

→ 우리가 사는 곳에서 오랫동안 산 사람, 주요 장소를 잘 알고 자주 이용하는 사람, 주요 장소에서 실제로 일하고 있는 사람 등이 있습니다.

지역 누리집에서 찾아보기

우리 지역 누리집에서 찾아봐야지.

• 짧은 시간에 다양한 정보를 얻을 수 있음.
• 사진과 설명을 살펴보며 편리하게 조사할 수 있음.

책이나 지도 등에서 찾아보기

어린이 공원에서 어떤 점이 좋았나요?

지역 소식지를 봐야겠어.

• 자세한 정보를 얻을 수 있음.
• 최근 소식을 조사할 수 있음.

장소를 잘 아는 사람에게 물어보기

• 궁금한 점을 직접 물어보고 답변을 들을 수 있음.
• 좋은 점과 불편한 점을 자세히 알 수 있음.

→ 장소의 위치와 가는 방법, 이용 시간과 입장료 등을 미리 확인합니다.

직접 찾아가기: 답사하기

어린이 공원의 실제 모습을 사진으로 찍어야지.

누리집에서 조사한 것과 다른 점이 있네.

녹음을 해도 될까요?

어린이 공원의 불편한 점은 무엇이라고 생각하시나요?

• 사진이나 글로는 알 수 없는 사실을 발견할 수 있음.
• 장소를 직접 이용해 보며 장소의 좋은 점과 불편한 점을 느낄 수 있음.
• 장소를 잘 알거나 자주 이용하는 사람을 만나 궁금한 점을 물어볼 수 있음.

✦이런 자료도 있어요 천재교과서, 지학사

주변 장소를 조사하는 방법 → 그 장소에서 무엇을 할 수 있는지, 장소의 좋은 점과 불편한 점 등을 알 수 있습니다.

경험 떠올려 보기

교문 앞 도로가 좁아서 차와 부딪힐 뻔한 일이 있어서 불편했어.

고장 안내도 찾아보기

○○시 안내도

고장 안내도에 우리가 조사하고 싶은 장소가 자세히 나와 있네.

앞에서 배웠던 디지털 영상 지도를 활용할 수도 있어.

1. 우리가 사는 곳 • **49**

 개념 ③ **조사 결과 정리하기** → 주요 장소의 모습과 특징을 조사한 결과를 보고서로 정리해 봅니다.

1. 조사 결과*보고서 쓰기

*보고서는 보고하는 글이나 문서야.

주제	놀이·여가와 관련 있는 곳
장소 이름	어린이 공원
장소를 주로 이용하는 사람	우리 지역의 어린이들
좋은 점	• 모래 놀이를 할 수 있습니다. • 쉴 수 있는 의자가 많습니다. • 자전거를 탈 수 있을 만큼 넓습니다.
불편한 점	• 놀이 시설이 부족합니다. • 시계가 없어서 시간을 알기 어렵습니다. • 목이 마를 때 물을 마실 수 있는 시설이 없습니다.
알게 된 점 (더 알고 싶은 점)	• 길 건너편에 경찰서가 있어서 안전합니다. • 도서관이 근처에 있어 두 곳을 모두 방문할 수 있습니다. • 몸이 불편한 친구도 함께 놀 수 있는 놀이터는 없는지 궁금합니다.

2. 조사 결과 발표하기: 같은 장소라도 표현하는 사람의 경험이나 느낌에 따라 다른 모습으로 나타날 수 있기 때문에 서로 이해하고 존중해야 합니다.

→ 발표를 들으며 우리가 사는 곳의 주요 장소에 관심을 가지고 장소를 바르게 이용하는 마음가짐을 갖습니다.

대표 자료로
핵심을 잡아요

주변의 여러 장소를 답사하는 방법

1 답사 계획 세우기	2 답사하기	3 답사 결과 정리하기	4 답사 결과 발표하기

답사 장소와 날짜, 조사할 내용, 준비물, 역할 등을 정함.	답사 장소에서 사진을 찍고 관찰 내용을 쓰며, 궁금한 점을 물어봄.	답사하면서 알게 된 좋은 점, 불편한 점을 정리해 보고서를 씀.	친구들 앞에서 답사 결과를 발표하고, 함께 이야기를 나눔.

핵심 체크

정답 • 15쪽

☑ 실제 장소에 가서 직접 보고 조사하는 활동을 답사라고 합니다. ❶(○ / X)

☑ 답사를 가기 전에 답사 ❷(계획서 / 보고서)를 써야 합니다.

1 천재교과서, 미래엔, 지학사

우리 주변의 장소를 조사할 때 '조사 계획 세우기' 단계에서 해야 할 일로 알맞지 <u>않은</u> 것은 어느 것입니까? (   )

① 조사 주제 정하기　　　　　② 조사 내용 정하기
③ 조사 방법 정하기　　　　　④ 조사 계획서 쓰기
⑤ 직접 장소에 가서 조사하기

2 천재교과서, 미래엔, 지학사

다음은 조사 계획서에 들어갈 내용 중 일부입니다. 제목으로 알맞은 것은 어느 것입니까?

(   )

> • 사진을 찍거나 녹음을 할 때는 먼저 허락을 구합니다.
> • 장소에 직접 찾아갈 때는 어른(보호자)과 함께 갑니다.

① 준비물　　　　　② 조사 내용　　　　　③ 조사 장소
④ 주의할 점　　　　⑤ 맡은 역할

3 8종 공통

다음 내용에서 (   ) 안의 알맞은 말에 ○표를 하시오.

　　　왼쪽 그림과 같이 실제 장소에 가서 직접 보고 조사해 자세한 정보를 얻는 활동을 (답사 / 관찰)(이)라고 합니다.

4 8종 공통

주변 장소를 조사한 발표 내용을 들으며 느낀 점을 바르게 말한 어린이는 누구인지 쓰시오.

주변의 장소에 더욱 관심을 가져야 겠어요.

주변 장소의 불편한 점은 그대로 두는 것이 좋아요.

다른 모둠의 내용보다 우리 모둠의 조사 내용이 훨씬 더 중요해요.

 혜강　　　　　 한결　　　　　 시후

(　　　　　　　　　)

1 천재교과서, 미래엔, 지학사
다음 내용과 관련 있는 조사 과정은 어느 것입니까? (   )

> • 조사할 주제와 장소 정하기   • 조사할 내용 정하기
> • 조사 방법 정하기   • 조사 계획서 쓰기

① 조사 계획 세우기   ② 조사 결과 발표하기
③ 조사 결과 정리하기   ④ 장소에 가서 조사하기
⑤ 조사하고 알게 된 점 정리하기

2 8종 공통
다음 그림을 보고, (   ) 안의 알맞은 말에 ○표를 하시오.

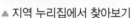
▲ 지역 누리집에서 찾아보기

▲ 책이나 지도 등에서 찾아보기

▲ 장소를 잘 아는 사람에게 물어보기

위 그림은 모두 주변의 장소를 조사하는 조사 (방법 / 내용)입니다.

3 천재교과서, 미래엔, 지학사
다음 중 조사 계획서에 들어갈 내용으로 알맞지 <u>않은</u> 것은 어느 것입니까? (   )
① 준비물   ② 조사 내용   ③ 조사 방법
④ 조사 장소   ⑤ 알게 된 점

4 8종 공통
다음과 같이 조사할 때의 좋은 점을 바르게 말한 어린이는 누구인지 쓰시오.

▲ 지역 누리집에서 찾아보기

> 진우: 실제로 관찰할 수 있어서 생동감이 있어요.
> 나희: 짧은 시간에 다양한 정보를 얻을 수 있어요.
> 서윤: 궁금한 내용을 생각나는 대로 물어볼 수 있어요.

(   )

[5~7] 다음 그림을 보고, 물음에 답하시오.

▲ 진이

8종 공통

5 위 그림과 같이 조사하는 방법은 어느 것입니까? (   )

① 책 살펴보기   ② 지도 찾아보기

③ 직접 찾아가기   ④ 경험 떠올려 보기

⑤ 지역 누리집 살펴보기

8종 공통

6 위 그림과 같이 조사할 때 주의할 점을 [보기]에서 찾아 기호를 쓰시오.

┌─[보기]───────────────────────────────────┐
│ ㉠ 보호자 없이 조사하는 어린이들끼리만 갑니다.
│ ㉡ 장소의 위치와 가는 방법 등을 미리 확인합니다.
│ ㉢ 조사 자료를 모으는 것이 중요하기 때문에 보이는 대로 바로 사진을 찍습니다.
└───┘

(   )

8종 공통

7 위 그림의 진이와 같이 장소에 대해 궁금한 점을 물어볼 때, 어떤 사람에게 질문을 해야 할지 [보기]에서 찾아 기호를 쓰시오.

┌─[보기]───────────────────────────────────┐
│ ㉠ 장소를 잘 아는 사람
│ ㉡ 다른 고장에 사는 친구
│ ㉢ 장소를 방문한 적이 없는 사람
└───┘

(   )

[8~9] 다음 자료를 보고, 물음에 답하시오.

주제	놀이·여가와 관련 있는 곳	장소 이름	어린이 공원
장소를 주로 이용하는 사람	우리 지역의 어린이들		
㉠	• 모래 놀이를 할 수 있습니다. • 쉴 수 있는 의자가 많습니다.		
㉡	• 놀이 시설이 부족합니다. • 시계가 없어서 시간을 알기 어렵습니다.		
알게 된 점 (더 알고 싶은 점)	• 길 건너편에 경찰서가 있어서 안전합니다. • 몸이 불편한 친구도 함께 놀 수 있는 놀이터는 없는지 궁금합니다.		

천재교과서, 미래엔, 지학사

8 위 자료를 보고, (　　) 안의 알맞은 말에 ○표를 하시오.

> 위와 같이 조사를 한 후에 쓰는 것을 조사 (보고서 / 계획서)라고 합니다.

천재교과서, 미래엔, 지학사

9 위 자료에서 ㉠, ㉡에 들어갈 말이 바르게 짝 지어진 것은 어느 것입니까? (　　　)

	㉠	㉡		㉠	㉡
①	고칠 점	좋은 점	②	좋은 점	편리한 점
③	고칠 점	편리한 점	④	좋은 점	불편한 점
⑤	불편한 점	고칠 점			

8종 공통

10 다음 답사 순서를 보고, 밑줄 친 부분의 과정에서 해야 할 일을 한 가지만 쓰시오.

1 답사 계획 세우기　　**2** 답사하기　　**3** 답사 결과 정리하기　　**4** 답사 결과 발표하기

_____

_____

계획 (計 셀 계 劃 그을 획)

앞으로 할 일을 미리 생각하여 정하는 것입니다.

답사 장소와 조사할 내용을 정해 보자.

답사 (踏 밟을 답 查 조사할 사)

실제 장소에 가서 직접 보고 조사해 자세한 정보를 얻는 활동입니다.

답사 장소에 왔으니 사진을 찍고 관찰 내용을 써 보자.

보고서 (報 갚을 보 告 고할 고 書 글 서)

어떤 일의 내용이나 결과를 적은 문서입니다.

답사 보고서를 발표하겠습니다.

답사를 하여 새로운 장소에 방문하면 그동안 몰랐던 점을 알게 되거나 느낄 수 있어.

용어 체크

• 조사를 다 한 후에는 결과를 정리하여 조사 ❶ [ㅂ][ㄱ][ㅅ]를 써야 합니다.

• 조사를 하기 전에 할 일을 미리 생각하여 정하는 ❷ [ㄱ][ㅎ]을 세워야 합니다.

• 조사하고자 하는 현장에 실제로 가서 보고 듣고 조사하는 것을 ❸ [ㄷ][ㅅ]라고 합니다.

우리가 사는 곳을 더 살기 좋은 곳으로 만들기 위한 노력

개념❶ 우리 주변에 있는 여러 장소의 좋은 점과 불편한 점

- 좋은 점은 더 발전시켜서 많은 사람이 편리하게 이용할 수 있게 함.
- 불편한 점은 고칠 방법을 함께 생각해 보고 문제점을 해결함.
- 좋은 점은 더 널리 알리고 불편한 점은 고쳐 나가면 우리가 사는 곳을 더 살기 좋은 곳으로 만들 수 있음.

개념❷ 살기 좋은 곳

살기 좋은 곳의 특징	• 놀이, 여가, 교육, 문화, 안전, 의료 시설 등이 잘 갖추어진 곳 • 사람들이 편리하고 안전하게 생활할 수 있는 곳
살기 좋은 곳에서 갖추어야 할 것 ⑩	• 안전한 도로 • 깨끗한 자연환경 • 충분한 놀이 공간 • 다양한 문화 시설

개념③ 불편한 점을 고쳐서 더 살기 좋은 곳으로 만든 사례

1. 장소를 변화시켜 사람들의 안전을 지킨 사례
→ 안전과 관련 있는 장소

안심 조명 공원

주변 상점이 문을 닫아도 어둡지 않도록 공원 곳곳에 조명을 설치함.

안심 *벽화 지하도

[출처: 대구 동구 자원봉사 센터]

사람들이 다리 아래로 만든 길을 안심하고 다닐 수 있도록 밝은 그림을 그리고 비상벨과 카메라를 설치함.

*벽화는 건물이나 동굴, 무덤 따위의 벽에 그린 그림이야.

2. 사람들에게 필요한 장소를 만든 사례
→ 어린이 키에 맞춘 의자에서 편안하게 공연을 볼 수 있는 어린이 전용 극장을 만들기도 합니다.

이동 경찰 센터

[출처: 시흥시청]

경찰서와 멀리 떨어진 곳에 찾아 가서 도움을 줌.

작은 도서관

[출처: 연합뉴스]

도서관과 멀리 떨어진 곳에 작은 도서관을 만들거나 책 읽는 버스를 보내기도 함.

숨 쉬는 놀이터

[출처: 시흥시청]

미세 먼지가 심하거나 비가 오는 날에도 안전하게 놀 수 있음.

✦이런 자료도 있어요
천재교과서, 동아출판, 비상

공공 기관

뜻	개인의 이익이 아닌 주민 전체의 이익을 위해 국가나 지역에서 관리하는 곳
특징	사람들이 안전하고 편리하게 생활할 수 있도록 여러 가지 일을 함.

우체국

편지와 물건을 배달하고, 돈을 맡아 주거나 보내는 일도 함.

행정 복지 센터

도움이 필요한 주민들을 지원하고 각종 서류를 발급해 줌.

교육청

학생들이 좋은 환경에서 교육 받을 수 있게 노력함.

개념 ④ 더 좋은 장소로 만들기 위해 할 수 있는 일

편지 쓰기

우리가 사는 곳에도 도서관이 생겼으면 합니다.

불편하거나 필요한 점을 편지로 써서 공공 기관에서 일하는 분께 보냄.

사회 관계망 서비스(SNS) 또는 누리집에 의견 올리기

누리집에 우리의 의견을 올려 보아요.

불편하거나 필요한 점을 사회 관계망 서비스(SNS)나 누리집에 올림.

우리의 노력으로 조금 더 안전하고 편리한 생활을 누릴 수 있게 돼!

캠페인 하기

직접 만든 홍보판으로 캠페인을 하고 있어요.

안전한 속도 30

일단 멈춤

친구들과 캠페인을 해서 바뀌었으면 하는 점을 사람들에게 알림.

포스터 그리기

등굣길, 하굣길에 차가 빠르게 달리는 문제점을 해결하기 위해 그렸습니다.

알리려고 하는 내용이 잘 드러나게 포스터에 나타내요.

바뀌었으면 하는 점을 포스터로 그려 전시함.

대표 자료로 핵심을 잡아요

더 살기 좋은 곳으로 만들기 위해 우리가 할 수 있는 일

개선되어야 하는 점을 편지로 씀.

우리 마을에 필요해요!

필요한 점을 넣어 포스터를 만듦.

깨끗한 동네 만들기 함께해요!

캠페인에 직접 참여함.

→ 잘못된 것이나 부족한 것, 나쁜 것 등을 고쳐 더 좋게 만드는 것입니다.

핵심 체크

정답 • 16쪽

☑ 우리가 노력하면 우리가 사는 곳을 더 살기 좋은 곳으로 만들 수 있습니다. ❶(O / X)

☑ 더 살기 좋은 곳으로 만들기 위해 주변에 ❷(불편한 / 좋은) 점을 고치려고 노력합니다.

[1~2] 다음 그림을 보고, 물음에 답하시오.

1 8종 공통
위 그림에서 주변의 장소에 대해 좋은 점을 말하고 있는 어린이를 모두 찾아 기호를 쓰시오.

(,   )

2 8종 공통
위 그림과 같이 장소의 좋은 점과 불편한 점을 직접 알아보는 방법은 어느 것입니까? (   )

① 전화하기   ② 답사하기   ③ 지도 살펴보기
④ 누리집 살펴보기   ⑤ 안내도 살펴보기

3 천재교과서
다음과 같은 장소를 만든 까닭은 어느 것입니까? (   )

① 경찰서의 거리가 멀어서
② 문화 공간을 늘리기 위해서
③ 쉬는 공간을 늘리기 위해서
④ 경찰서의 수를 줄이기 위해서
⑤ 경찰서를 이용하기 어렵게 하기 위해서

▲ 이동 경찰 센터

4 8종 공통
더 좋은 장소로 만들기 위해 우리가 할 수 있는 일을 바르게 말하지 <u>않은</u> 어린이를 쓰시오.

> 수린: 불편한 점을 편지로 써서 공공 기관에 보내요.
> 민후: 친구들과 캠페인을 해서 바뀌었으면 하는 점을 알려요.
> 재성: 우리 주변의 장소에서 바뀌었으면 하는 점을 일기장에 써서 간직해요.

(   )

1 8종 공통
다음 그림을 보고 바르게 말한 어린이는 누구인지 쓰시오.

갑자기 아팠는데 병원이 멀어서 진료를 받기 힘들었어.

도서관에서 책도 읽고, 매주 재미있는 수업이 열려서 좋아.

내가 다니는 수영장은 생긴 지 얼마 안 돼 시설이 깨끗해서 좋아.

공원 여기저기에 쓰레기가 있어서 불편했어.

> 현희: 우리 주변 장소에는 좋은 점보다 문제점이 훨씬 많아요.
> 민서: 주변 장소의 좋은 점은 숨기고 불편한 점은 널리 알려야 해요.
> 세은: 공원 여기저기에 쓰레기가 많은 문제를 어떻게 해결할지 생각해 보아야 해요.

(   )

2 8종 공통
다음 중 더 살기 좋은 곳으로 만들기 위한 알맞은 노력에 ○표를 하시오.

(1) 장소의 불편한 점은 되도록 그대로 두고 자연스럽게 고쳐질 수 있도록 합니다. (   )

(2) 장소의 좋은 점은 더 발전시켜서 많은 사람이 편리하게 이용할 수 있게 합니다. (   )

3 8종 공통
다음 선생님의 질문에 대해 잘못 대답한 어린이를 찾아 기호를 쓰시오.

살기 좋은 지역에서 갖추어야 할 것들은 무엇일까요?

부족한 놀이 공간 ㉠   안전한 도로 ㉡   다양한 문화 시설 ㉢   깨끗한 자연환경 ㉣

(   )

4 8종 공통

다음 중 살기 좋은 곳을 두 가지 고르시오. (,   )

① 편의 시설이 잘 갖춰진 곳
② 여가를 즐길 곳이 부족한 곳
③ 안전한 생활을 누릴 수 있는 곳
④ 공공 기관을 찾아볼 수 없는 곳
⑤ 문화 시설을 이용하기 어려운 곳

5 천재교과서

다음 장소들의 공통점으로 알맞은 것은 어느 것입니까? (   )

▲ 안심 조명 공원

▲ 안심 벽화 지하도

① 장소의 좋은 점을 더 발전시켰다.
② 장소가 변화되지 않도록 지켜냈다.
③ 우리 지역의 발전을 막은 사례이다.
④ 장소를 변화시켜 사람들의 안전을 지켰다.
⑤ 불편한 점을 고치기보다는 그대로 두었다.

6 천재교과서

다음과 같은 장소를 만든 까닭으로 알맞은 것을 보기 에서 찾아 기호를 쓰시오.

▲ 책 읽는 버스

보기
㉠ 큰 도서관들을 없애기 위해서
㉡ 도서관 주변 사람들의 안전을 보장하기 위해서
㉢ 도서관과 멀리 떨어진 곳에 사는 사람들이 책을 볼 수 있도록 하기 위해서

(   )

7 천재교과서, 동아출판, 비상

다음에서 설명하는 말을 보기 에서 찾아 ○표를 하시오.

• 개인의 이익이 아닌 주민 전체의 이익을 위해 국가나 지역에서 관리하는 곳입니다.
• 사람들이 안전하고 편리하게 생활할 수 있도록 여러 가지 일을 합니다.
• 우체국, 행정 복지 센터, 교육청 등이 있습니다.

보기
• 회사   • 공장   • 공공 기관

8 ^{비상}
다음과 같은 일을 하는 장소는 어디입니까? (   )

> 학생들이 좋은 환경에서 교육 받을 수 있게 노력합니다.

①
▲ 우체국

②
▲ 행정 복지 센터

③
▲ 교육청

④
▲ 도서관

[9~10] 살기 좋은 곳으로 만들기 위해 우리가 할 수 있는 일을 나타낸 그림을 보고, 물음에 답하시오.

ㄱ 도서관이 생겼으면 좋겠다는 내용으로 편지를 썼어요.

ㄴ 물놀이장이 생겼으면 하는 바람을 누리집에 올렸어요.

ㄷ 학교 앞 도로에서 자동차 속도를 줄입시다.

^{천재교과서, 동아출판, 비상, 와이비엠}
9 위 그림 중 캠페인을 하고 있는 모습을 찾아 기호를 쓰시오.

(   )

서술형

10 ^{8종 공통}
위 그림 외에 더 살기 좋은 곳으로 만들기 위해 우리가 할 수 있는 일을 한 가지만 더 쓰시오.

_____

_____

살기 좋은 곳

여러 가지 시설이 잘 갖추어져 사람들이 편리하고 안전한 생활을 누릴 수 있는 곳입니다.

살기 좋은 지역에서 갖추어야 할 것들은 무엇일까요?

충분한 놀이 공간 안전한 도로 다양한 문화 시설 깨끗한 자연환경

1단원

어린이들이 살기 좋은 지역은 어린이들이 좋아할 만한 장소가 많고, 어린이들의 안전을 지켜 주는 시설이 다양한 곳이야.

안전

(安 편안할 **안** 全 온전할 **전**)

사고나 예상치 못한 피해를 입을 일이 없는 상태입니다.

캠페인

사회적·정치적인 목적을 위하여 어떤 생각이나 행동을 하자고 조직적으로 꾸준히 펼치는 운동입니다.

용어 체크

• 위험이 생기거나 사고가 날 염려가 없는 상태를 ❶ ⬚ ⬚ 한 상태라고 합니다.

• 어떤 생각이나 행동을 하자고 꾸준히 펼치는 운동을 ❷ ⬚ ⬚ ⬚ 이라고 합니다.

• 여러 시설이 잘 갖추어져 사람들이 편리한 생활을 누릴 수 있는 곳을 살기 ❸ ⬚ ⬚ 곳이라고 합니다.

정답 ❶ 안전 ❷ 캠페인 ❸ 좋은

1. 우리가 사는 곳

1 우리 생활 속 여러 장소에 대한 경험과 느낌

8종 공통

1 장소에 대해 바르게 말한 어린이는 누구인지 쓰시오.

> 사람들은 여러 장소에서 다양한 경험을 하고 있어요.

> 장소는 어린이들의 생활과는 관련이 없는 곳이에요.

 ▲ 윤우

 ▲ 지민

( )

8종 공통

2 다음 일기에 대한 설명으로 알맞지 <u>않은</u> 것은 어느 것입니까? ( )

> 20XX년 3월 2일 O요일
>
> 오늘은 새 학년 첫날이다. 2학년에 이어 3학년 때도 같은 반이 된 다은이와 OO 약국 앞에서 만나 함께 학교에 가기로 했다. 오늘따라 학교 가는 길에 보던 편의점, 병원, 식당, 문구점 등이 새롭게 보였다. 새로운 담임 선생님과 친구들을 만나고 싶어서 나도 모르게 발걸음이 빨라졌다.

① 일기를 쓴 어린이와 관련 있는 장소들이 등장한다.

② 사람들은 일기에 나온 장소들을 이용하면서 생활한다.

③ 일기에 약국, 편의점, 병원, 식당 등의 장소들이 나온다.

④ 일기에 나오는 장소들은 우리 주변에서 찾아볼 수 없다.

⑤ 일기를 쓴 어린이가 학교 가는 길에 본 장소들이 나와 있다.

천재교과서, 와이비엠

3 다음 중 피부로 느낀 것을 말한 어린이는 누구입니까? ( )

① 채율: 식당에서 먹은 찌개가 매웠어요.

② 미나: 빵집에 갔는데 식빵 냄새가 좋았어요.

③ 한영: 목욕탕에서 온탕에 몸을 담갔는데 뜨거워서 놀랐어요.

④ 주현: 공원에서 알록달록 예쁜 꽃들을 봐서 기분이 좋았어요.

⑤ 노은: 미술실에서 선생님께서 제 작품을 칭찬해 주셔서 뿌듯한 기분이 들었어요.

8종 공통

4 다음은 어떤 장소에 대한 어린이들의 느낌입니다. 관련 있는 장소는 어디입니까? ( )

> 동우: 놀이에 끼워 주지 않아서 속상했어요.
> 해겸: 그네를 탈 때 바람이 시원해서 상쾌했어요.
> 미나: 어두워지기 전까지 친구랑 뛰어놀아서 즐거웠어요.

① 학원 ② 치과 ③ 놀이터

④ 영화관 ⑤ 도서관

8종 공통

5 위 **4**번 대화를 읽고, ( ) 안의 알맞은 말에 각각 ○표를 하시오.

> 장소에서의 경험은 사람마다 ❶(같습니다 / 다릅니다). 그래서 같은 장소라고 해도 그 장소에 대한 생각이나 느낌은 ❷(한 가지입니다 / 다양합니다).

2 우리가 만드는 살기 좋은 곳

8종 공통

6 다음과 같은 지도에 대해 바르게 말한 어린이는 누구인지 쓰시오.

> 지운: 위와 같은 지도를 디지털 영상 지도라고 해요.
> 나영: 장소에 대한 느낌을 지도에 따로 표현할 수도 있어요.
> 율희: 위와 같은 지도를 그릴 때는 마지막에 주제를 정해야 해요.

(   )

8종 공통

7 다음 설명에 해당하는 장소를 바르게 줄로 이으시오.

(1)	쉴 수 있는 장소	•		• ㉠	보건소
				• ㉡	학교
(2)	배우는 장소	•		• ㉢	약국
				• ㉣	병원
(3)	건강을 지켜 주는 장소	•		• ㉤	공원
				• ㉥	태권도장

8종 공통

8 다음 지도에 대한 설명으로 알맞지 <u>않은</u> 것은 어느 것입니까? (   )

① 디지털 기기를 통해 볼 수 있다.
② 위치 찾기 기능, 거리 보기 기능 등이 있다.
③ 고장의 전체 모습과 자세한 모습을 볼 수 있다.
④ 전망대에서 바라보는 것보다 더 좁은 범위만 볼 수 있다.
⑤ 인공위성이나 비행기에서 찍은 사진과 영상을 이용해 만든 지도이다.

천재교과서, 미래엔, 지학사

9 우리 주변의 장소를 조사하기 전에 해야 할 일을 보기 에서 찾아 기호를 쓰시오.

> **보기**
> ㉠ 조사 보고서를 씁니다.
> ㉡ 조사 내용을 정합니다.
> ㉢ 조사 내용을 발표합니다.

(   )

서술형·논술형 문제   8종 공통

10 우리가 사는 곳을 더 살기 좋은 곳으로 만들기 위해 다음 어린이가 할 수 있는 일을 쓰시오.

교문 앞 도로가 좁아서 차와 부딪힐 뻔한 일이 있었어.

_____

_____

2

일상에서
만나는 과거

시간의 흐름을 알 수 있게 해 주는 것

개념 ① 우리 주변에서 시간의 흐름을 알아보기

1. **시간의 흐름:** 시간은 계속 흘러가며, 우리는 시간의 흐름 속에서 살아가고 있습니다.

2. **일상에서 시간의 흐름을 알 수 있는 사례**

나의 변화

시간이 흐르면서 나의 몸이 자랐습니다. → 나의 성장 과정을 통해 지나온 과거와 현재를 알 수 있습니다.

나무의 변화

시간이 흐르면서 학교 운동장의 나무가 자랐습니다.

거리의 변화

시간이 흐르면서 거리에 새로운 건물과 상점이 생겼습니다.

➡ 우리 주변의 다양한 변화를 통해 시간의 흐름을 알 수 있습니다.

★이런 자료도 있어요 천재교과서

학교생활에서의 시간의 흐름 알아보기

지난 일 년 동안 학교에서 경험했던 일들을 떠올려 봅니다.

봄에 운동회 날, 박 터뜨리기 경기에서 이겨서 기뻤습니다.

가을에 현장 체험 학습을 하러 가서 양에게 먹이를 주는 체험을 했습니다.

겨울에 친구들과 열심히 연습해 학예회 날 노래에 맞춰서 춤을 췄습니다.

봄 운동회
현장 체험 학습 가을
학예회
겨울 학예회

학교생활에서 경험한 일을 시간 순서대로 살펴보면 시간의 흐름을 알 수 있습니다.

3. 가정에서 시간의 흐름을 알 수 있는 사례 → 가족의 옛날 사진을 보면 시간이 흘렀다는 것을 알 수 있습니다.

어머니의 변화

▲첫돌　　　　▲초등학생 시절　　　▲고등학교 졸업　　　▲결혼

우리보다 먼저 살았던 부모님이 경험한 시간과 변화한 모습을 통해 시간의 흐름을 알 수 있습니다.

*첫돌은 아기가 태어나서 처음 맞는 생일을 의미해.

가족의 변화

딸이 자란 모습과, 아버지가 나이 든 모습을 보면 두 사진을 찍은 *시기 사이에 시간이 많이 흘렀음을 알 수 있습니다.

*시기는 어떤 일이 진행되는 어느 때를 이르는 말이야.

⭐이런 자료도 있어요 천재교과서

지구의 나이와 인간의 나이

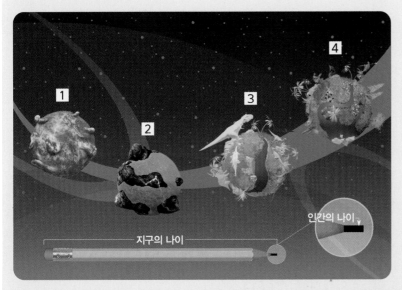

1 갓 태어난 지구는 아주 뜨거운 불로 뒤덮여 있었습니다. 불덩이 지구에는 아무것도 살 수 없었습니다.

↓

2 시간이 흐르면서 지구는 점차 식고, 지구에 많은 비가 내려서 바다가 만들어졌습니다.

↓

3 지구에 생명체들이 나타나기 시작했습니다. 풀 같은 식물과 작은 벌레들이 생겨났고, 시간이 더 지나자 다양한 공룡들도 지구에 살았습니다.

↓

4 인간이 지구에서 살기 시작한 것은 지구가 태어나고 아주 오랜 시간이 흐른 뒤였습니다.

지구의 나이는 약 46억 살입니다. 지구의 나이는 지구가 생겨난 이후 흐른 시간을 의미하며 지구가 태어난 지 얼마나 오래되었는지를 알려 줍니다. 연필 전체가 지구의 나이라고 한다면, 인간이 등장한 것은 연필심의 끝부분 정도입니다.
→ 지구와 인간의 나이를 비교하면서 시간의 흐름을 이해할 수 있습니다.

개념② 시간의 흐름을 표현하는 방법

1. 시간의 흐름을 알 수 있도록 표현한 것 → 시계, 달력으로도 시간의 흐름을 알 수 있습니다.

생활 계획표라고 하기도 합니다.

*일과는 날마다 규칙적으로 하는 정해진 일을 뜻하는 말이야.

하루 일과표

- 하루 동안의 생활을 계획하고, 그 내용을 정리한 표
- 시간대별로 해야 할 일들을 기록함.

학급 시간표

1교시	체육	09:00 ~ 09:40
2교시	과학	09:50 ~ 10:30
3교시	사회	10:40 ~ 11:20
4교시	국어	11:30 ~ 12:10
점심시간		12:10 ~ 13:00
5교시	수학	13:00 ~ 13:40

- 학급에서 시간을 나누어 시간대별로 공부할 과목을 적어 넣은 표
- 수업을 어떤 순서로 하는지 알 수 있음.

2. 시간의 흐름을 표현하면 좋은 점

① 언제, 무엇을 하였는지 기억하기 쉽습니다.
② 시간의 흐름대로 해야 할 일을 기록할 수 있습니다.
③ 시간의 흐름을 한눈에 알아볼 수 있어서 편리합니다.
④ 해야 할 일들이 시간 순서대로 정리되어 있어서 헷갈리지 않습니다.

핵심을 잡아요

시간의 흐름을 알려 주는 것들

내 몸의 변화

아빠와 찍은 어린 시절의 사진

우리 주변의 다양한 것들의 변화를 통해 시간의 흐름을 알 수 있습니다.

핵심 체크

정답·18쪽

☑ 일상 속에서 시간의 흐름을 알 수 없습니다. ❶(○ / X)
☑ 옛날에 찍은 가족사진을 보면 시간의 흐름을 알 수 있습니다. ❷(○ / X)

1 8종 공통
다음 ☐ 안에 들어갈 알맞은 말을 쓰시오.

> 우리는 [   ]의 흐름 속에서 살아가고 있으며, 주변의 다양한 변화를 통해 이를 알 수 있습니다.

(   )

2 천재교과서, 동아출판, 미래엔, 와이비엠, 지학사
시간의 흐름을 알 수 있는 사례로 알맞은 것을 보기 에서 찾아 기호를 쓰시오.

> 보기
> ㉠ 바닷물이 차가운 것
> ㉡ 계절이 계속 바뀌는 것
> ㉢ 강아지가 낯선 사람을 보고 짖는 것

(   )

3 천재교과서, 동아출판, 미래엔, 와이비엠, 지학사
다음과 같은 변화를 통해 알 수 있는 것은 어느 것입니까? (   )

① 지역의 역사   ② 시간의 흐름
③ 공간의 변화   ④ 지도의 특징
⑤ 자연환경의 중요성

4 천재교과서, 동아출판, 미래엔, 와이비엠, 지학사
시간의 흐름에 대한 알맞은 설명에 ○표를 하시오.

(1) 주변의 다양한 변화를 통해 시간의 흐름을 알 수 있습니다.   (   )

(2) 주변에서 변하지 않는 모습들을 보며 시간의 흐름을 알 수 있습니다.   (   )

1 천재교과서, 동아출판, 미래엔, 와이비엠, 지학사
시간의 흐름을 알 수 있는 사례로 알맞은 것에 ○표를 하시오.

(1) 시곗바늘이 계속 움직입니다. ( )

(2) 친구들에게 편지를 썼습니다. ( )

(3) 어렸을 때 살던 곳의 모습이 그대로입니다. ( )

2 천재교과서, 와이비엠
초등학교에 입학해서 있었던 일들을 시간의 흐름에 알맞게 정리하여 [보기]의 기호를 순서대로 쓰시오.

[보기]
㉠ 1학년 봄에 입학식을 했습니다.
㉡ 3학년 겨울에 학예회를 했습니다.
㉢ 2학년 여름에 피구 대회에서 우승을 했습니다.

( ) → ( ) → ( )

3 천재교과서, 동아출판, 미래엔, 와이비엠, 지학사
다음 어린이의 사례를 통해 알 수 있는 것은 어느 것입니까? ( )

나는 아기 때보다 키가 크고 몸무게도 많이 늘었어.

① 나의 변화를 통해 시간이 흐른다는 것을 알 수 있다.
② 어렸을 때의 모습이 계속 유지된다는 사실을 알 수 있다.
③ 나의 성장은 시간의 흐름과 상관이 없다는 것을 알 수 있다.
④ 태어날 때의 모습과 지금의 모습이 같다는 것을 알 수 있다.
⑤ 키와 몸무게는 시간이 지나도 변하지 않는다는 것을 알 수 있다.

천재교과서

4 다음 선생님의 설명을 바르게 이해한 어린이를 쓰시오.

> 지구의 나이는 약 46억 살로, 연필 전체가 지구의 나이라고 한다면 인간이 등장한 것은 연필심의 끝부분 정도입니다.

> 민서: 지구가 생기고 인간도 바로 지구에 살기 시작했어.
> 주은: 인간은 지구가 생기고 시간이 아주 많이 흐른 뒤에 등장했어.

(   )

천재교과서, 미래엔

5 다음 (   ) 안의 알맞은 말에 각각 ○표를 하시오.

> 나보다 먼저 살았던 부모님이 (그대로인 / 변화한) 모습을 보면 시간의 흐름을 알 수 있습니다. 부모님의 (옛날 / 현재) 사진을 보면 시간이 흘렀다는 것을 알 수 있습니다.

[6~7] 어느 가족이 서로 다른 시기에 찍은 두 사진을 보고, 물음에 답하시오.

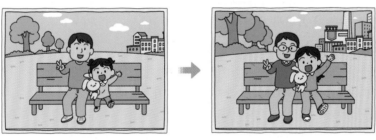

▲ 10년 전   ▲ 현재

와이비엠, 지학사

6 위 두 사진에 대한 설명으로 알맞은 것에 ○표를 하시오.

(1) 두 사람의 모습이 변하지 않았습니다.   (   )

(2) 어린아이가 자라서 청소년이 되었습니다.   (   )

(3) 두 사람이 10년 전과 같은 옷을 입고 있습니다.   (   )

와이비엠, 지학사

7 위 두 사진을 통해 알 수 있는 것은 어느 것입니까? (   )

① 두 사진 모두 밤에 찍었다는 것
② 두 사진을 찍은 계절이 다르다는 것
③ 두 사진 속 사람들의 옷차림이 같다는 것
④ 두 사진을 모두 같은 날짜에 찍었다는 것
⑤ 두 사진을 찍은 시기 사이에 시간이 많이 흘렀다는 것

8 ^{비상}
다음 두 자료의 공통점으로 알맞은 것을 보기 에서 찾아 기호를 쓰시오.

▲ 하루 일과표

▲ 학급 시간표

보기
㉠ 시간의 흐름을 표현했습니다.
㉡ 내가 변화한 모습을 알 수 있습니다.
㉢ 하루 동안 있었던 일을 기록한 것입니다.

(   )

9 ^{비상}
시간의 흐름을 표현하면 좋은 점으로 알맞지 <u>않은</u> 것은 어느 것입니까? (   )
① 언제, 무엇을 했는지 기억하기 쉽다.
② 시간의 흐름대로 해야 할 일을 기록할 수 있다.
③ 시간의 흐름을 한눈에 알아볼 수 있어서 편리하다.
④ 시간의 흐름을 파악해서 모든 일을 예상할 수 있다.
⑤ 해야 할 일들이 시간 순서대로 정리되어 있어서 헷갈리지 않는다.

서술형

10 ^{천재교과서, 미래엔}
다음 어머니의 옛날 사진을 보고 알 수 있는 것을 쓰시오.

▲ 첫돌   ▲ 초등학생 시절   ▲ 고등학교 졸업   ▲ 결혼

_____

_____

첫돌

아기가 태어나서 처음 맞는 생일을 의미합니다. 또는 어떤 일이 일어난 후 일 년이 되는 날을 뜻하기도 합니다.

시기 (時 때 시 期 기약할 기)

어떤 일이 진행되는 어느 때를 이르는 말입니다. 예를 들어, 농사를 지을 때 봄은 씨앗을 심는 시기이고, 가을은 농작물을 수확하는 시기입니다.

2 단원

일과 (日 날 일 課 공부할 과)

날마다 규칙적으로 하는 정해진 일을 이르는 말입니다. 생활 계획표를 통해 하루의 일과를 계획하고 정리해 볼 수 있습니다.

계획한 대로 하루의 일과를 보내고 나면 참 뿌듯해!

용어 체크

- 아기가 처음 맞는 생일인 ❶ [ㅊ][ㄷ] 에는 돌잔치를 하기도 합니다.

- 나의 옛날 사진들을 보면 ❷ [ㅅ][ㄱ] 에 따라 변화한 모습을 알 수 있습니다.

- 하루의 ❸ [ㅇ][ㄱ] 를 계획하면 시간을 낭비하지 않고 알차게 보낼 수 있습니다.

시간을 표현하는 말

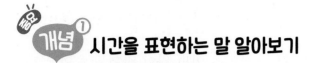 **시간을 표현하는 말 알아보기**

1. 과거, 현재, 미래와 역사의 의미

① 과거, 현재, 미래의 의미
  - 과거: 현재를 기준으로 이미 지나간 때
  - 현재: 우리가 살고 있는 때인 지금
  - 미래: 앞으로 올 때

② 역사의 의미: 과거에 있었던 일이나 사람들이 살아온 이야기입니다. ⟶ 과거에 있었던 일을 돌아보면 현재를 잘 이해할 수 있고 미래를 내다볼 수 있습니다.

2. 시간을 표현하는 말

과거	옛날, 어제, 작년 등으로 표현함.
현재	오늘날, 오늘, 올해 등으로 표현함.
미래	내일, 내년 등으로 표현함.

3. 시간을 묶어서 단위로 표현하는 말

연도	일 년 동안의 기간을 묶어서 나타내는 말	예 1992년, 2014년
연대	10년, 100년, 1000년 단위의 해를 나타내는 말	예 1970년대, 2000년대

└⟶ 그 단위의 첫 해부터 다음 단위로 넘어가기 전까지의 기간을 나타냅니다.

이런 자료도 있어요 동아출판, 미래엔, 비상

시간을 표현하는 말: 시대

시간을 표현하는 말에는 '시대'도 있습니다. 시대는 공통된 문화와 특징을 가지고 있는 시기를 묶어 표현하는 말로, 사용하던 도구에 따라 구분하기도 하고 나라의 이름에 따라 구분하기도 합니다.

▲ 청동으로 도구를 만들었던 시대

▲ 조선 시대

4. 시간을 표현하는 말을 보면 알 수 있는 것

① 언제 무슨 일이 일어났는지 알 수 있습니다.

② 자료가 언제 만들어진 것인지 알 수 있습니다.

개념② **일상 속에서 시간을 표현하는 말 찾아보기** → 편지, 책, 우표 등 다양한 자료에서 시간을
표현하는 말을 찾아볼 수 있습니다.

일기

(2025년 3월 26일 수요일)   날씨 맑음

(오늘)은 친구들과 함께 도서관에 갔다. (어제) 선생님께서 읽고 싶은 책을 한 권씩 빌려 읽고, 독

서 감상문을 쓰라고 하셨기 때문이다. 나는 (옛날) 이야기가 담긴 책을 좋아해서 역사 책을 빌렸다.

- 날짜 칸에 '2025년 3월 26일 수요일'이라고 적혀 있습니다.
- 내용을 보면 '오늘', '어제', '옛날'이라는 시간을 표현하는 말을 확인할 수 있습니다.

신문 기사

○○신문   (2002년 5월 31일)

(2002년 5월 31일 금요일 오후 7시 30분), 2002 월드컵이 서울 월드컵 경기장에서 개

최되었다. 한국과 일본이 공동으로 개최한 첫 월드컵으로 (오늘)부터 (6월 30일)까지 이어

진다.

- 날짜 칸에 '2002년 5월 31일'이라고 적혀 있습니다.
- 내용을 보면 '2002년 5월 31일 금요일', '오후 7시 30분', '오늘', '6월 30일'이라는 시간을 표현하는 말을 확인할 수 있습니다.

✦이런 자료도 있어요 천재교과서

시간을 표현하는 말을 찾아볼 수 있는 자료

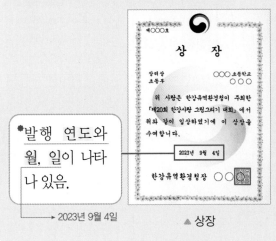

→ 2023년 9월 4일
▲ 상장

→ 2020년 2월
▲ 졸업 사진첩

*발행 연도와 월, 일이 나타나 있음.

졸업 연도와 월이 적혀 있음.

***발행**은 책이나 증명서 등을 세상에 내놓아 널리 쓰도록 하는 것이야.

 **가까운 과거와 더 먼 과거**

1. 가까운 과거와 더 먼 과거를 표현하는 말: '옛날', '아주 먼 옛날'이라는 말은 각각 현재로부터 가까운 과거와 더 먼 과거를 나타내는 말입니다. → 한 달 전이 가까운 과거라면 일 년 전은 더 먼 과거라고 할 수 있습니다.

2. 가까운 과거와 더 먼 과거의 모습

1910년대
[출처: 뉴스뱅크]

1960년대
[출처: 뉴스뱅크]

2020년대
[출처: 뉴스뱅크]

3. 과거를 보여 주는 자료를 살펴보면 알 수 있는 것 → 사진 속 사람들의 옷차림이나 도구 등을 비교해 봅니다.

① 비슷한 시기의 자료들을 알 수 있습니다.
② 얼마나 오래전의 것인지 알 수 있습니다.

대표 자료로
핵심을 잡아요

시간을 표현하는 말

*국민학교는 초등학교의 전 이름이야.

과거	현재를 기준으로 이미 지나간 때	예) 옛날, 어제, 작년
현재	우리가 살고 있는 때인 지금	예) 오늘날, 오늘, 올해
미래	앞으로 올 때	예) 내일, 내년

연도	일 년 동안의 기간을 묶어서 나타내는 말	예) 할아버지께서 1962년에 *국민학교에 입학하셨습니다.
연대	10년, 100년, 1000년 단위의 해를 나타내는 말	예) 1970년대에 수도권에 전철이 *개통되었습니다.

*개통은 길, 다리, 철로 등을 완성하거나 이어서 통하게 한다는 뜻이야.

핵심 체크

정답 • 19쪽

☑ 우리가 살고 있는 때인 지금을 미래라고 합니다. ❶ (○ / X)
☑ 연도는 일 년 동안의 기간을 나타내는 말입니다. ❷ (○ / X)

1 천재교과서, 동아출판, 미래엔, 아이스크림 미디어, 와이비엠
다음 낱말이 의미하는 것을 찾아 바르게 줄로 이으시오.

(1) 과거 •
(2) 현재 •
(3) 미래 •

• ㉠ 앞으로 올 때
• ㉡ 우리가 살고 있는 때인 지금
• ㉢ 현재를 기준으로 이미 지나간 때

2 천재교과서, 동아출판, 미래엔, 비상, 아이스크림 미디어, 와이비엠
다음 ☐ 안에 들어갈 알맞은 말을 쓰시오.

시간을 표현하는 말 중에서 ☐ 을/를 표현하는 말에는 옛날, 어제, 작년 등이 있습니다. 현재를 표현하는 말에는 오늘날, 오늘, 올해 등이 있고, 미래를 표현하는 말에는 내일, 내년 등이 있습니다.

(　　　　　)

3 천재교과서, 동아출판, 미래엔, 비상, 아이스크림 미디어, 지학사
시간을 표현하는 말에 대한 알맞은 설명에 ○표를 하시오.
(1) 일 년 동안의 기간을 묶어서 나타내는 말을 연도라고 합니다. (　　)
(2) 10년, 100년, 1000년 단위의 해를 나타내는 말을 시대라고 합니다. (　　)

4 천재교과서
가까운 과거와 더 먼 과거를 표현하는 말이 알맞게 짝 지어진 것은 어느 것입니까? (　　　)

	가까운 과거	더 먼 과거
①	오늘	내일
②	작년	어제
③	내년	작년
④	내일	오늘날
⑤	옛날	아주 먼 옛날

1 천재교과서, 동아출판, 미래엔, 아이스크림 미디어, 와이비엠

다음 ☐ 안에 공통으로 들어갈 알맞은 말은 어느 것입니까? (   )

> 우리가 살고 있는 때인 지금을 ☐☐☐(이)라고 합니다. ☐☐☐을/를 기준으로 이미 지나간 때를 과거라고 합니다.

① 과거   ② 역사   ③ 현재
④ 내일   ⑤ 작년

2 천재교과서, 미래엔, 비상, 와이비엠

다음 어린이가 설명하고 있는 말은 무엇인지 쓰시오.

> 과거에 있었던 일이나 사람들이 살아온 이야기를 뜻하는 말입니다.

(   )

3 천재교과서, 동아출판, 미래엔, 비상, 아이스크림 미디어, 지학사

다음 (   ) 안의 알맞은 말에 각각 ○표를 하시오.

> (연도 / 연대)는 일 년 동안의 기간을 나타내는 말로 2014년, 2015년과 같이 표현합니다. (연도 / 연대)는 10년, 100년, 1000년 단위의 해를 나타내는 말로 1970년대, 2000년대와 같이 표현합니다.

4 동아출판, 미래엔, 비상

다음 설명을 읽고, ☐ 안에 공통으로 들어갈 알맞은 말을 보기 에서 찾아 기호를 쓰시오.

> 시간을 표현하는 말 중 하나로, 공통된 문화와 특징을 가지고 있는 시기를 묶어서 표현하는 말입니다. 예를 들어 청동으로 된 도구를 쓰던 ☐☐☐, 조선 ☐☐☐와 같이 쓸 수 있습니다.

보기

㉠ 시대   ㉡ 연대   ㉢ 현대

(   )

5 천재교과서, 동아출판, 와이비엠, 지학사

시간을 표현하는 말을 보면 알 수 있는 것으로 알맞은 것에 ○표를 하시오.

(1) 자료를 어디서 구했는지 알 수 있습니다. ( )

(2) 어디에서 일어난 일인지 알 수 있습니다. ( )

(3) 언제 무슨 일이 일어났는지 알 수 있습니다. ( )

6 천재교과서, 미래엔, 비상, 아이스크림 미디어, 지학사

다음 어린이의 질문에 대한 답으로 알맞지 <u>않은</u> 것은 어느 것입니까? ( )

시간을 표현하는 말을 찾아볼 수 있는 자료는 어떤 것들이 있나요?

① 일기   ② 상장   ③ 알림장
④ 졸업 사진첩   ⑤ 물건의 가격표

7 8종 공통

다음 일기에서 시간을 표현하는 말을 찾아 기호를 쓰시오.

> ㉠ 2025년 3월 10일 월요일 날씨 흐림
>
> 새로운 반 친구들과 ㉡ 식당에 갔다. 밥을 먹으며 ㉢ 함께 이야기를 나누고, 수업을 시작하기 전에 ㉣ 운동장에서 축구도 했다. 친구들과 벌써 친해진 느낌이 들어서 기분이 좋았다.

( )

8 8종 공통

다음 편지에서 시간을 표현하는 말을 모두 찾아 쓰시오.

> 주혜에게
>
> 주혜야, 우리가 알게 된 지 벌써 1년이 지났네. 처음 만난 게 얼마 되지 않은 것 같은데 말이야. 작년에는 항상 붙어 다녔는데 올해는 다른 반이 되어서 아쉬워. 그래도 가끔 만나서 재미있게 놀 수 있으면 좋겠어.
>
> 너의 친구 지현이가

(, ,)

9 천재교과서, 동아출판, 미래엔, 비상, 아이스크림 미디어, 지학사

다음 자료를 통해 알 수 있는 내용을 바르게 말한 어린이를 쓰시오.

▲ 1974년 8월 15일 수도권 전철 개통 기념식

도윤: 1962년에 수도권 전철이 개통되었어요.
지연: 1970년대에 수도권에 전철이 다니기 시작했어요.
예나: 지금으로부터 10년 전에 수도권 전철이 개통되었어요.

(   )

10 천재교과서

다음 과거를 보여 주는 자료들을 보고, 물음에 답하시오.

㉠    ㉡

(1) ㉠, ㉡ 중 더 먼 과거를 보여 주는 사진의 기호를 쓰시오.

(   )

(2) 위와 같이 과거를 보여 주는 자료들을 통해 알 수 있는 것을 한 가지만 쓰시오.

_____

_____

발행

(發 필 **발** 行 다닐 **행**)

책이나 증명서 등을 세상에 내놓아 널리 쓰도록 하는 것을 뜻합니다.

국민학교

(國 나라 **국** 民 백성 **민** 學 배울 **학** 校 학교 **교**)

초등학교의 전 이름으로, 1941년부터 국민학교라고 부르다가 1996년부터는 초등학교라고 부르게 되었습니다.

2 단원

개통

(開 열 **개** 通 통할 **통**)

길, 다리, 철로 등을 완성하거나 이어서 통하게 하는 것을 말합니다.

책이나 증명서에는 발행한 날짜도 함께 적혀 있어.

용어 체크

- 상장에는 ❶ ⓑ ⓗ 한 연도와 날짜가 적혀 있습니다.

- 철로나 도로를 ❷ ⓖ ⓔ 하면 기념식을 하는 모습을 볼 수 있습니다.

- 할머니가 학생이던 시절에는 초등학교를 ❸ ⓖ ⓜ ⓗ ⓖ 라고 불렀습니다.

시간의 흐름을 나타내는 방법

개념❶ 우리가 살아온 이야기

1. 기록의 의미와 알 수 있는 것

의미	과거에 있었던 일을 글이나 사진, 영상 등으로 남긴 것 → 역사라고 합니다.
알 수 있는 것	• 과거에 있었던 일이나 사람들이 살아온 이야기를 알 수 있음. • 우리 학교, 우리 지역, 우리나라에 있었던 중요한 일을 알 수 있음.

1987년 3월 20일 금요일 오늘의 날씨 ☀☁☂☃

제목: 내일은 신나는 토요일!

나는 토요일이 너무 좋다. 왜냐하면 다음 날 학교에 가지 않기 때문이다. 게다가 4교시만 수업하고, 내가 좋아하는 체육 시간까지 있어 더욱 신이 난다. 금요일까지만 학교에 가고, 토요일부터 쉬면 참 좋을 텐데……. 그런 날이 꼭 왔으면 좋겠다.

▲ 1987년 초등학생의 일기

▲ 과거의 교실 모습을 찍은 사진 [출처: 뉴스뱅크]

▲ 전차가 다니는 모습을 찍은 동영상 [출처: e영상 역사관]

2. 우리가 살아온 이야기 조사하기

① 나에게 일어난 일을 조사하는 방법

- 옛날에 쓴 일기를 살펴봅니다.
- 어린 시절 사진이나 영상을 찾아봅니다.
- 나의 어린 시절을 알고 계신 주변 어른께 여쭤봅니다.

② 학교에서 일어난 중요한 일을 조사하는 방법 → 선생님께 여쭤보거나, 학교의 졸업 사진첩이나 영상을 보며 조사할 수도 있습니다.

학교 누리집에서 학교 역사 살펴보기

학교에서 만든 신문 찾아보기

학교에 있는 *기념물 찾아보기

학교 역사관에서 기록이나 사진 살펴보기

> *기념물은 뜻깊은 일이나 훌륭한 인물 등을 기념하기 위하여 보존하는 물건이야.

이런 자료도 있어요 천재교과서

주변 사람들이 살아온 이야기 조사하기

1️⃣ 조사할 사람을 정합니다. 예 ○○○ 할아버지
2️⃣ 조사 방법을 정합니다. 예 할아버지의 일기, 사진첩, 영상 등을 보며 이야기 나누기
3️⃣ 조사할 내용을 정합니다. 예 언제, 어디에서 태어나셨는지, 초등학교 때의 특별한 경험이 있으신지 등

개념② 우리가 살아온 이야기를 시간의 흐름에 따라 나타내기

중요 1. 연표의 의미와 알 수 있는 것

의미	과거부터 현재까지 있었던 일을 시간 순서대로 연도와 함께 나타낸 것
알 수 있는 것	• 중요한 일이나 사실을 알 수 있음. • 어떤 일이 언제 일어났는지 알 수 있음. • 여러 가지 일 중에서 어떤 일이 먼저 일어난 일인지 알 수 있음. • 과거의 일이 지금으로부터 얼마나 멀리 떨어져 있는지 알 수 있음.

2. 연표의 종류

→ 연표에서 시간의 흐름은 위쪽에서 아래쪽,
혹은 왼쪽에서 오른쪽으로 나타냅니다.

우리가 살아온 이야기를 나타낸 연표

나와 주변 사람들의 연표를 보면 사람들이 살아온 모습이 다양하다는 것을 알 수 있음.

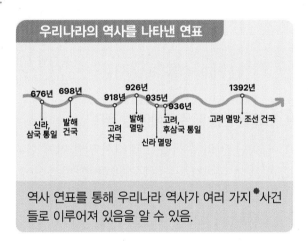

우리나라의 역사를 나타낸 연표

역사 연표를 통해 우리나라 역사가 여러 가지 *사건들로 이루어져 있음을 알 수 있음.

★이런 자료도 있어요   천재교과서

역사 인물의 연표 예) 세종 대왕

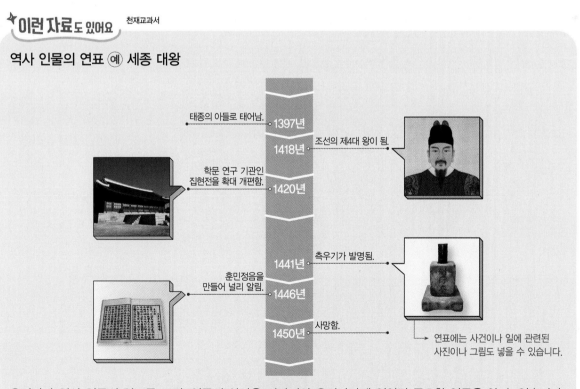

태종의 아들로 태어남. — 1397년
1418년 — 조선의 제4대 왕이 됨.
학문 연구 기관인 집현전을 확대 개편함. — 1420년
1441년 — 측우기가 발명됨.
훈민정음을 만들어 널리 알림. — 1446년
1450년 — 사망함.

→ 연표에는 사건이나 일에 관련된 사진이나 그림도 넣을 수 있습니다.

*사건은 사회적으로 문제가 되거나 관심을 끌 만한 일을 이르는 말이야.

우리나라 역사 인물의 연표를 보면, 인물이 살아온 이야기와 우리나라에 있었던 중요한 일들을 알 수 있습니다. 세종 대왕의 연표를 보면 언제 왕이 되었는지, 언제 훈민정음을 널리 알렸는지 등이 나타나 있습니다.

3. 연표를 만드는 방법

연표의 형태는 정해진 것이 아니라 다양한 종류로 나타낼 수 있습니다.

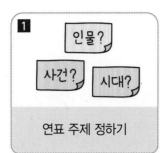

연표 주제 정하기

연표에 들어갈 사실 조사하기

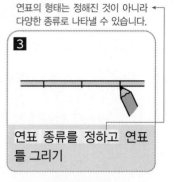

연표 종류를 정하고 연표 틀 그리기

연표에 연도 표시하기

중요한 일이 일어난 연도와 내용 정리하기

→ 연표를 만들 때 있었던 일을 모두 넣을 수는 없습니다.

연표에 내용을 쓰고 제목 붙이기

요소는 어떤 것을 이루고 있는 작은 부분을 말하는 거야.

4. 연표를 만들 때 주의해야 할 점

① 일어난 일의 순서를 고려해서 만들어야 합니다.
② 연표에 들어갈 요소를 파악한 후 만들어야 합니다.

대표 자료로
핵심을 잡아요

우리가 살아온 이야기를 시간의 흐름에 따라 나타내는 방법: 연표

시간의 순서에 따라 있었던 일을 정리함.

중요한 일이 적혀 있음.

언제 어떤 사건이 일어났는지를 알 수 있음.

• 연표는 역사적인 사실을 일어난 순서대로 적어 만든 표입니다.

핵심 체크

정답 • 20쪽

☑ 연표에는 중요한 사건이나 사실이 나타나 있습니다. ❶(O / X)
☑ 연표를 보면 어떤 일이 언제 일어났는지 알 수 있습니다. ❷(O / X)

천재교과서, 동아출판, 와이비엠
1 다음 (　　) 안의 알맞은 말에 ○표를 하시오.

> 과거에 있었던 일을 남긴 글이나 사진, 영상 등을 (기록 / 사건)이라고 합니다.

천재교과서, 동아출판, 미래엔, 비상, 지학사
2 나에게 일어났던 일을 조사하는 방법으로 알맞지 <u>않은</u> 말을 한 어린이를 쓰시오.

> 은찬: 학교 누리집에서 학교의 소개를 살펴볼 거야.
>
> 지온: 나의 어린 시절을 알고 계신 주변 어른께 여쭤봐야겠어.
>
> 서영: 내가 옛날에 쓴 일기와 어린 시절 사진, 동영상을 찾아봐야겠어.

(　　　　　　　　　　)

8종 공통
3 다음과 같은 표를 무엇이라고 하는지 쓰시오.

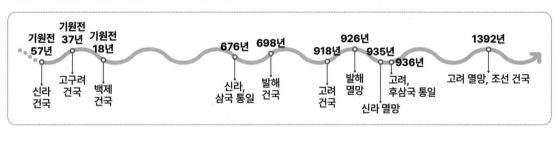

(　　　　　　　　　　)

8종 공통
4 연표를 보고 알 수 있는 것을 　보기　에서 찾아 기호를 쓰시오.

> ┌─ 보기 ────────────────────────────
> ㉠ 어떤 일이 언제 일어났는지 알 수 있습니다.
> ㉡ 어떤 일이 가장 중요한 일인지 알 수 있습니다.
> ㉢ 사람들이 앞으로 어떻게 살아갈지 알 수 있습니다.
> ㉣ 여러 가지 일 중에서 어떤 것이 사실인지 알 수 있습니다.

(　　　　　　　　　　)

[1~2] 다음 자료들을 보고 물음에 답하시오.

> 1987년 3월 20일 금요일 오늘의 날씨 ☼◐◔◉
>
> 제목: 내일은 신나는 토요일!
>
> 나는 토요일이 너무 좋다. 왜냐하면 다음 날 학교
> 에 가지 않기 때문이다. 게다가 4교시만 수업하고,
> 내가 좋아하는 체육 시간까지 있어 더욱 신이 난다.
> 금요일까지만 학교에 가고, 토요일부터 쉬면 참 좋을
> 텐데……. 그런 날이 꼭 왔으면 좋겠다.

▲ 1987년 초등학생의 일기

▲ 과거의 교실 모습을 찍은 사진

천재교과서, 동아출판, 와이비엠

1 위와 같이 과거에 있었던 일들을 남긴 글이나 사진 등을 이르는 말은 어느 것입니까?

(   )

① 일기　　　　　　② 영상　　　　　　③ 기록
④ 연표　　　　　　⑤ 요소

천재교과서, 동아출판, 아이스크림 미디어, 와이비엠

2 위와 같은 자료들을 보고 알 수 있는 것에 ○표를 하시오.

(1) 미래에 일어날 일을 알 수 있습니다. (   )

(2) 현재 사람들의 생활 모습을 알 수 있습니다. (   )

(3) 과거에 있었던 일이나 사람들이 살아온 이야기를 알 수 있습니다. (   )

천재교과서, 아이스크림 미디어

3 학교에서 일어난 중요한 일을 조사하는 방법으로 알맞지 <u>않은</u> 것은 어느 것입니까? (   )

① 학교 주변의 공원을 산책한다.
② 학교에서 만든 신문을 찾아본다.
③ 학교에 있는 여러 기념물을 찾아본다.
④ 학교 누리집에서 학교 역사를 살펴본다.
⑤ 학교 역사관에서 기록이나 사진을 살펴본다.

천재교과서

4 주변 사람이 살아온 이야기를 조사하는 방법으로 알맞지 <u>않은</u> 말을 한 어린이를 쓰시오.

> 나은: 할아버지께서 언제 어디에서 태어나셨는지 조사해야겠다.
> 다온: 할아버지께 여쭤볼 시간이 없으니 혼자서 상상을 해 봐야겠어.
> 시원: 나는 할머니의 이야기를 알고 싶어서 할머니의 옛날 사진을 찾아봤어.

(   )

5 다음 질문에 대한 답으로 알맞은 말을 쓰시오.

> 과거부터 현재까지 있었던 일을 시간 순서대로 연도와 함께 나타낸 것을 무엇이라고 할까요?

(   )

6 다음 중 연표에 대한 설명으로 알맞은 것을 보기 에서 찾아 기호를 쓰시오.

> **보기**
>
> ㉠ 연표에는 사진이나 그림이 들어갈 수 없습니다.
> ㉡ 연표에는 일어났던 모든 일을 기록할 수 있습니다.
> ㉢ 연표를 보면 사람들이 살아온 모습이 다양하다는 것을 알 수 있습니다.

(   )

7 오른쪽 연표를 보고 알 수 있는 것이 아닌 것은 어느 것입니까? (   )

① 사건이 일어난 때
② 세종 대왕의 일생
③ 사건이 일어난 까닭
④ 중요한 사건이나 사실
⑤ 사건과 관련된 물건의 모습

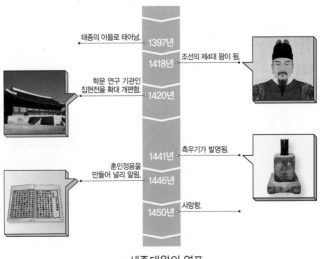

▲ 세종대왕의 연표

천재교과서, 동아출판, 아이스크림 미디어

8 연표를 만들 때 가장 먼저 해야 할 일은 어느 것입니까? (   )

① 연표 주제 정하기

② 연표에 내용을 쓰기

③ 연표의 종류 정하기

④ 연표에 연도 표시하기

⑤ 연표에 들어갈 사실 조사하기

천재교과서

9 연표를 만들 때 주의해야 할 점으로 알맞지 <u>않은</u> 것을 보기 에서 찾아 기호를 쓰시오.

> 보기
>
> ㉠ 일어난 일의 순서를 고려해서 만들어야 합니다.
> ㉡ 연표에 들어갈 내용을 상상해서 적어야 합니다.
> ㉢ 연표에 들어갈 요소를 파악한 후 만들어야 합니다.

(   )

서술형

천재교과서, 미래엔, 비상, 지학사

10 다음 어린이가 자신에게 일어났던 일을 조사하기 위해서 사용한 방법을 쓰시오.

할아버지, 저는 언제부터 유치원에 다녔나요?

2020년 3월부터 유치원에 다니기 시작했지. 네가 가방을 메고 손을 흔들던 모습이 떠오르는구나.

_____

_____

기념물 (紀 벼리 기 念 생각 념 物 물건 물)

뜻깊은 일이나 훌륭한 인물 등을 기념하기 위하여 보존하는 물건을 말합니다. 광화문 광장에는 이순신 장군을 기념하는 동상이 세워져 있습니다.

사건 (事 일 사 件 물건 건)

사회적으로 문제가 되거나 관심을 끌 만한 일을 말합니다. 기록을 통해 우리나라에서 열렸던 88올림픽, 2002월드컵 등 각 시대의 특징적인 사건에 대해 알 수 있습니다.

2
단원

요소 (要 요긴할 요 素 본디 소)

어떤 것을 이루고 있는 작은 부분 하나하나를 이르는 말입니다.

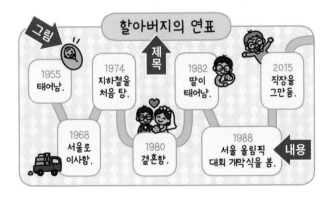

연표의 제목, 내용, 그림 하나하나가 모두 요소야!

용어 체크

- 우리나라 역사 연표를 보면 어떤 ❶ [ㅅ][ㄱ]이 언제 일어났는지 알 수 있습니다.

- 학교에 있는 여러 ❷ [ㄱ][ㄴ][ㅁ]을 보면 학교에 있었던 중요한 일을 알 수 있습니다.

- 연표를 만들기 전에 들어가야 할 그림이나 사진 등의 ❸ [ㅇ][ㅅ]를 먼저 파악해야 합니다.

정답 ❶ 사건 ❷ 기념물 ❸ 요소

주변에서 오래된 물건이나 자료 찾아보기

개념 ① 나의 과거 모습을 알려 주는 오래된 물건이나 자료

1. 나와 관련된 오래된 물건이나 자료 찾아보기

→ 갓난아이에게 입히는 옷입니다.

오래된 물건	 [출처: ⓒMauro Rodrigues/shutterstock] ▲ 어렸을 때 가지고 놀던 장난감	 ▲ 어렸을 때 사용했던 턱받이	 [출처: 국립민속박물관] ▲ 아기 때 입던 배냇저고리
오래된 자료	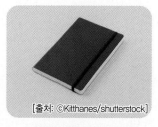 [출처: ⓒKitthanes/shutterstock] ▲ 1학년 때부터 쓴 일기장	 ▲ 부모님의 육아 일기	 ▲ 유치원 때 찍은 사진

2. 나와 관련된 오래된 물건이나 자료로 알 수 있는 것

① 나의 과거 모습을 알 수 있습니다.

② 내가 기억하지 못하는 일을 알 수 있습니다.

이런 자료도 있어요
천재교과서, 미래엔, 아이스크림 미디어

나의 *애장품 알아보기 → 오래된 애장품들을 통해서도 나의 과거 모습을 떠올려 볼 수 있습니다.

*애장품은 소중하게 여기며 간직하는 물건이야.

▲ 인형

▲ 카드 앨범

▲ 태권도복

▲ 편지

누구나 소중하게 간직하는 애장품이 있습니다. 어릴 때 쓴 일기장, 가지고 놀던 장난감 등 사람마다 애장품은 다양합니다. 애장품을 살펴보면 어린 시절의 경험이나 생각, 느낌 등이 떠오릅니다.

개념 ② 집 안의 오래된 물건이나 자료

1. 집에서 오래된 물건이나 자료 찾아보기

반장 명찰

[출처: 국립민속박물관]

학교에서 반장이 되면 달았던 명찰

월급봉투

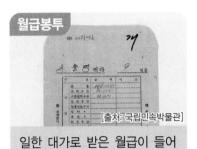

[출처: 국립민속박물관]

일한 대가로 받은 월급이 들어 있던 봉투

└→ 이름과 금액 등이 쓰여 있습니다.

카세트

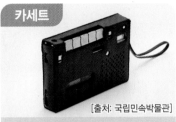

[출처: 국립민속박물관]

카세트테이프를 넣어 음악을 들을 수 있는 물건

필름 사진기

필름을 넣어서 사진을 찍는 데 쓰던 물건

비디오

[출처: 국립민속박물관]

촬영한 영상을 재생하는 데 쓰던 물건

버스 토큰

[출처: 국립민속박물관]

버스를 탈 때 돈 대신 쓰던 동전 모양의 물건

라디오

[출처: 국립민속박물관]

음악이나 방송을 듣던 물건

└→ 전파를 통해서 듣습니다.

무선 *호출기

[출처: 국립민속박물관]

호출한 사람의 전화번호를 소리나 진동으로 알려 주는 물건

└→ 휴대전화가 널리 쓰이지 않던 시절에 사용되었습니다.

옛날 신문

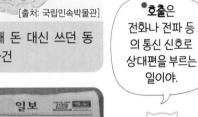

[출처: 국립민속박물관]

당시의 일을 알 수 있는 옛날 종이 신문

> *호출은 전화나 전파 등의 통신 신호로 상대편을 부르는 일이야.

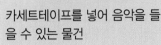

2. 오래된 물건이나 자료가 필요한 까닭: 오래된 물건이나 자료는 과거의 모습을 알려 주는 *증거 역할을 합니다.

> *증거는 어떤 일이나 사실을 알 수 있게 해 주는 물건이나 자료야.

✦ 이런 자료도 있어요   와이비엠

학교에서 과거의 물건이나 자료 찾아보기

[출처: 국립민속박물관]

▲ 책상과 의자

[출처: 국립민속박물관]

▲ 옛날 교과서

학교 곳곳을 살펴보면 과거부터 현재까지 학교를 거쳐 간 사람들의 생활 모습을 알 수 있고, 이야기를 간직하고 있는 물건이나 자료를 찾아볼 수 있습니다.

 주변에서 오래된 물건이나 자료를 찾는 방법과 주의할 점

1. 주변에서 오래된 물건이나 자료를 찾는 방법

→ 사진을 찍으면 안 되는 경우도 있으니
안내판이 있는지 잘 살펴봅니다.

집에서 가져오거나
사진을 찍어 옴.

박물관, 민속촌에 가서
사진을 찍어 옴.

주변 어른께 여쭈어봄.

인터넷으로 오래된
자료를 찾아봄.

2. 주변에서 오래된 물건이나 자료를 찾을 때 주의할 점

① 어른께 설명을 들을 때에는 글로 적거나 녹음을 하면 좋습니다. → 녹음을 할 때는 허락을 구합니다.

② 오래된 물건이나 자료가 망가지지 않도록 조심히 다루어야 합니다.

③ 오래된 물건이나 자료를 가져오려고 할 때 주인이 있으면 허락을 받아야 합니다.

대표 자료로
핵심을
잡아요

주변에서 오래된 물건이나 자료 찾아보기

나와 관련된 오래된 물건이나 자료	집 안의 오래된 물건이나 자료
	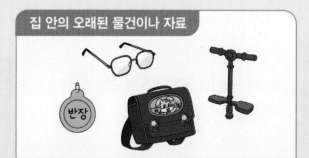
내가 기억하지 못하는 일과 나의 과거 모습을 알 수 있음.	과거의 모습과 과거 사람들의 생활 모습을 알 수 있음.

- 우리 주변에서 오래된 물건을 찾을 수 있습니다.
- 오래된 물건은 과거의 모습을 알려 주는 증거 역할을 합니다.

핵심 체크

정답 • 21쪽

☑ 우리 주변에서는 오래된 물건을 찾을 수 없습니다. ❶(O / X)

☑ 오래된 물건은 ❷(과거 / 미래)의 모습을 알려 주는 증거 역할을 합니다.

2. ❷ 오래된 것이 알려 주는 과거(1)

1 천재교과서, 동아출판, 미래엔, 비상, 지학사

다음 ☐ 안에 들어갈 알맞은 말을 쓰시오.

> 어릴 때 가지고 놀던 장난감이나 옛날에 썼던 일기장과 같은 오래된 물건이나 자료는 과거의 모습을 알려 주는 ☐☐☐ 역할을 합니다.

(   )

2 천재교과서, 동아출판, 미래엔, 비상, 와이비엠, 지학사

나의 오래된 물건으로 알 수 있는 모습에 ○표를 하시오.

(1) 오늘 산 신발을 보고 현재 나의 발 크기를 알 수 있습니다.   (   )

(2) 유치원 때 찍은 사진으로 나의 미래 모습을 알 수 있습니다.   (   )

(3) 나의 오래된 장난감을 보면 어렸을 때 무엇을 하며 놀았는지 알 수 있습니다.   (   )

3 천재교과서, 동아출판, 미래엔, 비상, 아이스크림 미디어

다음 오래된 물건들에 대한 설명을 바르게 줄로 이으시오.

(1) 라디오   •
(2) 반장 명찰   •
(3) 버스 토큰   •

• ㉠ 버스를 탈 때 돈 대신 쓰던 물건
• ㉡ 음악이나 방송을 들었던 물건
• ㉢ 학교에서 반장이 되면 달았던 물건

4 천재교과서, 미래엔, 비상, 아이스크림 미디어, 와이비엠

과거의 모습을 알려 주는 물건이나 자료로 알맞지 <u>않은</u> 것은 어느 것입니까? (   )

① 앞으로 발명될 새로운 기계
② 2000년에 있었던 사건을 실은 신문
③ 필름을 넣어서 촬영했던 필름 사진기
④ 촬영된 영상을 재생할 수 있었던 비디오
⑤ 카세트테이프를 넣어 음악을 들었던 카세트

천재교과서, 동아출판, 미래엔, 비상, 와이비엠

1 주변에서 자신과 관련된 오래된 물건을 찾은 어린이를 쓰시오.

> 민경: 오늘 산 연필을 잃어버렸다가 방금 다시 찾았어.
> 지은: 집에서 내가 아기일 때 입었던 배냇저고리를 찾았어.
> 상현: 내 방에서 예전에 아버지가 쓰시던 필름 사진기를 발견했어.

( )

천재교과서, 미래엔, 아이스크림 미디어

2 다음 ☐ 안에 공통으로 들어갈 알맞은 말은 어느 것입니까? ( )

> 소중히 여기며 간직하는 물건을 ☐☐☐이라고 합니다. ☐☐☐을 살펴보면 어린 시절의 경험이나 생각, 느낌 등이 떠오릅니다.

① 선물   ② 유물   ③ 기념물
④ 애장품   ⑤ 수집품

천재교과서, 동아출판, 미래엔, 비상, 와이비엠, 지학사

3 다음 ☐ 안에 들어갈 알맞은 말을 보기 에서 찾아 기호를 쓰시오.

> 1학년 때 쓴 일기를 보니 입학식 때 어떤 일이 있었는지 자세하게 기억이 났습니다. 나와 관련된 오래된 물건을 통해서 ☐☐☐을 알 수 있었습니다.

보기
> ㉠ 나의 현재 모습
> ㉡ 내가 꿈꾸는 미래 모습
> ㉢ 내가 기억하지 못하는 과거의 일

( )

천재교과서, 동아출판, 미래엔, 비상, 아이스크림 미디어

4 주변에서 찾을 수 있는 오래된 물건이 <u>아닌</u> 것은 어느 것입니까? ( )

① ▲ 카세트   ② ▲ 옛날 교과서   ③ ▲ 할머니의 책가방   ④ ▲ 최신형 드론

[출처: ⓒoleg_aryutkin/shutterstock]

천재교과서, 미래엔, 비상

5 다음 오래된 물건의 이름으로 알맞은 것은 어느 것입니까? (   )

> 옛날에는 멀리 떨어져 있는 사람을 부를 때 휴대 전화가 아니라 이 물건을 사용했습니다.

① 카세트   ② 라디오   ③ 버스 토큰
④ 무선 호출기   ⑤ 비디오테이프

동아출판, 비상

6 주변에서 오래된 물건이나 자료를 찾는 방법으로 알맞지 <u>않은</u> 것은 어느 것입니까? (   )

① 인터넷으로 오래된 자료를 찾아본다.
② 주변 마트에 가서 새로 나온 물건들을 조사한다.
③ 오래된 물건이나 자료가 있는지 주변 어른께 여쭈어본다.
④ 집에서 오래된 물건이나 자료를 가져오거나 사진을 찍어 온다.
⑤ 박물관이나 민속촌에 가서 오래된 물건이나 자료를 찾아 사진을 찍어 온다.

비상

7 주변에서 오래된 물건이나 자료를 찾을 때 주의할 점을 바르게 말한 어린이를 쓰시오.

집에서 찾은 오래된 물건이나 자료의 주인이 있다면 몰래 가져옵니다.

오래된 물건이나 자료가 망가지지 않도록 조심히 다루어야 합니다.

어른께 설명을 들을 때에는 기록하지 않고 열심히 듣습니다.

▲ 연두

▲ 해담

▲ 소영

(   )

동아출판, 미래엔

8 다음 오래된 물건을 보고 과거의 모습을 바르게 상상한 어린이를 쓰시오.

> 지훈: 옛날에는 전파를 통해 음악이나 방송을 들었구나.
> 은수: 미래의 텔레비전은 이런 모양으로 만들어지겠구나.
> 민우: 화면이 지금보다 커서 방송 내용에 집중이 잘 됐을
> 것 같아.

▲ 라디오

(   )

8종 공통

9 선생님과 학생들의 대화 내용을 읽고, ☐ 안에 들어갈 알맞은 물건의 이름을 쓰시오.

> 선생님: 주변에서 찾은 오래된 물건을 보고 알게 된 점에 대해 말해 볼까요?
> 민솔: 저는 제 방에서 저의 5살 때 사진을 찾았어요. 기억이 나지 않는 어렸을 때 모습을 알
> 수 있었어요.
> 희원: 저는 집에서 ☐ 을/를 찾았어요. 옛날에는 영상을 촬영한 후에 따로 볼 수 있는
> 재생 장치가 필요했다는 것을 알 수 있었어요.

(   )

천재교과서, 동아출판, 미래엔, 비상, 지학사

10 다음을 읽고, 오래된 물건이 필요한 까닭을 쓰시오.

> 어머니께서 예전에는 버스를 탈 때 돈 대신 동전 모양의 토큰을 냈
> 다고 말씀하시며 버스 토큰을 보여 주셨다. 이야기만 들었을 때보다
> 물건을 직접 보니 실제로 옛날에 버스를 어떻게 이용했는지 알 수 있
> 었다.

_____

_____

애장품 (愛 사랑 애 藏 감출 장 品 물건 품)

소중히 여기며 간직하는 물건으로, 어린 시절 좋아했던 인형, 친구에게 받았던 편지 등이 있습니다.

호출 (呼 부를 호 出 날 출)

전화나 전파 등의 통신 신호로 상대방을 부르는 일입니다. 휴대 전화가 널리 쓰이지 않던 옛날에는 무선 호출기를 사용했습니다.

증거 (證 증거 증 據 근거 거)

어떤 일이나 사실을 알게 해 주는 물건이나 자료를 말합니다.

옛날에 일어난 일을 정확히 알기 위해서는 증거가 필요해!

용어 체크

• 오늘날에는 주로 휴대 전화를 이용하여 상대방을 ❶ [ㅎ][ㅊ] 합니다.

• 오래된 물건이나 자료는 과거를 알려 주는 ❷ [ㅈ][ㄱ] 역할을 합니다.

• 어린 시절부터 간직한 ❸ [ㅇ][ㅈ][ㅍ] 을 살펴보면 자신의 과거 모습을 떠올려 볼 수 있습니다.

정답 ❶ 호출 ❷ 증거 ❸ 애장품

오래된 물건과 건축물로 과거의 모습을 알아보기

개념 ① 오래된 물건으로 과거 모습 알아보기

1. 오래된 물건의 쓰임새 짐작하기

가마솥
밥을 지을 때 쓰던 물건

맷돌
[출처: 국립민속박물관]
곡식을 갈 때 쓰던 물건

요강
[출처: 국립민속박물관]
방 안에 두고 오줌을 누던 그릇

호롱
[출처: 국립민속박물관]
불을 붙여 어두운 방을 환하게
밝히던 물건

도롱이
[출처: 국립민속박물관]
비가 올 때 입었던 비옷

먹과 벼루
[출처: 국립민속박물관]
글씨를 쓰기 위한 도구

키
[출처: 국립민속박물관]
곡식에 섞인 티끌을 골라낼 때
쓰던 물건
└→ 작은 부스러기와 먼지

다듬이와 다듬잇돌
다듬이질할 때 쓰는 방망이와
밑에 받치는 돌
└→ 옷이나 옷감을 방망이로 두드려서
매끄럽게 만드는 일

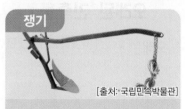

쟁기
[출처: 국립민속박물관]
소의 힘을 이용해 밭이나 논을
갈 때 쓰던 물건

★ 이런 자료도 있어요   천재교과서, 비상, 아이스크림 미디어, 와이비엠

오래된 물건으로 과거의 모습을 탐구하는 방법

오래된 물건의 여러 부분을 자세하게 살펴보고, 물건의 재료, 물건의 쓰임새와 사용 방법 등을 탐구하다 보면 과거의 모습을 알 수 있습니다.

무엇을 할 때 쓰던 물건일까요?

물건을 무엇으로 만들었을까요?

어떻게 사용했을까요?

오래된 물건으로
과거의 모습을
탐구할 때 필요한
질문들이야.

2. 오래된 물건을 보고 과거 모습 짐작하기

옛날에는 화장실이 방에서 멀거나 집 밖에 있는 경우가 많았나 봐.

옛날에는 밤이 되어 화장실까지 나가기 불편한 경우 요강에 볼일을 보았음.

→ 벼루   → 먹

옛날에는 벼루에 먹을 갈아서 먹물을 만든 후 붓에 묻혀서 글씨를 썼음.

옛날에는 연필을 쓰지 않고 붓에 먹물을 묻혀서 글씨를 썼구나.

3. 오래된 물건으로 알 수 있는 것

① 과거의 모습과 옛날 사람들의 생활 모습을 알 수 있습니다.
② 기술의 발전, 생활 방식의 변화, 지금은 사라진 것들에 대해 알 수 있습니다.

개념 ② 오래된*건축물로 과거 모습 알아보기

1. 오래된 건축물로 과거의 생활 모습 알아보기

섶다리

[출처: 뉴스뱅크]

강을 건너려고 나무와 짚으로 다리를 만들었음.
└ 옛날에는 자연에서 얻을 수 있는 재료를 이용해 다리를 놓았습니다.

물레방앗간

물레방아를 설치해 두고 곡식을 찧거나 빻는 데 이용했음.
└ 물의 힘을 이용한 기구

성

적의 침입을 막으려고 마을에 성을 쌓았음.

*건축물은 땅 위에 지은 것들 중 지붕, 기둥, 벽이 있는 건물을 통틀어 이르는 말이야.

향교

옛날에 나라에서 지방에 세운 교육 기관으로 학생들이 공부를 했음.

세관

항구에 드나들던 물건에 *세금을 정하고 거두었음.

기차역

사람들이 기차를 타고 이동할 수 있었음.

*세금은 나라에서 거두어들이는 돈이야.

2. 오래된 건축물을 보고 과거 모습 짐작하기

	특징	짐작할 수 있는 것
**홍순형의 집** [출처: 국가유산포털] → 세종특별자치시에 있는 조선 시대의 고택으로 국가유산으로 지정되어 있습니다.	1866년에 나무로 지어졌으며, 돌과 흙으로 담장을 만들었고, 지붕에 기와를 올렸음.	옛날에는 나무로 지은 집에 살았음.
**추사 김정희의 집** [출처: 게티이미지뱅크]	약 500년 전에 충남 예산에 지어진 저택으로 자연과 어우러지는 느낌이 들어서 아름다움.	옛날 사람들이 어떤 아름다움을 추구했는지 알 수 있음.
**서대문 형무소**	일본이 우리나라를 강제로 빼앗았을 때, 그에 대해 *저항하던 사람들이 갇혀 있던 공간으로 감옥과 비슷하게 지어졌음.	옛날에 일본이 우리나라를 빼앗았던 시대가 있었다는 것과 당시 우리나라를 되찾기 위해 노력한 사람들이 있었다는 것을 알 수 있음.

옛날 사람들이 살았던 집 안의 모습을 살펴보면 생활 방식을 짐작해 볼 수 있습니다.

*저항은 어떤 힘이나 조건에 굽히지 않고 버티는 것이야.

3. 오래된 건축물로 알 수 있는 것

① 우리 지역이 어떤 곳이었는지 알 수 있습니다.
② 당시 사람들의 생각과 지혜를 알 수 있습니다.
③ 과거의 모습과 옛날 사람들의 생활 모습을 알 수 있습니다.

대표 자료로
핵심을 잡아요

오래된 물건과 건축물로 알 수 있는 것

곡식을 갈 때 사용했던 맷돌

물의 힘을 이용한 기구인 물레방아가 설치되어 있던 물레방앗간

• 오래된 물건과 오래된 건축물을 통해 과거의 모습과 옛날 사람들의 생활 모습을 알 수 있습니다.

핵심 체크

정답 • 22쪽

☑ 오래된 물건을 통해 과거의 모습을 알 수 있습니다. ❶(O / X)
☑ 오래된 건축물을 통해 미래 사람들의 생활 모습을 짐작할 수 있습니다. ❷(O / X)

천재교과서, 비상, 아이스크림 미디어, 와이비엠

1 다음 오래된 물건과 그 쓰임새를 바르게 줄로 이으시오.

(1)  ·

·㉠ 곡식을 갈 때 쓰던 물건

(2)  ·

·㉡ 곡식에 섞인 티끌을 골라낼 때 쓰던 물건

와이비엠

2 다음 오래된 물건을 보고 쓰임새를 바르게 짐작한 어린이를 쓰시오.

> 서준: 밥을 지을 때 사용하던 물건이야.
> 지유: 방망이로 옷을 두드려서 매끄럽게 만드는 거야.
> 수아: 곡식을 갈 때 쓰는 물건이고, 손잡이를 잡고 돌리게 되어 있어.

( )

천재교과서

3 다음 ( ) 안에 들어갈 알맞은 말에 각각 ○표를 하시오.

(1) 옛날에는 적의 침입을 막기 위해 (물레방앗간 / 성)을 쌓았습니다.

(2) 옛날에는 강을 건너기 위해 나무와 짚으로 (돌다리 / 섶다리)를 만들었습니다.

8종 공통

4 오래된 물건과 건축물을 통해 알 수 있는 것을 보기 에서 찾아 기호를 쓰시오.

> ┌─ 보기 ─
> ㉠ 옛날 사람들의 외모를 알 수 있습니다.
> ㉡ 옛날 사람들의 기분을 알 수 있습니다.
> ㉢ 옛날 사람들의 생활 모습을 알 수 있습니다.

( )

천재교과서, 아이스크림 미디어, 와이비엠

1 오른쪽 물건의 쓰임새로 알맞은 것은 어느 것입니까? ( )

① 글씨를 쓰기 위한 물건이다.

② 밥을 지을 때 쓰던 물건이다.

③ 곡식을 갈 때 쓰던 물건이다.

④ 방에 두고 오줌을 누던 물건이다.

⑤ 다듬이질을 할 때 쓰던 물건이다.

▲ 가마솥

천재교과서

2 다음 물건의 쓰임새에 대해 바르게 말한 어린이를 쓰시오.

> 수정: 비가 올 때 입었던 옷이야.
> 지우: 곡식을 갈 때 쓰던 물건이야.
> 예준: 밭이나 논을 갈 때 쓰던 물건이야.

( )

▲ 도롱이

천재교과서, 비상, 아이스크림 미디어, 와이비엠

3 오래된 물건으로 과거의 모습을 탐구하는 방법으로 알맞지 <u>않은</u> 것을 [보기]에서 찾아 기호를 쓰시오.

> ┌ 보기 ┐
> ㉠ 물건의 가격을 알아봅니다. ㉡ 물건의 재료를 알아봅니다.
> ㉢ 물건의 쓰임새를 알아봅니다. ㉣ 물건의 사용 방법을 알아봅니다.

( )

천재교과서, 지학사

4 다음 내용을 읽고, 과거 모습을 바르게 짐작한 것에 ○표를 하시오.

> 호롱은 기름을 담아 등불을 켜는 데 사용하던 그릇입니다. 윗면에 있는 심지에 불을 붙여서 사용했습니다.

(1) 호롱으로 물을 끓여서 마셨습니다. ( )

(2) 겨울에 호롱으로 방을 따뜻하게 데웠습니다. ( )

(3) 옛날에는 전기가 들어오지 않아서 호롱으로 방을 밝혔습니다. ( )

5 다음 어린이들이 이야기하고 있는 오래된 물건으로 알맞은 것은 어느 것입니까? (   )

> 민서: 무엇을 할 때 쓰던 물건일까?
> 도현: 인터넷에 검색해 보니까 방 안에 두고 오줌을 누던 물건이래.
> 수호: 화장실에 가면 될 텐데 왜 방 안에 그릇을 둬야 했을까?
> 아윤: 옛날에는 화장실이 방에서 멀거나 집 밖에 있는 경우가 많았다고 해. 밤에 화장실까지 가기 불편한 경우에 사용했대.

① 키   ② 맷돌   ③ 요강
④ 가마솥   ⑤ 먹과 벼루

6 8종 공통

오래된 물건으로 알 수 있는 것으로 알맞지 <u>않은</u> 것은 어느 것입니까? (   )
① 기술의 발전   ② 과거의 모습
③ 생활 방식의 변화   ④ 지금은 사라진 것들
⑤ 오늘날 사람들의 생활 모습

7 천재교과서

다음에서 설명하는 오래된 건축물의 이름을 쓰시오.

옛날 학생들이 공부를 하던 곳으로 고려 시대와 조선 시대 때 학교와 같은 역할을 하던 곳입니다.

(   )

8 천재교과서

다음 중 항구에 드나들던 물건에 세금을 정하고 거두던 곳은 어느 것입니까? (   )

①  ▲ 세관
②  ▲ 섶다리
③  ▲ 기차역
④  ▲ 물레방앗간

9 ^{지학사}
다음은 오래된 건축물을 보고 특징과 알 수 있는 것을 정리한 표입니다. 밑줄 친 부분에 들어갈 말로 알맞은 것은 어느 것입니까? (   )

특징	1866년에 지은 홍순형의 집으로, 나무로 지어졌으며 돌과 흙으로 담장을 만들었고, 지붕에 기와를 올렸다.	
알 수 있는 것	_____ 을 알 수 있다.	

① 옛날 사람들은 편리함을 추구했다는 것
② 옛날 사람들은 이웃끼리 돕고 살았다는 것
③ 옛날 사람들은 산 가까이에 집을 지었다는 것
④ 옛날 사람들은 나무로 지은 집에서 살았다는 것
⑤ 옛날 집은 오늘날의 집보다 튼튼하게 지어졌다는 것

10 ^{미래엔}
다음 오래된 건축물을 보고 알 수 있는 것을 한 가지만 쓰시오.

> 서대문 형무소는 일본이 우리나라를 강제로 빼앗았을 때 그에 대해 저항하던 사람들이 갇혀 있던 공간으로, 감옥과 비슷한 형태로 지어졌습니다.

_____

_____

건축물 (建 세울 건 築 쌓을 축 物 물건 물)

땅 위에 지은 것들 중 지붕, 기둥, 벽이 있는 건물을 통틀어 이르는 말로, 우리 주변에서 집이나 학교 등의 건축물을 흔히 볼 수 있습니다.

향교 (鄕 시골 향 校 학교 교)

옛날에 나라에서 지방에 세운 교육 기관입니다.

세금 (稅 세금 세 金 쇠 금)

나라에서 거두어들이는 돈으로, 나라를 유지하고 운영하는 데 쓰입니다.

저항 (抵 막을 저 抗 겨룰 항)

어떤 힘이나 조건에 굽히지 않고 버티는 것을 뜻합니다.

용어 체크

• 오래된 ❶ ㄱ ㅊ ㅁ 을 보면 과거의 모습을 알 수 있습니다.

• 고려 시대와 조선 시대 때 학교와 같은 역할을 하던 곳은 ❷ ㅎ ㄱ 입니다.

• 나라에서 거두어들이는 ❸ ㅅ ㄱ 은 나라를 지키고, 국민들을 보호하는 데 쓰입니다.

• 일본에 나라를 빼앗겼을 때 우리나라를 되찾기 위해 끝까지 ❹ ㅈ ㅎ 했던 사람들이 있습니다.

정답 ❶ 건축물 ❷ 향교 ❸ 세금 ❹ 저항

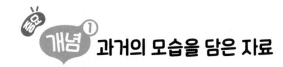 **과거의 모습을 담은 자료**

자료의 종류	옛날 사진이나 신문 기사, 일기, 노래, 책, 옛날 그림, 편지 등이 있음.
자료를 통해 알 수 있는 점	• 과거에 사람들이 어떻게 생활했는지 알 수 있음. • 자료가 만들어질 당시에 어떤 일이 있었는지 알 수 있음.

> 한 사회의 구성원이 함께 공유하는 생활 방식을 *문화라고 해.

⭐이런 자료도 있어요 천재교과서, 동아출판, 비상, 아이스크림 미디어, 지학사

어른들이 들려주는 과거 이야기

• '증언'이라고도 합니다.
• 어른들이 들려주는 이야기도 과거의 모습을 알려 주는 소중한 자료입니다.
• 어른들의 과거 이야기 속에는 자신의 특별한 경험이나 기억이 담겨 있습니다.
• 당시 사람들의 생활 모습이나 생각, *문화, 특별한 장소의 옛 모습 등을 알 수 있습니다.
  └→ 과거 어린이들이 즐겼던 놀이, 읽었던 책 등을 접할 수 있습니다.

 다양한 자료로 살펴보는 과거의 모습

1. 사진: 옛날 사진을 보면 우리가 직접 보지 못한 옛날 모습을 알 수 있습니다.

> *학급은 한 교실에서 공부하는 학생의 집단을 말해.

1960년대 한강의 모습 [출처: 뉴스뱅크]

1970년대 학교의 모습 [출처: 뉴스뱅크]

→ • 겨울에 아이들이 한강에서 썰매를 타고 놀았음.
• 한 학년에 *학급이 스무 개가 넘을 만큼 학생 수가 많았음.

2. 신문 기사: 당시 사람들이 알아야 하는 중요한 사건이나 정보가 무엇이었는지 알 수 있습니다.
└→ 신문에는 많은 사람에게 알릴 만한 내용을 싣습니다.

○○신문	1970년 ××월 ××일

전국에서 쥐잡기 운동 펼쳐져……

  지난달 ××일, 전국에 쥐약을 나눠 주고 쥐잡기 작전을 펼쳤습니다. 쥐 한 마리가 한 해에 쌀 7.3kg을 먹을 정도로 피해가 매우 큽니다. 지난달 쥐잡기 운동으로 전국에서 약 3천만 마리의 쥐를 잡았습니다.

⬇

쥐 때문에 입는 피해가 커지자 전국적으로 쥐잡기 운동을 했음.

3. 일기: 일기를 쓴 시대와 글의 내용을 통해 글을 쓴 사람의 상황이나 당시 생활 모습 등을 살펴볼 수 있습니다.

1992년 4월 8일 수요일 | 오늘의 날씨 ☀

제목: 짝꿍 재현이랑 싸운 날
오늘 학교에서 짝꿍인 재현이랑 싸웠다. 지난주에 책상 가운데에 선을 긋고 서로 넘지 않기로 했는데, 재현이가 책을 자꾸 내 쪽으로 밀어서 선을 넘어왔다.
화가 나서 점심시간에 엄마가 싸 준 도시락도 거의 먹지 않았다. 하지만 집에 올 때 재현이가 사과를 해서 받아 줬다.

→
• 책상 하나를 두 명이 함께 사용했음.
• 책상 가운데에 선을 그어 놓고 짝꿍과 공간을 나누어 사용하기도 함.
• 점심으로 도시락을 싸 가지고 다녔음.

┗→ 우리가 쓴 일기도 미래에 과거의 생활 모습을 보여 주는 중요한 자료가 될 수 있습니다.

4. 노래: 노래 가사에는 노래가 만들어진 당시의 생활 모습이나 사용하던 물건이 담기기도 합니다.

꽁당보리밥

꼬꼬댁 꼬꼬 먼동이 튼다
복남이네 집에서 아침을 먹네
옹기종기 둘러앉아 꽁당보리밥
꿀보다 더 맛 좋은 꽁당보리밥
보리밥 먹는 사람 *신체 건강해

→
• 보리쌀로만 지은 밥을 먹자는 의미의 노래임.
• 쌀이 부족해 쌀과 보리를 섞어 지은 밥을 먹기도 했음.

사람의 몸을 *신체라고 해.

★**이런 자료도 있어요** 천재교과서, 미래엔, 지학사

옛날 책으로 살펴보는 수원 화성

→ 건설 과정과 공사 방법, 사용된 재료 등이 자세하게 적혀 있습니다.

『화성성역의궤』는 수원 화성을 만드는 과정을 글과 그림으로 남긴 옛날 책입니다. 이 책의 내용을 바탕으로 6·25 전쟁 때 무너진 수원 화성을 원래 모습대로 다시 지었습니다. 이와 같은 기록물은 과거를 알려 주는 중요한 자료로서 가치가 있습니다.

[출처: 국립중앙박물관]
▲ 『화성성역의궤』

▲ 수원 화성의 현재 모습

 우리의 현재 모습을 보여 주기 위해 남겨야 하는 것

1. 자료를 보존해야 하는 까닭

① 자료를 보존하면 미래 사람들이 과거의 모습을 알 수 있기 때문입니다.
② 자료에 담긴 과거 사람들의 지혜와 교훈, 문화 등을 미래 사람들에게 전달할 수 있기 때문입니다.

 2. 자료에 따라 달라지는 과거의 모습

> • 옛날 사람들이 남긴 물건 중 어떤 물건을 발견하느냐에 따라 과거에 대한 설명이 달라질 수 있음.
> • 우리가 사용하는 물건 중 어떤 물건을 남기느냐에 따라 미래 사람들이 우리의 모습을 다르게 이해할 수 있음.

⬇

> 우리의 현재 모습을 보여 주려면 현재를 대표할 수 있는 물건을 남겨야 함.

 대표 자료로
핵심을 잡아요

과거의 모습을 알 수 있는 다양한 자료

옛날 그림

[출처: 국립중앙박물관]

▲ 김홍도의 〈서당〉
　↳ 서당에서 공부하는 모습을 그린 옛날 그림입니다.

사진기가 없던
면 옛날의 생활
모습은 그림을 통해
알 수 있어.

 일기처럼 우리가 받은 편지도 미래에 과거의
생활 모습을 알 수 있는 중요한 자료입니다.

자료의 종류	옛날 사진이나 신문 기사, 일기, 노래, 옛날 그림, 편지 등이 있음.
자료를 통해 알 수 있는 점	당시의 상황이나 옛날 사람들의 생활 모습을 알 수 있음.

핵심 체크

정답 • 23쪽

☑ 옛날 사진이나 신문 기사, 노래, 책 등과 같은 자료에는 ❶(과거 / 미래)의 모습이 담겨 있습니다.

☑ 옛날 사람들이 남긴 물건 중 어떤 물건을 발견하든지 과거에 대한 설명은 비슷하게 나타납니다. ❷(○ / X)

1 8종 공통
과거의 모습을 담은 자료로 알맞은 것을 [보기]에서 모두 찾아 기호를 쓰시오.

> [보기]
> ㉠ 요즘 새로 나온 노래　　　　㉡ 우리 가족이 살고 있는 집
> ㉢ 엄마가 일곱 살 때 쓴 일기　　㉣ 할아버지의 국민학교 졸업식 사진

(　　, 　　)

2 8종 공통
오래된 자료에 대한 설명으로 알맞은 것에 ○표를 하시오.

(1) 오래된 자료를 보면 과거의 생활 모습을 알 수 있습니다. 　　　(　　)

(2) 옛날 책, 신문 기사처럼 글로 남겨진 자료들을 통해서만 과거의 모습을 알 수 있습니다.

(　　)

3 천재교과서, 동아출판, 비상, 아이스크림 미디어, 지학사
다음 ☐ 안에 들어갈 알맞은 말에 ○표를 하시오.

> 어른들이 들려주는 과거 ☐☐☐는 자신의 특별한 경험이나 기억이 담겨 있어 당시 사람들의 생각이나 문화 등을 알 수 있는 자료입니다.

(이야기 / 신문 기사)

4 천재교과서, 지학사
미래 사람들에게 현재 초등학생의 생활을 보여 주기 위해 남길 물건을 바르게 말한 어린이는 누구인지 쓰시오.

> 해인: 학교에서 사용하는 교과서를 남길래.
> 진수: 엄마가 사용하던 카메라를 남겨도 좋겠어.
> 한슬: 동생이 태어났을 때 찍은 사진을 남겨야지.
> 지성: 아빠가 어버이날에 할머니께 쓴 편지를 남길 거야.

(　　　　　)

1 8종 공통

다음 ☐ 안에 공통으로 들어갈 알맞은 말을 쓰시오.

> 옛날 사진이나 신문 기사, 노래, 책 등 과거의 모습을 담은 ☐☐☐을/를 통해 우리는 과거 사람들의 생활 모습이나 ☐☐☐이/가 만들어질 당시에 있었던 일을 알 수 있습니다.

(   )

2 8종 공통

다음 ☐ 안에 들어갈 말로 알맞은 것은 어느 것입니까? (   )

> 과거의 모습을 담은 자료 중 ☐☐☐을 살펴보면 우리가 직접 보지 못한 옛날 모습을 알 수 있습니다.

① 옛날 사진   ② 최신 건축물   ③ 오늘 쓴 알림장
④ 내가 그린 그림   ⑤ 어제 쓴 일기장

3 천재교과서, 동아출판, 미래엔, 비상, 아이스크림 미디어, 지학사

어른들이 들려주는 과거 이야기에 대해 <u>잘못</u> 말한 어린이는 누구인지 쓰시오.

> 수지: 과거 사람들의 생각과 생활 모습을 알 수 있어.
> 설아: 들려주는 사람의 특별한 경험이나 기억이 담겨 있는 자료야.
> 진형: 자신만의 특별한 경험이기 때문에 장소의 옛날 모습은 알 수 없어.

(   )

4 8종 공통

과거의 모습을 담은 자료에 대한 설명으로 알맞은 것은 어느 것입니까? (   )

① 과거에 쓴 일기를 보면 미래에 일어날 일을 알 수 있다.
② 옛날 사람들이 쓴 편지에는 과거의 모습이 담겨 있지 않다.
③ 옛날 사람들이 남긴 그림으로 당시의 생활 모습은 알 수 없다.
④ 옛날 사람이 남긴 물건 중 어떤 물건을 발견하여도 과거에 대한 설명은 비슷하다.
⑤ 미래 사람들에게 현재 모습을 보여 주려면 현재를 대표할 수 있는 물건을 남겨야 한다.

천재교과서, 미래엔

5 오른쪽 사진을 통해 알 수 있는 옛날 사람들의 생활 모습으로 알맞은 것은 어느 것입니까? (   )

① 오늘날처럼 강에서 낚시로 고기를 잡았다.

② 여름에는 아이들이 강에서 수영을 하며 놀았다.

③ 옛날에는 세탁기가 없어 한강에서 빨래를 했다.

④ 겨울에 강이 얼면 아이들이 썰매를 타고 놀았다.

⑤ 과거에는 냉장고가 없어 한강에서 얼음을 얻었다.

▲ 1960년대 한강

천재교과서

6 다음 아빠의 과거 이야기를 통해 알 수 있는 점은 어느 것입니까? (   )

집에 컴퓨터가 거의 없던 시절에 수업만 끝나면 숙제도 하지 않고 오락실에서 게임을 하다가 부모님께 혼이 난 적도 많았단다.

① 집에 컴퓨터가 있는 친구들이 많았다.

② 수업이 끝나면 친구들과 교실 청소를 했다.

③ 컴퓨터 게임 대신 오락실에서 게임을 즐겼다.

④ 숙제를 해야 해서 오락실에 자주 가지 못했다.

⑤ 과거에는 토요일에 수업을 들으러 학교에 갔다.

천재교과서, 아이스크림 미디어

7 다음 신문 기사를 보고 알 수 있는 과거의 모습으로 알맞은 것을 보기 에서 찾아 기호를 쓰시오.

○○신문	1970년 ××월 ××일

전국에서 쥐잡기 운동 펼쳐져……

지난달 ××일, 전국에 쥐약을 나눠 주고 쥐잡기 작전을 펼쳤습니다. 쥐 한 마리가 한 해에 쌀 7.3kg을 먹을 정도로 피해가 매우 큽니다. 지난달 쥐잡기 운동으로 전국에서 약 3천만 마리의 쥐를 잡았습니다.

보기

㉠ 오늘날에도 쥐 때문에 겪는 피해가 큽니다.

㉡ 쥐잡기 운동을 했지만, 쥐를 많이 잡지 못했습니다.

㉢ 쥐 때문에 입는 피해가 커서 전국적으로 쥐잡기 운동을 했습니다.

(   )

8 천재교과서, 미래엔, 지학사
오른쪽의 수원 화성과 관련된 자료에 대한 설명으로 알맞지 <u>않은</u> 것은 어느 것입니까? (   )

① 과거를 알려 주는 중요한 자료로서 가치가 있다.

② 수원 화성을 만드는 과정이 기록된 옛날 책이다.

③ 수원 화성에 대해 글과 그림으로 자세하게 쓴 자료이다.

④ 수원 화성의 옛날과 오늘날의 모습이 모두 기록되어 있다.

⑤ 이 책의 내용을 바탕으로 무너진 수원 화성을 원래 모습대로 다시 지었다.

▲ 「화성성역의궤」

9 천재교과서, 비상, 지학사
오래된 자료를 보존해야 하는 까닭으로 알맞은 것에 ○표를 하시오.

(1) 자료를 보존하면 과거 사람들이 미래의 모습을 알 수 있기 때문입니다.   (   )

(2) 자료에 담긴 과거 사람들의 지혜와 교훈, 문화 등을 미래 사람들에게 전달할 수 있기 때문입니다.   (   )

10 천재교과서, 동아출판, 지학사
다음 일기를 통해 알 수 있는 과거의 모습을 한 가지만 쓰시오.

1992년 4월 8일 수요일	오늘의 날씨

제목: 짝꿍 재현이랑 싸운 날
오늘 학교에서 짝꿍인 재현이랑 싸웠다. 지난주에 책상 가운데에 선을 긋고 서로 넘지 않기로 했는데, 재현이가 책을 자꾸 내 쪽으로 밀어서 선을 넘어왔다.

화가 나서 점심시간에 엄마가 싸 준 도시락도 거의 먹지 않았다. 하지만 집에 올 때 재현이가 사과를 해서 받아 줬다.

학급 (學 배울 **학** 級 등급 **급**)

한 교실에서 공부하는 학생의 집단으로, 일 년 동안 함께 생활하는 한 반을 말합니다.

신체 (身 몸 **신** 體 몸 **체**)

사람의 몸으로, 우리의 머리부터 발끝까지 몸 전체를 가리킵니다.

문화 (文 글월 **문** 化 될 **화**)

한 사회의 구성원이 함께 공유하는 의식주, 언어, 예술, 종교 등의 생활 방식을 의미합니다.

우리나라의 문화로는 한글과 한복, 비빔밥과 태권도 등이 있어!

용어 체크

- 우리의 머리부터 발끝까지를 ❶ [ㅅ][ㅊ] 라고 합니다.

- 일 년 동안 한 교실에서 함께 공부하는 한 반을 ❷ [ㅎ][ㄱ] 이라고 합니다.

- 한글, 비빔밥처럼 우리나라 사람들이 함께 공유하는 생활 방식을 우리나라의 ❸ [ㅁ][ㅎ] 라고 합니다.

정답 ❶ 신체 ❷ 학급 ❸ 문화

역사 자료로 살펴보는 지역의 변화 모습

개념 ① 지역의 *변화를 보여 주는 역사 자료

*변화는 사물의 성질, 모양, 상태가 바뀌어 달라지는 거야.

1. 역사 자료의 종류: 지역의 변화 모습을 알 수 있는 역사 자료에는 사진이나 영상, 문헌, 주변 어른들의 증언, 옛이야기 등이 있습니다.

2. 지역의 다양한 역사 자료를 보면 알 수 있는 점

① 지역 사람들의 생활 모습이 어떻게 달라졌는지 알 수 있습니다.

② 시간의 흐름에 따라 지역의 모습이 어떻게 변화했는지 알 수 있습니다.

↳ 옛날 모습이 이어져 내려온 것도 있고 옛날과 다르게 변하거나 사라진 것도 있습니다.

개념 ② 사진과 영상으로 살펴보는 지역의 변화

1. 사진이나 영상의 특징: 지역의 변화 모습을 생생하게 볼 수 있습니다.

2. 지역의 변화 모습이 담긴 사진이나 영상 찾아보기 → 텔레비전 뉴스나 인터넷의 지역 관련 영상 등으로도 지역의 변화 모습을 살펴볼 수 있습니다.

① 지역 문화원 누리집에서 찾을 수 있습니다.

② 시·군·구청 누리집에서 찾을 수 있습니다.

3. 사진이나 영상으로 지역의 변화 모습 알아보기 ⓔ 서울특별시 금천구

1960년대 금천구

[출처: 금천구청]

논과 밭이 많아 농사를 짓고 살았음.

2020년대 금천구

논과 밭이 줄어들고 주택과 아파트, 높은 건물이 많아졌음.

✦ 이런 자료도 있어요   천재교과서, 미래엔, 와이비엠

지역의 역사를 알 수 있는 '디지털 아카이브'

• 아카이브는 '보관소'라는 뜻으로, 지역 아카이브를 통해 지역의 사진이나 영상을 살펴볼 수 있습니다.

• 시·도청 등에서는 지역 주민들에게 지역의 역사를 소개하고 알리기 위해 디지털 아카이브를 만들어 관리합니다.

개념 ③ *문헌으로 살펴보는 지역의 변화

1. 문헌의 특징: 지역의 유래와 관련된 이야기나 자세한 정보를 찾아볼 수 있습니다.

2. 책으로 지역의 변화 모습 알아보기 예 전라남도 담양군

> • 담양 지역에서 예로부터 대나무를 재배하였고, 이를 왕에게 바쳤다고 쓰여 있음.
> • 오늘날에도 담양 지역은 대나무가 유명하여 이를 이용한 상품을 만들어 관광 자원으로 활용하고 있음.

[출처: 서울대학교 규장각한국학연구원]

▲ 「세종실록지리지」

> *문헌은 연구의 자료가 되는 책이나 문서를 말해.

3. 신문 기사로 지역의 변화 모습 알아보기 예 강원특별자치도 영월군

○○신문	2023년 ××월 ××일

폐광촌에서 *탄광 문화촌으로!

강원특별자치도 영월군 마차리는 도내에서 최초로 탄광이 들어선 곳입니다. 이곳은 1960년대에는 많은 광부들로 북적였지만, 석탄 산업이 몰락하면서 폐광촌이 되었습니다. 하지만 마을에서 조금 떨어진 곳에 강원특별자치도 탄광 문화촌이 세워지며 1960년대 탄광 마을의 생활상을 엿볼 수 있는 장소가 되었습니다.

> *탄광은 석탄을 캐는 곳이야.

> • 도내에서 최초로 탄광이 들어선 곳이지만, 석탄 산업이 몰락하면서 폐광촌이 되었음.
> • 마을에서 조금 떨어진 곳에 탄광 문화촌이 생기며 1960년대 탄광 마을의 생활상을 엿볼 수 있는 장소가 되었음.

★이런 자료도 있어요 천재교과서, 미래엔, 지학사

옛날 지도와 그림으로 살펴보는 지역의 변화

→ 오늘날까지 이어져 내려오는 제주도 지역 사람들의 생활 모습을 찾아볼 수 있습니다.

[출처: 서울대학교 규장각한국학연구원]

▲ 시흥현 고지도(서울특별시 금천구)
• 옛날 지도를 보면 지역의 옛 이름과 범위를 알 수 있습니다.
• 금천구는 1963년 서울특별시에 포함되기 전까지 경기도 시흥군에 속해 있었습니다.

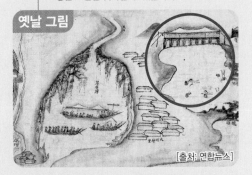

[출처: 연합뉴스]

▲ 「탐라순력도」(제주특별자치도)
• 옛날에도 바다에서 해산물을 캐는 해녀가 있었습니다.
• 옛사람들도 배를 타고 제주도의 아름다운 풍경을 즐겼습니다.

개념④ 주변 어른들의 증언으로 살펴보는 지역의 변화

1. 증언의 특징: 당시 상황을 자세하게 들을 수 있고, 궁금한 점을 바로 물어보고 알 수 있습니다.

누리집에서는 찾기 힘든 생생한 이야기나 새로운 사실을 알아낼 수도 있습니다.

2. 주변 어른들의 증언으로 지역의 변화 모습 알아보기 (예) 전라남도 광양시

> 예전에 이곳 사람들은 바닷가에서 김을 채취하거나 고기 잡는 일을 했었단다. 예전에는 바다였던 곳이 지금은 땅이 되기도 했고, 도로와 다리가 놓였지. 제철소가 생기면서 그곳에서 일하는 사람들도 많아졌단다.

옛날
[출처: 한국학중앙연구원]

▲ 광양시의 옛날 모습

오늘날
[출처: 게티이미지뱅크]

▲ 광양시의 오늘날 모습

- 옛날에는 바다였던 곳이 지금은 땅이 되기도 했음.
- 과거에는 바다에서 김을 채취하거나 고기를 잡는 사람이 많았지만, 오늘날에는 제철소에서 일하는 사람들이 많아졌음.

대표 자료로 핵심을 잡아요

지역의 변화에 따라 달라지는 사람들의 생활 모습 (예) 서울특별시 중구

1960년대
[출처: 연합뉴스]

숭례문 주변에 전찻길과 도로가 만들어져 전차와 자동차가 오고 감.
→ 전찻길의 모습으로, 이 전찻길을 통해 전차가 지나다녔습니다.

2020년대
[출처: 연합뉴스]

전차와 전찻길은 없어지고 자동차나 버스 등이 숭례문 주변을 오고 감.
→ 사람들이 이용하는 교통수단이 변화한 모습을 볼 수 있습니다.

핵심 체크

정답·24쪽

☑ 역사 자료를 보면 지역의 변화 모습과 달라진 생활 모습을 알 수 있습니다. ❶(O / X)

☑ 지역의 변화가 담긴 사진이나 영상은 시·군·구청 누리집에서만 찾을 수 있습니다. ❷(O / X)

2. ❸ 지역의 변화와 달라진 생활 모습(1)

1 8종 공통

다음 □ 안에 들어갈 알맞은 말은 어느 것입니까? (   )

> 사진이나 영상, 문헌, 주변 어른들의 증언 등과 같은 [   ]을/를 보면 지역의 변화 모습을 알 수 있습니다.

① 연표   ② 누리집   ③ 건축물
④ 옛이야기   ⑤ 역사 자료

2 8종 공통

지역의 다양한 역사 자료를 통해 알 수 있는 점으로 알맞은 것에 ○표를 하시오.

(1) 지역의 모습이 미래에 어떻게 변화할지 알 수 있습니다.   (   )

(2) 지역 사람들의 생활 모습이 어떻게 달라졌는지 알 수 있습니다.   (   )

3 천재교과서, 동아출판, 미래엔, 아이스크림 미디어, 지학사

지역의 변화 모습을 보여 주는 역사 자료에 대해 잘못 말한 어린이는 누구인지 쓰시오.

> 진규: 문헌으로 지역의 자세한 정보를 찾기는 어려워.
> 하은: 사진으로 우리 지역이 어떻게 바뀌었는지 생생하게 볼 수 있어.
> 나연: 주변 어른들의 증언을 듣다가 궁금한 점이 생기면 바로 여쭤볼 수 있어.

(   )

4 8종 공통

다음은 지역의 변화를 알아보기 위해 어떤 역사 자료를 활용한 것인지를 보기 에서 찾아 ○표를 하시오.

▲ 광양시의 옛날 모습

▲ 광양시의 오늘날 모습

> **보기**
> • 그림   • 사진   • 옛날 지도

1 8종 공통

지역의 변화 모습을 보여 주는 역사 자료로 알맞지 <u>않은</u> 것은 어느 것입니까? (   )

① 사진   ② 초상화   ③ 옛날 지도
④ 신문 기사   ⑤ 주변 어른들의 증언

2 천재교과서

다음 사진을 보고 알 수 있는 지역의 변화 모습으로 알맞은 것은 어느 것입니까? (   )

▲ 1960년대 금천구   ▲ 2020년대 금천구

① 논밭이 줄어들고 높은 건물이 많아졌다.
② 바다가 땅이 되고 도로와 다리가 생겼다.
③ 석탄 산업이 몰락하면서 폐광촌이 되었다.
④ 논밭이 늘어나 농사를 짓는 사람들이 많아졌다.
⑤ 배를 타고 아름다운 풍경을 즐기는 사람들이 많아졌다.

3 천재교과서

다음 지역의 변화 모습을 보고 오늘날에는 볼 수 <u>없는</u> 교통수단을 보기 에서 찾아 쓰시오.

▲ 1960년대 서울특별시 중구   ▲ 2020년대 서울특별시 중구

보기
• 버스   • 전차   • 자동차

(   )

4 8종 공통

지역의 유래와 관련된 이야기나 자세한 정보를 찾을 수 있는 역사 자료는 어느 것입니까?
(   )

① 노래   ② 연표   ③ 시계
④ 문헌   ⑤ 옛날 사진

5 천재교과서, 지학사
옛날 지도를 보고 알 수 있는 점에 대해 바르게 말한 어린이는 누구인지 쓰시오.

> 지역의 훌륭한 인물을 알 수 있어.

▲ 예승

> 지역의 옛날 이름과 범위를 알 수 있어.

▲ 민지

(   )

2 단원

6 미래엔
다음 ☐ 안에 공통으로 들어갈 알맞은 말을 쓰시오.

> 이 역사 자료는 전라남도 담양군 지역에서 예로부터 ☐ 을/를 재배하였음을 보여 주는 책입니다. 오늘날에도 이 지역에서는 ☐ 을/를 이용한 상품을 만들어 관광 자원으로 활용하고 있습니다.

(   )

▲ 『세종실록지리지』

7 와이비엠
다음 신문 기사를 보고 알 수 있는 지역의 변화로 알맞은 것은 어느 것입니까? (   )

○○신문	2023년 ××월 ××일

폐광촌에서 탄광 문화촌으로!

강원특별자치도 영월군 마차리는 1960년대에는 많은 광부들로 북적였지만, 석탄 산업이 몰락하면서 폐광촌이 되었습니다. 하지만 마을에서 조금 떨어진 곳에 강원특별자치도 탄광 문화촌이 세워지며 1960년대 탄광 마을의 생활상을 엿볼 수 있는 장소가 되었습니다.

① 오늘날에도 광부들이 많이 살고 있다.
② 옛날에는 탄광에서 일하는 사람이 많았다.
③ 오늘날 사람들은 대부분 고기 잡는 일을 한다.
④ 옛날 마차리 사람들은 주변에 논밭이 많아 농사를 짓고 살았다.
⑤ 옛날과 오늘날 지역의 모습은 변화가 없지만 사람들의 생활 모습은 달라졌다.

8 미래엔

오른쪽 그림을 보고 알 수 있는 당시 사람들의 생활 모습으로 알맞은 것은 어느 것입니까? (   )

① 홍수 피해를 많이 겪었다.

② 탄광이 있어 광부들이 많았다.

③ 바다에서 해산물을 캐는 해녀가 있었다.

④ 바다였던 곳을 땅으로 바꿔 농사를 지었다.

⑤ 대나무를 재배하였고, 대나무를 이용한 상품을 만들었다.

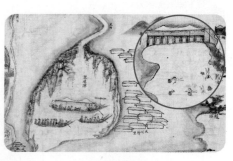

▲ 「탐라순력도」

9 8종 공통

지역의 변화 모습을 알아보는 방법으로 알맞은 것을 보기 에서 찾아 기호를 쓰시오.

> **보기**
>
> ㉠ 우리나라에 여행을 온 외국인의 이야기를 듣습니다.
> ㉡ 지역의 오늘날 지도에서 지역의 범위와 이름을 확인합니다.
> ㉢ 지역 문화원 누리집에서 지역의 옛날과 오늘날 모습이 담긴 사진을 찾아봅니다.

(   )

[10~11] 다음 전라남도 광양시의 변화 모습을 보여 주는 역사 자료를 보고, 물음에 답하시오.

> 전라남도 광양시에 사시는 할아버지의   ㉠
>
> 예전에 이곳은 바닷가에서 김을 채취하거나 고기 잡는 일을 했었단다. 지금은 바다였던 곳이 땅이 되기도 했고, 도로와 다리도 놓였지. 제철소가 생기면서 그곳에서 일하는 사람들도 많아졌단다.

10 8종 공통

위 ㉠에 들어갈 알맞은 말을 보기 에서 찾아 쓰시오.

> **보기**
>
> • 연표   • 사진   • 증언

(   )

서술형

11 비상

위 역사 자료로 알 수 있는 지역의 변화 모습을 한 가지만 쓰시오.

_____

_____

변화 (變 변할 변 化 될 화)

사물의 성질, 모양, 상태가 바뀌어 달라지는 것으로, 다양한 역사 자료로 지역의 변화 모습을 알 수 있습니다.

문헌 (文 글월 문 獻 드릴 헌)

연구의 자료가 되는 책이나 문서로, 문헌을 보면 조사하려는 것에 대한 자세한 정보를 알 수 있습니다.

2 단원

탄광 (炭 숯 탄 鑛 쇳돌 광)

석탄을 캐내는 광산으로, 석탄을 사용하는 곳이 점점 줄어들면서 오늘날에는 많은 탄광이 문을 닫았습니다.

과거에는 강원특별자치도 태백시가 우리나라의 대표적인 탄광 도시였어.

용어 체크

- 오늘날에는 석탄을 사용하는 곳이 줄어들면서 많은 ❶ ⌷ㅌ ㄱ⌷ 이 문을 닫았습니다.

- 도서관에서 ❷ ⌷ㅁ ㅎ⌷ 을 살펴보면 조사하려는 것에 대한 자세한 정보를 알 수 있습니다.

- 사진이나 책, 신문 등의 역사 자료를 살펴보면 지역의 모습이 ❸ ⌷ㅂ ㅎ⌷ 했음을 알 수 있습니다.

정답 ❶ 탄광 ❷ 문헌 ❸ 변화

지명과 옛이야기로 알아보는 지역의 옛날 모습

 개념 ❶ 옛이야기에 담긴 지역의 특징

 1. 지역의 옛이야기

*전설은 옛날부터 민간에서 전해 내려오는 이야기야.

특징	*전설, 민담, 지명에 얽힌 이야기 등 지역마다 오래전부터 다양한 옛이야기가 전해 내려옴.
옛이야기를 통해 알 수 있는 점	• 지역의 유래와 특징을 알 수 있음. • 지역의 자연환경과 지역에 살았던 옛날 사람들의 생활 모습을 알 수 있음.

2. 옛이야기로 알아보는 지역의 자연환경

설문대 할망 이야기 (제주특별자치도)	• 설문대 할망이 치마폭에 흙을 담아 옮겨 제주도와 한라산을 만들었고, 이때 치마에서 흘러내린 흙들이 오름이 되었다는 옛이야기가 전해 내려옴. • 한라산의 백록담과 수많은 오름 등 제주도에 있는 다양한 자연환경의 특징을 파악할 수 있음.

3. 옛이야기로 알아보는 지역의 생활 모습

안성맞춤 이야기(경기도 안성시)

→ 오늘날에도 경기도 안성에서는 품질 좋은 유기를 만들고 있습니다.

어떤 물건이나 상황이 딱 들어맞을 때 *안성맞춤이라고 해.

• 옛날부터 경기도 안성에서 만든 유기가 전국적으로 유명했음.
• 손님들이 원하는 대로 마음에 들게 만들어 준다고 해서 *안성맞춤이라는 말이 생겼음.

병점 이야기(경기도 화성시)

• 이 지역은 서울에서 다른 지역으로 가는 길목에 있어 사람들이 많이 오갔음.
• 지역을 오고 가는 사람들에게 떡을 파는 가게가 많아지자 병점이라고 부르게 되었음. → 떡을 뜻하는 한자 '병'과 가게를 뜻하는 한자 '점'을 합쳐 병점이 되었습니다.

✦ **이런 자료도 있어요** 천재교과서, 동아출판, 아이스크림 미디어

잠실 이야기(서울특별시 송파구)

• 옛날 잠실동 지역에는 뽕나무가 많았고, 사람들은 뽕잎을 먹고 자라는 누에를 많이 키웠습니다.
• 나라에서는 이 지역에 '누에를 키우는 방'인 잠실을 두었고, 이후부터 이 지역을 잠실이라고 불렀습니다.

개념② 지명에 담긴 지역의 유래

1. 지명의 의미와 특징

의미	지역이나 산, 강 등의 이름
	→ 지역의 자연환경과 옛날 사람들의 생활 모습도 알 수 있습니다.
특징	• 지명으로 지역의 유래를 알 수 있음. • 학교, 건물, 도로, 다리, 공원, 행사 등 곳곳에서 볼 수 있음.

2. 자연환경과 관련된 지명

구름재(강원특별자치도 영월군)

구름과 안개가 낀 고개라는 뜻에서 유래했음.

두물머리(경기도 양평군)
[출처: 경기도]

북한강과 남한강의 두 물줄기가 만난다는 뜻에서 유래했음.

마이산(전북특별자치도 진안군)
[출처: 국가유산청]

두 개의 큰 산봉우리가 말의 귀를 닮았다는 뜻에서 유래했음.

*자연환경은 사람이 만들지 않은 자연 그대로의 것을 말해.

3. 옛날 사람들의 생활 모습과 관련된 지명

사기막골(경기도 이천시)

옛날에 사기나 옹기 등 그릇을 만들었던 사람들이 모여 살던 마을이었음.

서빙고동(서울특별시 용산구)

얼음 창고인 '빙고'가 있어 서쪽에 있는 얼음 창고라는 뜻의 이름이 붙었음.

→ 옛날에는 얼음이 매우 귀해 얼음을 저장하던 별도의 장소가 있었습니다.

✦이런 자료도 있어요 천재교과서

교동(전북특별자치도 전주시)
옛날에 향교가 있던 지역에 붙여진 이름입니다.

개념③ 지명과 옛이야기로 살펴보는 지역의 변화 모습

1. 목계나루(충청북도 충주시)

과거

목계나루는 남한강의 대표적인 *나루터이자 장터였음.

→ 지역의 옛날 모습이 비슷하게 이어져 내려오고 있습니다.

현재
[출처: 뉴스뱅크]

강을 쉽게 건널 수 있도록 나루터가 있던 곳에 다리가 생겼음.

*나루터는 나룻배가 닿고 떠나는 곳이야.

2. 말죽거리(서울특별시 서초구 양재동)

과거

- 옛날에 여행자들이 타고 온 말한테 죽을 끓여 먹인 곳이라고 해서 말죽거리라고 불렸음.
- 서울과 지방을 오가는 사람들이 쉬는 곳이어서 여행자들에게 숙소와 음식을 제공하며 생활하는 사람들이 많았음.

현재
[출처: 서울연구데이터서비스]

→ 지명이 바뀌면서 말죽거리는 거리와 공원 등의 이름으로 사용하고 있습니다.

- 오늘날에는 말죽거리라는 지명이 <u>양재동</u>으로 바뀌었음.
- 교통수단의 발달로 말을 타고 이동하는 사람은 볼 수 없지만, 여전히 <u>교통의 중심지</u>로 많은 차와 사람이 다니는 곳임.

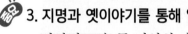
3. 지명과 옛이야기를 통해 알 수 있는 지역의 변화: 옛날부터 이어져 내려온 모습, 변화된 모습, 사라진 모습 등 지역의 다양한 변화를 알 수 있습니다.

대표 자료로
핵심을 잡아요

지역의 옛이야기

장개남 이야기(전북특별자치도 전주시 효자동)

- 불어났던 하천이 장개남의 효심으로 갈라져 편찮으신 어머니께 갈 수 있게 된 옛이야기가 전해 내려옴.
- 전주에서 효자 장개남의 효심을 널리 알리려고 장개남이 살던 동네 이름을 <u>효자동</u>이라고 지었음.

→ 부모님께 효도하는 것이 중요했던 옛날 사람들의 생각을 알 수 있습니다.

옛이야기를 통해 지역의 유래와 특징, 자연환경, 옛날 사람들의 생활 모습을 알 수 있음.

핵심 체크

정답 • 25쪽

☑ 지역에 전해 내려오는 옛이야기를 살펴보면 지역의 특징을 알 수 있습니다. ❶(O / X)
☑ 도로, 공원 등에 남아 있는 지명으로 지역의 ❷(과거 / 미래) 생활 모습을 알 수 있습니다.

1 8종 공통
옛이야기를 통해 알 수 있는 점을 보기 에서 찾아 기호를 쓰시오.

> 보기
> ㉠ 우리 지역의 특징을 알 수 있습니다.
> ㉡ 지역이 미래에 어떤 모습일지 알 수 있습니다.
> ㉢ 오늘날 지역 사람들의 생활 모습을 알 수 있습니다.

(   )

2 천재교과서, 동아출판, 와이비엠, 지학사
지명에 대한 설명으로 알맞은 것에 ○표를 하시오.

(1) 지명으로는 지역의 유래와 자연환경을 알 수 없습니다.   (   )

(2) 지명은 학교, 건물, 도로, 다리 등 곳곳에서 볼 수 있습니다.   (   )

3 천재교과서
다음 지명과 관련 있는 내용을 바르게 줄로 이으시오.

(1) 구름재   •　　　　　•㉠ 두 강의 물줄기가 만나는 곳

(2) 두물머리   •　　　　　•㉡ 구름과 안개가 낀 고개

4 천재교과서, 미래엔
다음 ☐ 안에 들어갈 알맞은 말은 어느 것입니까? (   )

> 옛날부터 손님들이 원하는 대로 마음에 들게 만들어 주는 경기도 안성의 유기의 품질이 좋아서 ☐☐☐☐ 이라는 말이 생겼습니다.

① 교동   ② 병점동   ③ 효자동
④ 사기막골   ⑤ 안성맞춤

1 8종 공통
다음 ☐ 안에 들어갈 알맞은 말을 쓰시오.

> 전설, 민담, 지명에 얽힌 이야기 등 지역마다 오래전부터 다양한 [   ]이/가 전해 집니다.

(   )

2 8종 공통
지역의 옛이야기에 대한 설명으로 알맞지 <u>않은</u> 것은 어느 것입니까? (   )

① 지역의 특징이 담겨 있다.
② 지역의 자연환경을 알 수 있다.
③ 지역이 미래에 어떻게 변화할지 알 수 있다.
④ 지역마다 전설, 민담 등으로 다양하게 전해 내려온다.
⑤ 지역에 살았던 옛날 사람들의 생활 모습을 알 수 있다.

3 와이비엠
다음 설문대 할망 이야기를 통해 알 수 있는 내용을 보기 에서 찾아 기호를 쓰시오.

> 설문대 할망이 치마폭에 흙을 담아 옮겨 제주도와 한라산을 만들었습니다. 이때 치마에서 난 구멍 틈으로 흘러내린 흙들은 오름이 되었습니다.

┌─ 보기 ─────────────────────────────
⊙ 제주도의 자연환경   ⓒ 제주도의 대표 음식
ⓒ 옛날 제주도 사람들의 생활 모습   ⓔ 오늘날 제주도 사람들의 생활 모습
└──────────────────────────────────

(   )

4 천재교과서, 동아출판, 아이스크림 미디어
다음 어린이가 설명하는 옛이야기와 관련된 지명으로 알맞은 것은 어느 것입니까? (   )

> 옛날에 이 지역에는 뽕나무가 많아서 사람들이 뽕잎을 먹고 자라는 누에를 많이 키웠대.

① 양재동   ② 효자동   ③ 마이산
④ 잠실동   ⑤ 두물머리

동아출판, 비상, 아이스크림 미디어, 와이비엠

5 오른쪽 자료를 통해 알 수 있는 지역의 옛날 생활 모습은 어느 것입니까? (   )

① 향교가 있던 지역이었다.

② 사람들에게 떡을 파는 가게가 많았다.

③ 남한강의 대표적인 나루터이자 장터였다.

④ 품질이 좋은 유기를 만드는 사람이 많았다.

⑤ 여행자들이 타고 온 말한테 죽을 끓여 먹인 곳이다.

▲ 병점동의 옛날 모습

천재교과서, 동아출판, 와이비엠, 지학사

6 지명에 대해 바르게 말한 어린이를 모두 쓰시오.

> 영재: 지명으로 옛날 사람들의 생활 모습을 알 수 있어.
> 민주: 지명을 살펴보면 앞으로 지역에서 일어날 일을 알 수 있어.
> 은유: 지명은 도로나 다리, 공원 등 우리 지역 곳곳에서 찾아볼 수 있어.
> 예서: 지명으로 지역의 자연환경은 알 수 있지만, 지역의 유래는 알 수 없어.

(,   )

천재교과서, 미래엔

7 다음 설명과 관련된 지명으로 알맞은 것은 어느 것입니까? (   )

> 옛날에 사기나 옹기 등 그릇을 만들었던 사람들이 모여 살던 마을

① 병점동   ② 안성시   ③ 제주도

④ 사기막골   ⑤ 말죽거리

천재교과서

8 '서빙고동'이라는 지명을 통해 알 수 있는 지역의 옛날 모습으로 알맞은 것에 ○표를 하시오.

(1) 학생들이 공부하던 향교가 있었습니다.   (   )

(2) 나루터가 있던 교통의 중심지였습니다.   (   )

(3) 얼음이 귀해 얼음을 저장하던 창고가 있었습니다.   (   )

9 ^{천재교과서}

다음 옛이야기와 관련된 지명으로 알맞은 것은 어느 것입니까? (   )

하천이 불어나 집으로 돌아갈 수 없던 장개남이 편찮으신 어머니를 위하는 마음으로 기도하자 하천이 갈라져 무사히 건너갈 수 있었습니다.

① 교동
② 마이산
③ 구름재
④ 효자동
⑤ 목계나루

10 ^{동아출판, 미래엔, 비상, 와이비엠}

다음 양재동 지역의 옛날과 오늘날 모습을 알 수 있는 자료를 보고, 물음에 답하시오.

옛날

• 지방과 서울을 오가던 사람들이 쉬면서 말에게 죽을 끓여 먹이던 곳이어서 ⓐ ㉠ (이)라고 불렸습니다.
• 여행자들에게 숙소와 음식을 제공하며 생활하는 사람들이 많았습니다.

오늘날

• 지명이 ㉠ 에서 양재동으로 바뀌었습니다.
• 교통수단이 발달하여 말을 타고 이동하는 사람은 볼 수 없지만, 여전히 교통의 중심지로 많은 차가 다닙니다.

(1) 위 ㉠에 들어갈 지명으로 알맞은 것을 보기 에서 찾아 쓰시오.

보기

• 마이산   • 말죽거리   • 두물머리

(   )

(2) 위 자료를 통해 알 수 있는 지역의 변화 모습을 한 가지만 쓰시오.

_____

_____

전설

(傳 전할 **전** 說 말씀 **설**)

옛날부터 전해 내려오는 이야기로, 구체적인 장소나 사물이 남아 있기도 합니다.

나루터

나룻배가 닿고 떠나는 일정한 곳으로, 옛날에는 강을 통해 사람이나 물건을 실어 날랐기 때문에 강 곳곳에 나루터가 있었습니다.

자연환경

(自 스스로 **자** 然 그러할 **연** 環 고리 **환** 境 곳 **경**)

우리를 둘러싸고 있는 모든 것 중에서 사람이 만들지 않은 자연 그대로의 것을 의미합니다.

산이나 강, 바다와 같은 지형이나 비, 눈과 같은 기후가 자연환경에 속해!

용어 체크

- 강을 통해 사람이나 물건을 실어 날랐던 옛날에는 강 곳곳에 ❶ ㄴ ㄹ ㅌ 가 있었습니다.

- 산이나 강, 바다처럼 우리 주변에 있는 자연 그대로의 것을 ❷ ㅈ ㅇ ㅎ ㄱ 이라고 합니다.

- 칠월 칠석의 유래인 견우와 직녀 이야기처럼 옛날부터 전해 내려오는 이야기를 ❸ ㅈ ㅅ 이라고 합니다.

정답 ❶ 나루터 ❷ 자연환경 ❸ 전설

지역의 변화와 달라진 생활 모습 조사하기

 지역의 변화 모습 조사 과정과 조사 방법

1. 지역의 변화와 달라진 생활 모습을 조사하는 과정

1 조사할 곳과 주제 정하기
지역에서 조사하고 싶은 곳과 주제를 정함.

➡

2 조사 방법 정하기
책, 누리집 등 어떤 방법으로 조사할지 정함.

3 조사하기
선택한 조사 방법으로 지역의 변화와 달라진 생활 모습을 조사하여 살펴봄.

➡

4 조사 결과 정리하기
조사 결과를 정리하여 보고서 등으로 나타냄.

 2. 지역의 변화와 달라진 생활 모습을 조사하는 방법

→ 어른께 여쭈어볼 질문은 미리 준비하고,
녹음할 때는 녹음해도 되는지 여쭈어봅니다.

사진이나 영상 찾아보기

인터넷으로 지역의 과거와 현재 모습이 담긴 사진이나 영상을 *검색함.

주변 어른께 여쭈어보기

지역에서 오래 사셨거나 지역을 잘 아는 어른께 지역의 달라진 모습과 생활 모습을 여쭈어봄.

책이나 컴퓨터에서 필요한 자료를 찾아내는 일을 *검색이라고 해.

문헌 찾아보기

지역과 지역 사람들의 생활 모습에 관련된 책이나 지역 신문 등을 찾아봄.

지역 누리집 방문하기

지역 누리집에 들어가 지역 소개와 지역의 발자취, 역사 부분을 살펴봄.

→ 지역의 지명과 관련된 이야기를 찾아볼 수도 있습니다.

*문화원은 한 사회의 문화를 한눈에 접할 수 있도록 만든 곳이야.

✦**이런 자료도 있어요** 미래엔, 비상, 아이스크림 미디어, 와이비엠, 지학사

답사하기
- 지역 사람들의 옛 생활 모습을 알아볼 수 있는 장소에 직접 다녀옵니다.
- 지역의*문화원, 박물관, 시·군·구청 등 지역의 변화를 알 수 있는 장소를 직접 찾아갑니다.

② **지역의 변화 모습 조사하기** 예 영종도

1. 조사 계획 세우기

→ 지역의 변화가 가장 잘 나타나는 곳을 선택합니다.

① 조사할 곳 정하기: 우리 지역에서 조사하고 싶은 곳을 정합니다.

② 조사 주제 정하기: 역사 자료에서 무엇을 알아볼지 정합니다.

③ 조사 방법 정하기: 어떤 방법으로 지역의 변화 모습을 조사할지 정합니다.

2. 조사하기

→ 조사하기 전에 수첩, 필기도구, 사진기 등 필요한 물건을 미리 준비합니다.

① 사진으로 지역의 변화 모습 조사하기

갯벌이 넓게 펼쳐져 있고, 작은 논이 모여 있음.

높은 건물이 생기고 인천 국제공항, 아파트 단지 등 여러 시설이 들어섰음.

② 증언으로 달라진 생활 모습 조사하기

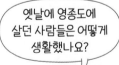

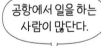

*육지는 강이나 바다처럼 물이 있는 곳을 제외한 땅을 말해.

- 사람들은 농사를 짓고, 물고기나 조개를 잡았음.
- *육지와 떨어져 있어서 배를 타고 영종도와 육지를 오고 갔음.

- 공항이 생기면서 여러 시설이 생겨나고 그곳에서 일하는 사람이 많아짐.
- 다리가 생기면서 자동차를 이용할 수 있어 교통이 편리해짐.

➡ 지역이 변화하며 지역 사람들의 생활 모습도 달라졌음을 알 수 있습니다.

개념 ③ 지역의 변화 모습 조사 결과 정리하기

→ 조사한 자료 중에서 생활 모습과 관련 있는 자료를 선택하여 정리합니다.

1. 조사 결과를 정리할 때 주의할 점: 지역의 변화에 따라 사람들의 생활 모습이 어떻게 달라졌는지 명확히 드러나도록 정리합니다.

2. 조사 보고서 작성하기

조사 보고서 예

조사 주제	우리 지역의 변화와 달라진 생활 모습
조사한 사람	인우, 세연, 성훈, 채은
조사한 곳	영종도
조사 방법	사진 찾아보기, 주변 어른께 여쭈어보기
지역의 변화 모습	과거에는 갯벌이 넓게 펼쳐져 있었으나 현재는 갯벌을 땅으로 메우고 세운 인천 국제공항이 있습니다.
달라진 생활 모습	• 과거에는 배를 타고 육지를 오고 갔지만 현재는 자동차 또는 열차를 이용해 이동합니다. • 과거에는 물고기나 조개를 잡아 생활했으나 현재는 공항에서 일하는 사람이 많습니다.
더 알고 싶은 점	우리 지역에 영종도처럼 갯벌을 메워 땅이 넓어진 곳이 또 있는지 궁금해졌습니다.

→ 조사 보고서로 정리할 때는 더 알고 싶은 점뿐만 아니라 알게 된 점, 느낀 점 등을 씁니다.

대표 자료로 핵심을 잡아요

지역의 변화 모습 조사하기

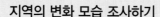

어떤 곳을 조사할까?

1 조사할 장소와 주제 정하기

문헌을 살펴보자.

2 조사 방법 정하기

3 조사하기

4 조사 결과 정리하기

핵심 체크

정답 • 26쪽

☑ 지역이 변화하며 지역 사람들의 생활 모습도 달라졌습니다. **❶** (O / X)

☑ 지역의 변화 모습을 조사하기 전에 조사할 곳을 정하고 조사 보고서를 씁니다. **❷** (O / X)

2. ❸ 지역의 변화와 달라진 생활 모습(3)

1 8종 공통
지역의 변화와 달라진 생활 모습을 조사하는 순서에 맞게 ☐ 안에 1~3 숫자를 쓰시오.

지역의 변화와 달라진 생활 모습 조사하기	조사 결과 정리하기	조사 계획 세우기
1	**2**	**3**

2 천재교과서, 미래엔, 비상, 아이스크림 미디어
지역의 변화와 달라진 생활 모습을 조사하기 전에 해야 할 일로 알맞은 것을 두 가지 고르시오.

(,)

① 조사 보고서를 작성한다.
② 지역의 달라진 모습을 정리한다.
③ 조사할 곳과 조사 주제를 정한다.
④ 주변 어른께 지역의 달라진 모습을 여쭈어본다.
⑤ 어떤 방법으로 지역의 변화 모습을 조사할지 정한다.

3 8종 공통
지역의 변화를 조사하는 방법으로 알맞은 것에 ○표를 하시오.

(1) 우리 지역과 관련된 문헌을 찾아봅니다. ( )

(2) 다른 지역에서 오래 사신 어른께 우리 지역의 달라진 모습을 여쭈어봅니다. ( )

4 천재교과서, 미래엔, 아이스크림 미디어, 지학사
다음 조사 보고서에 대한 설명에서 ( ) 안의 알맞은 말에 ○표를 하시오.

> 지역의 변화 모습을 정리한 조사 보고서에는 조사 주제, 조사한 곳, 조사 방법과 달라진 사람들의 (미래 모습 / 생활 모습) 등이 들어갑니다.

1 8종 공통
지역의 변화와 달라진 생활 모습을 조사하는 과정에 대한 설명으로 알맞은 것은 어느 것입니까? (   )

① 조사 내용을 정리하지 않고 보고서를 작성한다.

② 조사 방법이나 조사 주제는 조사하면서 정한다.

③ 지역의 변화 모습은 지역 누리집으로만 조사할 수 있다.

④ 책이나 지역 신문에는 지역의 변화 모습이 나타나 있지 않다.

⑤ 조사할 곳을 정할 때는 지역의 변화가 가장 잘 나타나는 곳을 선택한다.

2 천재교과서, 미래엔
지역의 변화를 살펴볼 수 있는 주제로 알맞지 <u>않은</u> 것은 어느 것입니까? (   )

① 지명의 유래

② 지역의 모습

③ 지역의 특산물

④ 지역 사람들의 생김새

⑤ 지역 사람들이 주로 하는 일

3 8종 공통
다음 ☐ 안에 들어갈 말로 알맞은 것은 어느 것입니까? (   )

> 지역의 변화를 조사하는 방법에는 지역의 ☐☐☐(이)나 영상 찾아보기, 주변 어른께 여쭈어보기, 문헌 찾아보기 등이 있습니다.

① 날씨   ② 사진   ③ 음식

④ 인공위성   ⑤ 미래 모습

4 천재교과서, 미래엔, 비상, 아이스크림 미디어, 와이비엠, 지학사
다음과 같이 인터넷을 이용하여 지역의 변화 모습을 조사하는 방법을 무엇이라고 하는지 쓰시오.

지역 (   ) 방문하기

5 지역의 변화 모습을 조사하는 방법 중 지역의 변화를 알 수 있는 장소에 직접 찾아가는 방법은 어느 것입니까? (   )

① 답사하기

② 문헌 찾아보기

③ 이야기로 설명하기

④ 주변 어른께 여쭈어보기

⑤ 사진이나 영상 찾아보기

6 지역의 변화 모습을 조사하는 방법에 대해 <u>잘못</u> 말한 어린이는 누구인지 쓰시오.

> 민서: 어른이 말씀하실 때는 여쭤보지 않고 녹음해도 돼.
>
> 보라: 조사할 때 필요한 수첩이나 필기도구는 미리 준비해야 해.
>
> 하민: 우리 지역에서 오래 사셨거나 우리 지역을 잘 아는 어른께 지역의 변화 모습을 여쭤볼 수 있어.

(   )

7 지역의 변화를 조사하여 정리하는 방법으로 알맞은 것을 〔보기〕에서 찾아 기호를 쓰시오.

> ┌─ 보기 ───────────────────────
> ㉠ 생활 모습과 관련 없는 자료도 함께 정리합니다.
> ㉡ 조사한 곳, 조사한 사람, 알게 된 내용 등을 넣어 조사 보고서를 작성합니다.
> ㉢ 지역의 변화에 따라 달라진 사람들의 생활 모습은 드러나지 않도록 정리합니다.
> └──────────────────────────────

(   )

8 다음 사진을 보고 알 수 있는 지역의 변화는 어느 것입니까? (   )

▲ 과거 영종도   ▲ 현재 영종도

① 농사를 짓는 사람이 많아졌다.

② 높은 건물이 사라지고 논밭이 많아졌다.

③ 지역 사람들의 생활 모습은 달라지지 않았다.

④ 갯벌에서 물고기나 조개를 잡는 사람이 많아졌다.

⑤ 다리가 생기면서 자동차를 이용해 영종도와 육지를 오고 간다.

2
단원

천재교과서, 미래엔, 아이스크림 미디어

9 조사 보고서에 들어갈 내용으로 알맞은 것을 보기 에서 모두 찾아 기호를 쓰시오.

보기
㉠ 조사한 방법
㉡ 조사하면서 먹은 음식
㉢ 조사한 사람의 전화번호
㉣ 달라진 사람들의 생활 모습

(,   )

[10~11] 다음 예진이가 조사한 영종도 지역의 변화와 달라진 생활 모습을 보고, 물음에 답하시오.

옛날 영종도
▲ 영종도의 갯벌과 논

오늘날 영종도
▲ 영종도의 여러 시설

옛날에 영종도 사람들은 농사를 짓고, 물고기나 조개를 잡아 생활했단다.

오늘날 영종도에는 공항에서 일하는 사람이 많단다.

8종 공통

10 예진이가 지역의 변화와 달라진 생활 모습을 조사한 방법을 한 가지만 쓰시오.

(   )

천재교과서

11 위 자료들로 알 수 있는 영종도 지역의 변화와 달라진 생활 모습을 한 가지만 쓰시오.

_____

_____

검색 (檢 검사할 검 索 찾을 색)

책이나 컴퓨터에서 목적에 따라 필요한 자료들을 찾아내는 일로, 인터넷 검색을 하면 언제든 원하는 정보를 얻을 수 있습니다.

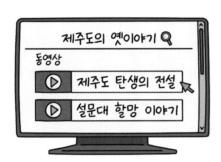

육지 (陸 뭍 육 地 땅 지)

강이나 바다와 같이 물이 있는 곳을 제외한 땅으로, 제주도와 같은 섬에서는 주로 배나 비행기를 타고 육지를 오고 갑니다.

2
단원

문화원 (文 글월 문 化 될 화 院 집 원)

한 사회에서 이루어진 문화를 한눈에 접할 수 있도록 만든 공간으로, 지역의 문화를 보존하고 지역 사회를 홍보합니다.

지역 문화원에서는 다양한 문화 행사를 개최하고 있어.

용어 체크

• 옛날에는 섬에서 ❶ [ㅇ | ㅈ]를 오고 갈 때 배를 이용했습니다.

• 책이나 컴퓨터로 필요한 자료를 찾아내는 일을 ❷ [ㄱ | ㅅ]이라고 합니다.

• 지역 ❸ [ㅁ | ㅎ | ㅇ]에 가면 지역의 다양한 문화 행사를 경험할 수 있습니다.

정답 ❶ 육지 ❷ 검색 ❸ 문화원

1 시간의 흐름과 우리

천재교과서, 동아출판, 미래엔, 와이비엠, 지학사

1 시간의 흐름을 알 수 있는 사례로 알맞은 것은 어느 것입니까? ( )

① 영화관에서 영화를 봤다.

② 이사 간 친구에게 편지를 썼다.

③ 가족들과 식당에서 밥을 먹었다.

④ 편의점에 가서 아이스크림을 샀다.

⑤ 유치원에 다니던 동생이 초등학교에 입학했다.

8종 공통

2 시간을 표현하는 말을 사용한 어린이를 쓰시오.

> 유진: 친구와 놀이공원에 가기로 했어.
>
> 서영: 나는 동물원에 가서 판다를 볼 거야.
>
> 해찬: 내년 여름에 부모님과 제주도로 여행을 갈 거야.

( )

천재교과서

3 다음 밑줄 친 부분에 들어갈 내용으로 알맞은 것을 보기 에서 찾아 기호를 쓰시오.

> 기록은 _____을 남긴 글이나 사진, 영상을 말합니다.

> 보기
>
> ㉠ 상상했던 일
>
> ㉡ 과거에 있었던 일
>
> ㉢ 미래에 일어날 일

( )

8종 공통

4 연표에 대한 설명으로 알맞은 것을 두 가지 고르시오. (,)

① 앞으로 어떤 일이 일어날지 알 수 있다.

② 어떤 일이 먼저 일어났는지 알 수 있다.

③ 과거부터 현재까지 있었던 모든 일을 적는다.

④ 형태가 정해져 있어 한 가지 종류로만 나타낸다.

⑤ 과거의 일이 지금으로부터 얼마나 멀리 떨어져 있는지 알 수 있다.

2 오래된 것이 알려 주는 과거

천재교과서, 비상, 아이스크림 미디어

5 다음 오래된 물건 중 테이프를 넣어 음악을 듣던 물건은 어느 것입니까? ( )

①
▲ 카세트

②
▲ 버스 토큰

③
▲ 월급봉투

④
▲ 필름 사진기

와이비엠

6 다음 어린이가 설명하는 오래된 물건은 어느 것입니까? ( )

> 글씨를 쓰기 위한 도구야. 옛날에는 연필 대신 먹물을 붓에 묻혀 글씨를 썼다는 걸 알 수 있어.

① 맷돌   ② 요강   ③ 쟁기

④ 다듬잇돌   ⑤ 먹과 벼루

천재교과서, 지학사

7 다음 노래 가사를 보고 알 수 있는 과거의 모습을 보기에서 찾아 기호를 쓰시오.

> **꽁당보리밥**
>
> 꼬꼬댁 꼬꼬 먼동이 튼다
> 복남이네 집에서 아침을 먹네
> 옹기종기 둘러앉아 꽁당보리밥
> 꿀보다 더 맛 좋은 꽁당보리밥
> 보리밥 먹는 사람 신체 건강해

보기
ㄱ 농사짓는 사람이 많았습니다.
ㄴ 쌀이 남아 주로 쌀밥을 해 먹었습니다.
ㄷ 쌀과 보리를 섞어 지은 밥을 먹었습니다.

(   )

---

3 지역의 변화와 달라진 생활 모습

천재교과서, 동아출판, 미래엔, 비상, 아이스크림 미디어, 지학사

8 다음 이야기를 통해 알 수 있는 지역 사람들의 생활 모습을 바르게 줄로 이으시오.

(1) 병점 이야기 • • ㄱ 품질 좋은 유기를 만들었음.

(2) 말죽거리 이야기 • • ㄴ 떡을 파는 가게가 있었음.

(3) 안성맞춤 이야기 • • ㄷ 말에게 죽을 끓여 먹였음.

8종 공통

9 지역의 다양한 역사 자료에 대한 설명으로 알맞지 <u>않은</u> 것은 어느 것입니까? (   )

① 옛날 지도를 보면 지역의 옛 이름과 범위를 알 수 있다.

② 주변 어른들의 증언으로 당시 상황을 자세히 들을 수 있다.

③ 옛날 그림으로 오늘날 지역의 모습을 생생하게 볼 수 있다.

④ 사진은 시·군·구청이나 지역 문화원 누리집에서 찾을 수 있다.

⑤ 책과 같은 문헌으로 지역의 유래와 관련된 이야기를 찾을 수 있다.

서술형·논술형 문제   8종 공통

10 다음 지역의 변화를 조사하는 모습을 보고, 물음에 답하시오.

(1) 위와 같이 책과 신문 등으로 지역의 변화 모습을 찾는 방법을 무엇이라고 하는지 쓰시오.

(   )

(2) 위 그림 외에 지역의 변화와 달라진 생활 모습을 조사하는 방법을 한 가지만 더 쓰시오.

_____

_____

우리나라의 대표적인 문화 축제

전통문화를 체험할 수 있는 우리나라
축제는 어떤 것이 있을까요?

강릉 단오제

강릉 단오제는 천년의 전통을 가진 축제로 우리나라에서 가장 역사가 깊은 축제 가운데 하나예요. 또한 뛰어난 예술성과 문화적 독창성을 인정받아 유네스코 세계 유산으로 선정되었어요. 유네스코에서는 노래나 춤, 의례 등 형태는 없지만 전통적인 가치를 담고 있어 보호가 필요하다고 생각되는 유산을 인류 무형 문화 유산으로 지정하여 보호하고 있어요. 즉, 강릉 단오제는 세계적으로 인정한 중요한 전통문화라는 이야기이지요. 강릉 단오제에 가면 전통적인 제사 모습을 볼 수 있고, 다양한 민속놀이 행사에 참여할 수 있어요.

안동 국제 탈춤 페스티벌

안동 국제 탈춤 페스티벌에 가면 우리나라 탈춤의 역사를 한눈에 알 수 있어요. 봉산 탈춤, 통영 오광대놀이, 송파 산대놀이, 북청 사자놀이 등 다양한 탈춤 공연을 볼 수 있답니다. 특히 안동 하회 마을을 대표하는 하회 별신굿 탈놀이는 정말 신이 나요.

MEMO

평가북 BOOK 2

#차원이_다른_클라쓰
#강의전문교재
#초등교재

수학교재

● **수학리더 시리즈**
- 수학리더 [연산]   예비초~6학년/A·B단계
- 수학리더 [개념]   1~6학년/학기별
- 수학리더 [기본]   1~6학년/학기별
- 수학리더 [유형]   1~6학년/학기별
- 수학리더 [기본+응용]   1~6학년/학기별
- 수학리더 [응용·심화]   1~6학년/학기별
- 수학리더 [최상위]   3~6학년/학기별

● **독해가 힘이다 시리즈** *문제해결력
- 수학도 독해가 힘이다   1~6학년/학기별
- 초등 문해력 독해가 힘이다 문장제 수학편   1~6학년/단계별

● **수학의 힘 시리즈**
- 수학의 힘   1~2학년/학기별
- 수학의 힘 알파[실력]   3~6학년/학기별
- 수학의 힘 베타[유형]   3~6학년/학기별

● **Go! 매쓰 시리즈**
- Go! 매쓰(Start) *교과서 개념   1~6학년/학기별
- Go! 매쓰(Run A/B/C) *교과서+사고력   1~6학년/학기별
- Go! 매쓰(Jump) *유형 사고력   1~6학년/학기별

● **계산박사**   1~12단계

● **수학 더 익힘**   1~6학년/학기별

월간교재

● **NEW 해법수학**   1~6학년
● **해법수학 단원평가 마스터**   1~6학년/학기별
● **월간 무등생평가**   1~6학년

전과목교재

● **리더 시리즈**
- 국어   1~6학년/학기별
- 사회   3~6학년/학기별
- 과학   3~6학년/학기별

다양한 유형의 문제를 모은

평가북

사회 리더

3-1

천재교육

평가북 BOOK 2

평가북

사회 리더
3-1

 쪽지 시험

1. ❶ 우리 생활 속 여러 장소에 대한 경험과 느낌(1)

답안 쓰기 ✎

1 우리 주변에는 학교, 놀이터, 시장 등 여러 (장소 / 지역)이/가 있습니다.

✎ _____

2 장소는 우리 생활과 밀접한 관련이 (없습니다 / 있습니다).

✎ _____

3 우리는 여러 장소에서 다양한 ☐☐을/를 쌓고 다른 사람들과 관계를 맺으며 생활합니다.

✎ _____

4 교실, 운동장, 급식실 등은 ☐☐에서 볼 수 있는 장소들입니다.

✎ _____

5 학교 안에 있는 장소들은 우리에게 (친숙합니다 / 친숙하지 않습니다).

✎ _____

6 우리 주변의 장소 중 물건을 사는 곳은 (편의점 / 공원)입니다.

✎ _____

7 우리 주변의 장소 중 아픈 곳을 치료하는 곳은 (병원 / 우체국)입니다.

✎ _____

8 자신이 (겪어 / 상상해) 보거나 실제로 해 본 것을 경험이라고 합니다.

✎ _____

9 빵집에서 갓 구운 빵 냄새를 맡은 것은 (눈 / 코)의 감각을 통해 경험한 것입니다.

✎ _____

10 장소에서의 경험을 살펴보기 위해 (사진첩 / 알림장)을 보면 경험을 생생하게 떠올릴 수 있습니다.

✎ _____

 **대표 문제**

1. ❶ 우리 생활 속 여러 장소에 대한 경험과 느낌(1)

장소의 의미

우리 주변의 장소들은 우리가 사는 곳을 이루고 있는 부분입니다. 우리는 여러 장소에서 다양한 경험을 쌓고 다른 사람들과 관계를 맺으며 생활합니다.

장소에서의 경험과 느낌 떠올려 보기

우리는 여러 장소에서 다양한 경험을 해.

맞아, 감각을 이용하여 내가 경험한 장소를 떠올려 볼 수도 있어.

우리는 장소에서 보고, 듣고, 맛보고, 냄새 맡고, 만져 보는 등 다양한 경험을 합니다. 그리고 그 경험을 통해 장소에 대한 느낌을 가집니다.

1 장소의 특징을 바르게 말한 어린이는 누구인지 쓰시오.

> 해린: 장소에서 경험을 쌓을 수는 없어요.
> 지운: 장소는 우리 생활과 밀접한 관련이 있어요.
> 정민: 어린이들은 일상생활에서 장소에 갈 일이 없어요.

( )

3 경험에 대한 설명으로 알맞은 것에 모두 ○표를 하시오.

(1) 자신이 실제로 해 보거나 겪어 본 것입니다.

( )

(2) 눈으로 보고, 귀로 들은 것만 경험이라고 할 수 있습니다. ( )

(3) 사진첩, 일기장 등을 보면서 경험한 것을 떠올려 볼 수 있습니다. ( )

2 다음 어린이들이 말하고 있는 '이곳'은 어디입니까? ( )

나는 이곳에서 산책하는 것을 좋아해.

우리가 쉴 수 있는 이곳이 있어서 참 좋아.

① 교실　　② 병원
③ 공원　　④ 급식실
⑤ 문구점

4 다음 중 눈으로 본 경험을 말한 어린이는 누구인지 쓰시오.

> 송아: 빵집에서 빵 냄새를 맡았어요.
> 희준: 놀이터에서 곤충을 관찰했어요.
> 지빈: 교실에서 친구의 발표를 들었어요.
> 다율: 시장에서 매콤한 떡볶이를 먹었어요.

( )

쪽지 시험

1. ❶ 우리 생활 속 여러 장소에 대한 경험과 느낌(2)

답안 쓰기 ✏️

1 '기계 소리가 무섭다', '치료해서 다행이다' 등의 생각을 하는 장소는 (도서관 / 치과)입니다.

✏️ _____

2 장소에서의 경험은 사람마다 (같습니다 / 다릅니다).

✏️ _____

3 같은 장소라도 그 장소에서의 생각과 ⬜⬜은/는 서로 다를 수 있습니다.

✏️ _____

4 장소에서의 경험과 느낌을 표현하기 위해 장소의 특징이 드러나게 ⬜⬜(으)로 그릴 수 있습니다.

✏️ _____

5 장소에서 경험했던 순간을 기억하고 싶어서 ⬜⬜(으)로 찍어서 표현할 수 있습니다.

✏️ _____

6 친구에게 장소를 소개하는 ⬜⬜을/를 써서 장소에서의 경험과 느낌을 표현할 수 있습니다.

✏️ _____

7 고장을 실제 그대로 나타낸 것이 아니라, 개개인의 머릿속에 있는 장소에 관한 정보를 지도처럼 그려서 나타낸 것을 ⬜⬜⬜⬜(이)라고 합니다.

✏️ _____

8 그림지도를 그릴 때는 (주제 정하기 / 지도 꾸미기)를 가장 먼저 해야 합니다.

✏️ _____

9 같은 장소라도 사람에 따라 다른 모습으로 표현할 수 (있습니다 / 없습니다).

✏️ _____

10 장소에 대한 서로 다른 생각과 느낌을 이해하고 (존중 / 무시)해야 합니다.

✏️ _____

1. ❶ 우리 생활 속 여러 장소에 대한 경험과 느낌(2)

같은 장소에 대한 다른 느낌

도서관은 편안해.

도서관은 지루해.

장소에서의 경험은 사람마다 다르기 때문에 같은 장소라도 그 장소에서의 느낌은 서로 다를 수 있습니다.

장소에서의 경험을 그림지도로 표현하기

개개인의 머릿속에 있는 장소에 관한 정보를 지도처럼 그려서 그림지도로 나타낼 수 있습니다.

1 장소에 대한 생각이나 느낌을 바르게 설명한 것에 ○표를 하시오.

(1) 같은 장소에서 경험을 하면 같은 생각과 느낌을 갖게 됩니다. ( )

(2) 우리는 여러 장소에서 다양한 경험을 하며 그 장소에 대한 느낌을 갖게 됩니다. ( )

2 다음 어린이들이 공통으로 말하고 있는 장소는 어디입니까? ( )

> 서은: 나는 이곳에서 책을 볼 때 편안한 느낌이 들어.
> 현성: 나는 이곳에서 열린 행사에 가서 매우 즐거웠어.
> 주성: 나는 부모님과 함께 이곳에 갔는데 내가 원하는 책이 없어서 실망했어.

① 치과
② 교실
③ 도서관
④ 급식실
⑤ 놀이터

3 그림지도에 대한 설명으로 알맞은 것을 보기에서 찾아 기호를 쓰시오.

> 보기
> ㉠ 실제 모습과 똑같이 그린 것입니다.
> ㉡ 그린 사람의 생각이 나타나는 지도입니다.
> ㉢ 실제로 없는 상상한 장소들만 그린 것입니다.

( )

4 다음 중 그림지도를 바르게 그린 어린이는 누구인지 쓰시오.

> 나경: 내 주변의 모든 장소를 그려 넣었어요.
> 준후: 장소에 대한 나의 느낌이 드러나게 그렸어요.
> 아인: 디지털 영상 지도와 똑같이 그리기 위해 노력했어요.
> 설아: 주변에 있었으면 좋겠다고 생각한 장소들을 많이 그려 넣었어요.

( )

답안 쓰기 ✏️

1 여러 장소 중에서 학교, 놀이터, 영화관과 같이 눈에 잘 띄거나 많은 사람이 이용하는 장소를 (주요 / 공공) 장소라고 합니다.

✏️ _____

2 우리가 놀거나 쉴 수 있는 장소는 (공원 / 보건소)입니다.

✏️ _____

3 체육관, 영화관, 바닷가 등은 놀이나 (여가 / 안전)와/과 관련 있는 장소입니다.

✏️ _____

4 우리가 배우고 즐기는 장소 중 음악이나 연극 등을 관람하는 장소는 ☐☐☐ 입니다.

✏️ _____

5 다른 곳으로 ☐☐ 할 때 가는 장소는 버스 터미널, 전철역, 기차역, 공항, 항구 등이 있습니다.

✏️ _____

6 범죄를 예방하고 주민의 안전을 책임지는 장소는 ☐☐☐☐입니다.

✏️ _____

7 인공위성이나 비행기에서 찍은 사진과 영상을 이용해 만든 지도는 ☐☐☐ ☐☐☐☐입니다.

✏️ _____

8 디지털 영상 지도를 활용하기 위해서 국토정보플랫폼, 브이 월드 등과 같이 지도를 볼 수 있는 (누리집 / 사회 관계망 서비스(SNS))에 들어가 봅니다.

✏️ _____

9 디지털 영상 지도에서 원하는 장소를 확대하거나 축소할 수 (있습니다 / 없습니다).

✏️ _____

10 디지털 영상 지도에서 ☐☐ 보기 기능을 활용하면 내가 가고 싶은 장소의 실제 모습을 볼 수 있습니다.

✏️ _____

대표 문제

1. ❷ 우리가 만드는 살기 좋은 곳(1)

우리의 안전과 건강에 도움을 주는 장소들

경찰서, 소방서, 보건소, 병원, 약국 등이 있어서 우리가 편안하게 생활할 수 있고, 위급한 일이 생겼을 때나 아플 때 도움을 받을 수 있습니다.

디지털 영상 지도의 활용

1 찾고 싶은 장소를 검색하고, **2** 디지털 영상 지도를 선택하고, **3** 거리 보기 단추를 눌러 찾으려는 장소로 커서를 이동하고, **4** 마우스 왼쪽 단추를 눌러 사진, 정보 등을 확인합니다.

---

1 다음 장소들과 관련 있는 내용을 바르게 줄로 이으시오.

(1) 경찰서 ·

(2) 보건소 ·

(3) 약국 ·

(4) 소방서 ·

· ㉠ 안전을 지켜 주는 장소

· ㉡ 건강에 도움을 주는 장소

2 다음과 같은 일을 하는 곳을 지도에서 찾아 기호를 쓰시오.

· 불이 나지 않도록 예방합니다.
· 사고로 다친 사람들을 구조합니다.

(   )

3 디지털 영상 지도에 대해 바르게 말하지 <u>않은</u> 어린이는 누구인지 쓰시오.

도훈: 여러 장소의 위치를 정확하게 알 수 있는 지도예요.
서하: 우리가 사는 곳의 실제 모습을 한눈에 살펴볼 수 있는 지도예요.
이진: 우리가 사는 곳의 자세한 모습은 보지 못하지만 전체 모습을 볼 수 있어요.
나윤: 디지털 영상 지도를 보면 우리가 사는 곳에 어떤 장소들이 있는지 알 수 있어요.

(   )

4 디지털 영상 지도로 장소를 찾는 과정에서 가장 먼저 해야 할 일은 어느 것입니까? (   )

① 지도를 확대하거나 축소해 본다.
② 검색창에 찾고 싶은 장소를 쓴다.
③ 국토정보플랫폼 누리집에 들어간다.
④ 찾은 장소의 주변의 모습을 살펴본다.
⑤ '바탕화면 선택'에서 '영상 지도'를 선택한다.

 **쪽지 시험**

1. ❷ 우리가 만드는 살기 좋은 곳(2)

답안 쓰기 ✎

1 주요 장소를 조사하는 계획을 세울 때 조사할 장소와 방법, (내용 / 결과)을/를 정합니다.

2 조사할 장소를 누리집에서 살펴보기, 지도에서 찾아보기, 직접 찾아가기 등은 조 사하는 ☐☐입니다.

3 조사 장소에 직접 찾아갈 때는 (어른 / 친구)와/과 함께 갑니다.

4 조사 장소에 직접 찾아가서 자세한 정보를 얻는 활동을 ☐☐(이)라고 합니다.

5 답사를 하면 사진이나 글로는 알 수 없는 사실을 발견할 수 (있습니다 / 없습니다).

6 조사 결과를 정리한 후 조사 (보고서 / 계획서)를 씁니다.

7 조사 내용을 정리한 후에는 친구들 앞에서 조사 결과를 ☐☐합니다.

8 우리 주변의 장소에서 불편한 점이 있다면 문제점을 (숨기기 / 해결하기) 위해 노력합니다.

9 안심 조명 공원, 안심 벽화 지하도 등은 장소를 변화시켜 사람들의 ☐☐을/를 지킨 사례입니다.

10 우리 주변의 장소를 더 좋은 장소로 만들기 위해 우리는 (편지 / 포스터)를 그려 서 전시할 수 있습니다.

✦ 대표 문제

1. ❷ 우리가 만드는 살기 좋은 곳(2)

우리 주변의 장소 답사하기

❶ 답사 계획 세우기

❷ 답사하기

❸ 답사 결과 정리하기

❹ 답사 결과 발표하기

주변의 여러 장소를 답사할 때에는 계획에 따라 꼼꼼하게 조사하고, 조사한 내용을 정리한 후에 발표를 합니다.

더 살기 좋은 곳으로 만들기 위해 할 수 있는 일

우리가 사는 곳을 더 살기 좋은 곳으로 만들기 위해 우리는 포스터로 표현하기, 편지로 써서 공공 기관에 전달하기, 캠페인에 참여하기 등을 할 수 있습니다.

1 다음 보기 에서 주변 장소로 답사를 나가기 전에 해야 할 일을 찾아 기호를 쓰시오.

보기
㉠ 답사 계획 세우기
㉡ 답사 결과 발표하기
㉢ 답사 결과 정리하기
㉣ 답사하며 느낀 점 말하기

( )

3 어린이들이 다음과 같은 일을 한 까닭은 어느 것입니까? ( )

지헌: 친구들과 함께 우리가 사는 곳에도 도서관이 생겼으면 좋겠다고 편지를 써서 시청에 보냈습니다.

① 다른 지역으로 이사를 가기 위해
② 돈이 많은 지역으로 만들기 위해
③ 우리 지역의 문제점을 감추기 위해
④ 더 살기 좋은 지역으로 만들기 위해
⑤ 어린이들에게만 필요한 시설이기 때문에

2 다음 주변 장소를 조사하는 어린이들 중 답사하고 있는 어린이는 누구인지 쓰시오.

▲ 훈정

▲ 유나

▲ 진서

( )

4 우리 지역을 더 살기 좋은 곳으로 만들기 위한 노력을 바르게 한 어린이는 누구인지 쓰시오.

혜수: 우리 지역의 잘못된 점은 되도록 숨기려고 노력했어요.
누리: 놀이터의 고장 난 놀이기구를 고쳐야 한다고 구청 누리집에 글을 썼어요.
윤재: 학교 앞 어린이 보호 구역에서 신호를 위반하는 차들이 많아서 다른 쪽으로 다녔어요.

( )

1 우리 생활 속 여러 장소에 대한 경험과 느낌

1 다음 어린이들의 말에서 밑줄 친 부분이 공통으로 나타내고 있는 것은 어느 것입니까? (   )

> 지형: 나는 <u>학교</u>에 가서 공부를 하고, 수업이 끝나면 <u>집</u>에 와서 쉬거나 <u>놀이터</u>에서 놀기도 해.
> 서준: 나는 우리 동네에 있는 <u>하천</u> 주변의 <u>공원</u>을 좋아해서 자주 가. <u>문구점</u>이나 <u>편의점</u>도 자주 가는 곳이야.

① 회사
② 기관
③ 장소
④ 건물
⑤ 관광지

2 장소에 대한 설명으로 알맞은 것을 보기 에서 찾아 기호를 쓰시오.

> **보기**
> ㉠ 장소는 우리 생활과 밀접한 관련이 있습니다.
> ㉡ 산이나 들과 같은 자연환경은 장소가 아닙니다.
> ㉢ 장소를 이용하는 사람보다 이용하지 않는 사람들이 더 많습니다.

(   )

3 다음 중 학교에서 볼 수 있는 장소로 알맞지 <u>않은</u> 것은 어느 것입니까? (   )

① 교실
② 영화관
③ 운동장
④ 급식실
⑤ 과학실

4 다음 그림에서 현수가 가야 할 곳을 찾아 기호를 쓰시오.

(   )

5 다음 다양한 감각을 통해 경험한 것을 바르게 줄로 이으시오.

(1) 눈 · · ㉠ 학교 화단에 예쁜 꽃이 핀 것을 보았음.

(2) 코 · · ㉡ 분식집에서 바삭한 튀김을 먹었음.

(3) 혀 · · ㉢ 집에서 고양이를 쓰다듬어 주었음.

(4) 피부 · · ㉣ 화장품 가게에서 좋은 향기를 맡았음.

6 다음 스마트폰 사진첩의 사진과 관련 있는 경험과 느낌을 바르게 말한 어린이는 누구인지 쓰시오.

예솔: 뒷산에 오를 때 힘들었지만 뿌듯했어요.
동하: 태권도에서 품새를 배울 때 어려웠어요.
윤성: 피아노 대회에 나가서 피아노를 칠 때 많이 떨렸어요.

(   )

7 다음 그림에 대한 설명으로 알맞은 것에 ○표를 하시오.

(1) 사람들은 같은 장소에서는 같은 경험을 합니다.
(   )

(2) 사람들은 같은 장소라도 그 장소에 대한 생각이 다양합니다.
(   )

(3) 사람들은 어떤 장소에 대한 특별한 느낌을 갖고 있지 않습니다.
(   )

8 장소에서의 경험과 느낌을 다음과 같은 자료를 통해 살펴보면 좋은 점을 쓰시오.

> 20XX년 2월 15일 ○요일
> 오늘은 치과에 가서 충치를 치료했습니다. 기계가 돌아가는 소리와 소독약 냄새 때문에 무서웠습니다. 치과 진료를 마친 뒤 미용실에서 머리를 짧게 잘랐습니다. 머리 모양이 어색했지만 가볍고 시원해서 기분이 좋았습니다.

9 다음 자료를 보고, (   ) 안의 알맞은 말에 ○표를 하시오.

위 자료는 여러 장소에서의 내 경험과 느낌을 (그림 / 사진)으로 표현한 것입니다.

10 다음에서 설명하는 것은 어느 것입니까? (   )

고장을 실제 그대로 나타낸 것이 아니라, 개개인의 머릿속에 있는 장소에 관한 정보를 지도처럼 그려서 나타낸 것입니다.

① 약도   ② 안내도
③ 그림지도   ④ 영상 지도
⑤ 세계 지도

11 다음 중 그림지도를 바르게 그린 어린이는 누구인지 쓰시오.

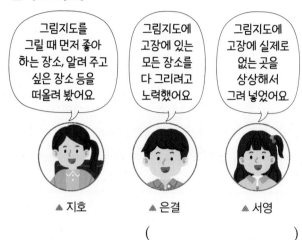

그림지도를 그릴 때 먼저 좋아하는 장소, 알려 주고 싶은 장소 등을 떠올려 봤어요.

그림지도에 고장에 있는 모든 장소를 다 그리려고 노력했어요.

그림지도에 고장에 실제로 없는 곳을 상상해서 그려 넣었어요.

▲ 지호   ▲ 은결   ▲ 서영

(   )

---

2 **우리가 만드는 살기 좋은 곳**

12 다음 장소들의 공통점을 두 가지 고르시오.
(,   )

• 공원   • 놀이공원   • 캠핑장

① 쉴 수 있는 장소이다.
② 놀 수 있는 장소이다.
③ 공부를 하는 장소이다.
④ 안전을 지켜 주는 장소이다.
⑤ 건강을 지켜 주는 장소이다.

13 다음 보기 에서 배우고 즐기는 장소를 모두 찾아 기호를 쓰시오.

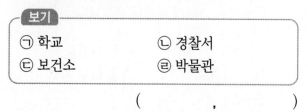

보기
㉠ 학교   ㉡ 경찰서
㉢ 보건소   ㉣ 박물관

(,   )

---

14 다음 우리 주변 장소들의 공통점을 쓰시오.

▲ 경찰서   ▲ 보건소

▲ 무더위 쉼터   ▲ 지진 옥외 대피 장소

_____

_____

15 다음 지도에 대한 설명으로 알맞지 <u>않은</u> 것은 어느 것입니까? (   )

① 디지털 기기로 볼 수 있는 디지털 영상 지도이다.
② 인공위성에서 찍은 사진을 이용해서 만든 지도이다.
③ 여러 장소의 위치를 정확하게 알 수 있는 지도이다.
④ 우리가 사는 곳에 어떤 장소들이 있는지 알 수 있는 지도이다.
⑤ 우리가 사는 곳의 자세한 모습은 볼 수 있지만 전체 모습은 보기 어려운 지도이다.

16 다음 디지털 영상 지도 활용법이 바르게 연결된 것을 찾아 기호를 쓰시오.

ⓐ 내가 가고 싶은 장소의 모습을 실제로 보는 기능

ⓑ 지도를 선택하는 기능

ⓒ 지도를 확대하거나 축소하는 기능

ⓓ 찾으려는 장소를 검색하는 기능

(   )

17 다음은 우리 주변의 장소를 조사하는 과정 중 하나입니다. 관련 있는 과정은 어느 것입니까? (   )

• 어린이 공원을 주로 이용하는 사람은 누구인가요?
• 어린이 공원에서 할 수 있는 것은 무엇인가요?
• 어린이 공원을 이용할 때 좋은 점은 무엇인가요?
• 어린이 공원을 이용할 때 불편한 점은 무엇인가요?

① 조사 방법 정하기
② 조사 보고서 쓰기
③ 조사 장소 정하기
④ 직접 가서 조사하기
⑤ 조사할 내용 정하기

18 다음 어린이가 장소를 조사한 방법은 어느 것입니까? (   )

어린이 공원에 가서 직접 보고 자세한 정보를 얻었어요.

① 답사하기
② 누리집 살펴보기
③ 도서관에서 책 살펴보기
④ 지역 안내 책자 살펴보기
⑤ 디지털 영상 지도 살펴보기

19 살기 좋은 곳의 특징을 바르게 말한 어린이는 누구인지 쓰시오.

해준: 사람들이 편리한 생활을 누릴 수 있는 곳이에요.
세빈: 의료 시설보다는 여가 시설이 더 잘 갖추어진 곳이에요.
지율: 어린이들이 놀 수 있는 공간보다 공부할 수 있는 공간이 많은 곳이에요.

(   )

20 다음과 같은 장소를 부르는 말을 보기 에서 찾아 쓰시오.

• 주민 전체의 이익을 위해 국가나 지역에서 관리하는 곳입니다.
• 우체국, 행정 복지 센터, 교육청 등이 있습니다.

보기
• 회사   • 단체   • 공공 기관

(   )

[1~3] 다음 자료를 보고, 물음에 답하시오.

 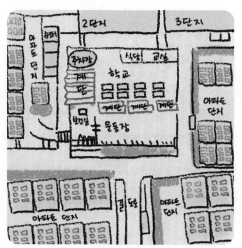

1 위 두 자료를 부르는 말을 보기 에서 찾아 쓰시오.

> **보기**
>
> • 소식지　　　　　• 그림지도　　　　　• 디지털 영상 지도

(　　　　　　　　　　)

2 위 자료를 만드는 방법으로 알맞지 <u>않은</u> 것을 보기 에서 찾아 기호를 쓰시오.

> **보기**
>
> ㉠ 실제 장소의 크기와 같게 그립니다.
> ㉡ 장소에 대한 느낌을 바탕으로 그립니다.
> ㉢ 실제 장소의 색깔과 같은 색을 칠할 필요는 없습니다.
> ㉣ 같은 장소를 사람마다 조금씩 다른 모습으로 그릴 수 있습니다.

(　　　　　　　　　　)

3 위 두 자료는 같은 장소를 표현한 것입니다. 두 자료를 비교했을 때 다른 점이 있는 까닭을 쓰시오.

_____

_____

단원 서술형 평가 2회

1. 우리가 사는 곳

[1~3] 다음 사진을 보고, 물음에 답하시오.

㉠ 놀이공원

㉡ 경찰서

㉢ 소방서

㉣ 공원

㉤ 박물관

㉥ 태권도장

1 위 장소를 다음 표와 같이 분류하여 해당하는 곳에 기호를 쓰시오.

장소의 종류	기호
놀 수 있는 장소	(1) ,
배우고 즐기는 장소	(2) ,
안전을 지켜 주는 장소	(3) ,

2 위 장소들에 대해 바르게 말한 어린이는 누구인지 쓰시오.

수지: 우리 주변에서 쉽게 볼 수 없어요.
재형: 모두 어린이들이 접하기 어려운 장소예요.
나은: 자유 시간을 보낼 수 있는 장소는 놀이공원, 공원 등이에요.
우성: 경찰서, 소방서는 우리가 다른 지역으로 이동할 때 가기도 해요.

(   )

3 위 장소들의 공통점을 한 가지만 쓰시오.

_____

_____

답안 쓰기 ✏️

1 시곗바늘이 움직이고, 계절이 바뀌며, 우리는 모두 ☐☐의 흐름 속에서 살아가고 있습니다.

✏️ _____

2 나의 몸이 아기였을 때와 (같은 / 달라진) 모습을 보면 시간의 흐름을 알 수 있습니다.

✏️ _____

3 학교에서 (경험한 / 경험할) 일을 순서대로 살펴보면 시간의 흐름을 알 수 있습니다.

✏️ _____

4 우리 주변의 다양한 (변화 / 유행)을/를 통해 시간이 흐른다는 것을 알 수 있습니다.

✏️ _____

5 가족들의 (옛날 / 현재) 사진을 보면 시간이 흘렀다는 것을 알 수 있습니다.

✏️ _____

6 부모님이 경험한 시간과 변화한 모습을 통해서 (시간의 흐름 / 공간의 변화)을/를 알 수 있습니다.

✏️ _____

7 지구의 나이는 약 46억 살로, 지구가 (생기기 전 / 생겨난 후) 흐른 시간을 의미합니다.

✏️ _____

8 하루 동안의 생활을 계획하고 정리한 표는 (하루 일과표 / 학급 시간표)입니다.

✏️ _____

9 학급 시간표를 보면 수업을 어떤 (순서 / 방식)(으)로 하는지 알 수 있습니다.

✏️ _____

10 시간의 흐름을 표현하면 언제, 무엇을 하였는지 (기억 / 경험)하기 쉽습니다.

✏️ _____

대표 문제

2. ❶ 시간의 흐름과 우리(1)

시간의 흐름을 알 수 있는 사례

시간은 계속 흘러가며 우리는 시간의 흐름 속에서 살아가고 있습니다. 나의 변화, 나무의 변화 등 일상 속 다양한 사례를 통해 시간의 흐름을 알 수 있습니다.

시간의 흐름을 표현하는 방법

시간의 흐름을 알 수 있도록 표현한 것들의 예시로, 하루 일과표, 학급 시간표, 달력 등이 있습니다. 시간의 흐름을 표현한 것들을 보면 시간의 흐름을 한눈에 알아볼 수 있어 편리하고 언제, 무엇을 했는지 기억하기 쉽습니다.

1 다음과 같이 나의 변화한 모습을 보고 알 수 있는 것을 쓰시오.

(   )의 흐름

2 다음 사진들을 보고 알 수 있는 것을 보기 에서 찾아 기호를 쓰시오.

2015. 3.   2025. 3.

보기
┌───┐
│ ㉠ 사진을 몇 시에 찍었는지 알 수 있습니다.   │
│ ㉡ 사진을 찍어 준 사람이 누군지 알 수 있습니다.   │
│ ㉢ 사진을 찍은 시기 사이에 많은 시간이 흘렀   │
│ 다는 것을 알 수 있습니다.   │
└───┘

(   )

3 하루 일과표와 학급 시간표에 대한 알맞은 설명에 바르게 줄로 이으시오.

(1) 하루 일과표 •

 • ㉠ 하루의 생활을 계획한 표

(2) 학급 시간표 •

 • ㉡ 학급에서 공부할 과목과 시간을 나타낸 표

4 시간의 흐름을 표현하면 좋은 점을 바르게 말한 어린이를 쓰시오.

┌───┐
│ 지윤: 시간의 흐름을 바꿀 수 있어.   │
│ 연우: 시간의 흐름을 한눈에 알아볼 수 있어.   │
│ 유나: 시간의 흐름을 알고 과거로 돌아갈 수   │
│ 있어.   │
└───┘

(   )

답안 쓰기 ✏️

1 우리가 살고 있는 때인 지금을 (과거 / 현재)라고 합니다.

✏️ _____

2 옛날, 어제, 작년은 현재를 기준으로 (지나간 / 다가올) 때를 뜻하는 말입니다.

✏️ _____

3 과거에 있었던 일이나 사람들이 살아온 이야기를 (역사 / 기록)(이)라고 합니다.

✏️ _____

4 일 년 동안의 기간을 나타내는 말은 ☐☐입니다.

✏️ _____

5 시간을 표현하는 말을 사용하면 사건이 (언제 / 어디에서) 일어났는지 알 수 있습니다.

✏️ _____

6 아주 먼 옛날은 옛날이라는 말보다 (가까운 / 더 먼) 과거를 뜻합니다.

✏️ _____

7 과거에 있었던 일을 남긴 글이나 사진, 영상 등을 ☐☐(이)라고 합니다.

✏️ _____

8 역사적인 사실을 일어난 순서대로 적어 만든 표는 ☐☐입니다.

✏️ _____

9 나와 주변 사람들의 연표를 통해 사람들이 살아온 모습이 (똑같다 / 다양하다)는 것을 알 수 있습니다.

✏️ _____

10 연표를 만들 때는 있었던 일 중에서 (모든 / 중요한) 일을 적습니다.

✏️ _____

대표 문제

2.❶ 시간의 흐름과 우리(2)

시간을 표현하는 말

연도

1962년에 할아버지께서 국민학교에 입학하셨음.

연대

1970년대에 수도권에 전철이 다니기 시작했음.

과거, 현재, 미래를 나타내는 시간 표현으로 옛날, 지금, 내일 등이 있고, 시간을 묶어서 단위로 나타내는 표현으로 연도, 연대, 시대 등이 있습니다.

1 다음 중 1995년을 '연대'로 바르게 표현한 것은 어느 것입니까? (   )

① 1800년대
② 1980년대
③ 1990년대
④ 1995년대
⑤ 2000년대

2 다음 중 더 먼 과거를 보여 주는 사진을 찾아 기호를 쓰시오.

[출처: 뉴스뱅크]
▲ 1968년의 광화문

[출처: ⓒPigprox/shutterstock]
▲ 2000년의 광화문

(   )

시간의 흐름을 나타내는 방법: 연표

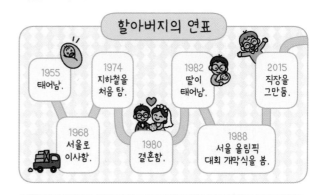

연표는 과거부터 현재까지 있었던 일을 시간 순서대로 연도와 함께 나타낸 것입니다. 연표를 보면 중요한 일이나 사실을 알 수 있으며, 어떤 일이 언제 일어났는지 알 수 있습니다.

3 다음 (   ) 안의 알맞은 말에 각각 ○표를 하시오.

연표는 (과거 / 현재)부터 (현재 / 미래) 까지 있었던 일을 시간 순서대로 연도와 함께 나타낸 것입니다.

4 다음 연표를 보고 알 수 있는 점을 바르게 말한 어린이를 쓰시오.

할아버지의 연표

1955 태어남.
1974 지하철을 처음 탐.
1982 딸이 태어남.
2015 직장을 그만둠.
1968 서울로 이사함.
1980 결혼함.
1988 서울 올림픽 대회 개막식을 봄.

시현: 앞으로 일어날 일을 짐작할 수 있습니다.
유민: 과거부터 현재까지 일어났던 모든 일들을 알 수 있습니다.
민정: 할아버지의 인생에서 일어난 중요한 일들을 알 수 있습니다.

(   )

 **쪽지 시험**

2. ❷ 오래된 것이 알려 주는 과거(1)

답안 쓰기 ✏️

1 오래된 물건이나 자료는 과거의 모습을 알려 주는 ☐☐ 역할을 합니다.

✏️ _____

2 인형이나 편지 등 내가 소중하게 간직하는 (애장품 / 장소)을/를 살펴보면 어린 시절의 경험이나 생각, 느낌이 떠오릅니다.

✏️ _____

3 옛날에 카세트테이프를 넣어 음악을 듣던 물건은 ☐☐☐☐입니다.

✏️ _____

4 옛날에 버스를 탈 때 돈 대신 쓰던 동전 모양의 물건은 버스 (토큰 / 호출기)입니다.

✏️ _____

5 박물관이나 (마트 / 민속촌)에 가서 오래된 물건이나 자료를 찾아볼 수 있습니다.

✏️ _____

6 어른께 오래된 물건에 대한 설명을 들을 때는 글로 적거나 (녹음 / 노래)을/를 합니다.

✏️ _____

7 옛날 사람들이 곡식을 갈 때 쓰던 물건은 ☐☐입니다.

✏️ _____

8 오래된 물건으로 과거의 모습을 알아볼 때는 물건의 재료와 (가격 / 쓰임새), 사용 방법 등을 살펴봅니다.

✏️ _____

9 옛날에는 연필이 아니라 먹과 ☐☐(으)로 만든 먹물을 붓에 묻혀 글씨를 썼습니다.

✏️ _____

10 오래된 물건으로 기술의 발전, 생활 방식의 변화, 지금은 (사라진 / 새로 생긴) 것들에 대해 알 수 있습니다.

✏️ _____

대표 문제

2. ❷ 오래된 것이 알려 주는 과거(1)

주변에서 오래된 물건이나 자료 찾아보기

▲ 엄마의
스카이 콩콩

▲ 할머니의
반장 명찰과 책가방

집과 학교 등 우리 주변에서 찾을 수 있는 오래된 물건이나 자료는 과거의 모습을 알려 주는 증거 역할을 합니다.

오래된 물건으로 과거의 모습 알아보기

도롱이   나막신
▲ 비가 올 때 사용했던 도롱이와 나막신

오래된 물건의 여러 부분을 자세하게 살펴보고, 물건의 재료와 쓰임새, 사용 방법을 탐구하면 과거의 모습을 알 수 있습니다.

1 나의 과거 모습을 알 수 있는 자료가 <u>아닌</u> 것은 어느 것입니까? (   )

① 올해 학급 시간표
② 부모님의 육아 일기
③ 1학년 때부터 쓴 일기
④ 7살 때 친구 생일에 쓴 편지
⑤ 유치원에 들어갈 때 찍은 사진

2 다음 오래된 물건을 보고, 바르게 말한 어린이는 누구인지 쓰시오.

▲ 무선 호출기

> 지유: 전파를 통해서 음악을 듣던 물건이야.
> 경민: 촬영한 영상을 재생할 때 쓰던 물건이야.
> 연서: 휴대 전화가 널리 쓰이지 않던 시절에 사용하던 물건이야.

(   )

3 다음 오래된 물건에 대한 설명으로 알맞은 것은 어느 것입니까? (   )

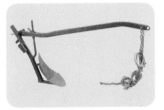
▲ 쟁기

① 곡식을 갈 때 사용했다.
② 다듬이질할 때 사용했다.
③ 불을 붙여 방을 밝힐 때 사용했다.
④ 소의 힘을 이용해 밭을 갈 때 사용했다.
⑤ 곡식에 섞인 티끌을 골라낼 때 사용했다.

4 다음 오래된 물건을 보고 짐작할 수 있는 과거의 모습으로 알맞은 것에 ○표를 하시오.

[출처: 국립민속박물관]
▲ 호롱

(1) 집에 전기가 들어오지 않았습니다. (   )

(2) 집에서 곡식을 직접 갈아 먹었습니다. (   )

 **쪽지 시험**

답안 쓰기 ✎

1 오래된 건축물을 보면 (과거 / 미래)의 모습과 옛날 사람들의 생활 모습을 알 수 있습니다.

🖊 _____

2 항구에 드나들던 물건에 세금을 정하고 거두던 곳을 ☐☐(이)라고 합니다.

🖊 _____

3 옛날 사람들이 강을 건너기 위해 나무와 짚으로 만들었던 다리는 (향교 / 섶다리) 입니다.

🖊 _____

4 옛날 사진이나 신문 기사, 일기, 노래 등 오래된 (건축물 / 자료)을/를 보면 과거의 모습을 알 수 있습니다.

🖊 _____

5 어른들이 들려주는 과거 ☐☐☐ 속에는 자신의 특별한 경험이나 기억이 담겨 있습니다.

🖊 _____

6 옛날 사진을 보면 우리가 직접 보지 못한 (과거 / 현재) 모습을 알 수 있습니다.

🖊 _____

7 수원 화성을 만드는 과정을 글과 그림으로 남긴 옛날 (책 / 영상)이 남아 있습니다.

🖊 _____

8 노래 가사에는 노래가 만들어진 당시 사람들의 ☐☐ 모습이 담겨 있습니다.

🖊 _____

9 자료를 보존하면 과거 사람들의 (지혜 / 복원)와/과 교훈, 문화 등을 미래 사람들에게 전달할 수 있습니다.

🖊 _____

10 미래 사람들에게 우리의 현재 모습을 보여 주려면 (현재 / 미래)를 대표할 수 있는 물건을 남겨야 합니다.

🖊 _____

대표 문제

2. ❷ 오래된 것이 알려 주는 과거(2)

오래된 건축물로 과거의 모습 알아보기

기와집

초가집

▲ 옛날 사람들이 살던 집

옛 건축물은 과거 사람들이 남긴 생각과 정신이 담겨 있는 공간으로, 우리 지역이 어떤 곳이었고 옛날 사람들이 어떻게 살았는지 알 수 있습니다.

과거의 모습을 담은 다양한 자료

▲ 옛날 책   ▲ 어른들의 과거 이야기

옛날 사진이나 신문 기사, 책, 어른들의 과거 이야기 등과 같은 과거의 모습을 담은 자료는 옛날 모습을 알려 주는 소중한 기록입니다.

1 다음에서 설명하는 오래된 건축물로 알맞은 것은 어느 것입니까? (   )

물의 힘으로 곡식을 찧는 물레방아를 설치해 둔 곳입니다.

① 성
② 세관
③ 기차역
④ 섶다리
⑤ 물레방앗간

2 향교에 대한 설명으로 알맞은 것은 어느 것입니까? (   )

① 옛날 학생들이 공부하던 학교이다.
② 기차를 타고 이동할 수 있게 만든 곳이다.
③ 일본에 저항하던 사람들이 갇혀 있던 공간이다.
④ 강을 건너기 위해 나무와 짚으로 만든 다리이다.
⑤ 주변에서 쉽게 구할 수 있는 짚으로 지붕을 얹어 지은 집이다.

3 다음과 같은 특징이 나타나는 과거의 모습을 담은 자료는 어느 것입니까? (   )

많은 사람에게 알릴 만한 내용을 싣기 때문에 당시 사람들이 알아야 하는 중요한 사건이나 정보가 무엇이었는지 알 수 있습니다.

① 일기
② 노래
③ 옛날 지도
④ 신문 기사
⑤ 어른들의 과거 이야기

4 어른들이 들려주는 과거 이야기에 대한 설명으로 알맞지 않은 것은 어느 것입니까? (   )

① 옛날 사람들의 생각을 알 수 있다.
② 말하는 사람의 기억은 담겨 있지 않다.
③ 옛날 사람들의 생활 모습을 알 수 있다.
④ 지금과는 다른 과거의 모습을 알 수 있다.
⑤ 지역에 있는 장소의 옛 모습을 알 수 있다.

 **쪽지 시험**

답안 쓰기 ✏

1 지역의 변화 모습을 알 수 있는 ☐☐ 자료에는 사진이나 영상, 문헌, 옛이야기 등이 있습니다.

2 인터넷을 이용하여 지역의 변화 모습이 담긴 사진을 보려면 지역 문화원이나 시·군·구청 ☐☐☐에서 찾을 수 있습니다.

3 책이나 신문 기사 등과 같은 (문헌 / 증언)을 살펴보면 지역의 자세한 정보를 찾을 수 있습니다.

4 옛날 (일기 / 지도)를 통해 지역의 옛 이름과 범위를 알 수 있습니다.

5 주변 어른들의 ☐☐을/를 들으면 누리집에서는 찾기 힘든 생생한 이야기를 알 수 있습니다.

6 지역의 다양한 역사 자료를 보면 (시간 / 공간)의 흐름에 따라 지역의 모습이 어떻게 달라졌는지 알 수 있습니다.

7 지역마다 오래전부터 전설, 민담 등 다양한 ☐☐☐☐이/가 전해 내려옵니다.

8 옛이야기에는 지역의 (유래 / 관광지)와 특징, 지역의 자연환경 등이 담겨 있습니다.

9 경기도 안성 지역에서 (비단 / 유기)을/를 손님들의 마음에 들게 만들어 준다고 해서 안성맞춤이라는 말이 생겨났습니다.

10 잠실 이야기로 옛날 이 지역의 사람들이 (누에 / 대나무)를 많이 키웠음을 알 수 있습니다.

대표 문제

2.❸ 지역의 변화와 달라진 생활 모습(1)

역사 자료로 살펴보는 지역의 변화

▲ 영상

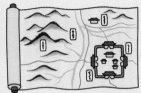
▲ 옛날 지도

사진이나 영상, 책, 옛날 지도, 옛날 그림 등 다양한 형태의 역사 자료를 통해 지역의 이어져 내려온 모습, 변화된 모습, 사라진 모습 등을 알 수 있습니다.

1 다음은 지역의 변화를 알아보기 위해 어떤 자료를 활용한 것인지 쓰시오.

▲「탐라순력도」

옛날 (   )

2 다음 사진을 보고 알 수 있는 지역의 변화 모습으로 알맞은 것을 보기 에서 찾아 기호를 쓰시오.

▲ 옛날 영종도

▲ 오늘날 영종도

보기
ㄱ 갯벌이 사라지고 논밭이 생겼습니다.
ㄴ 아파트 단지 등 여러 시설이 들어섰습니다.
ㄷ 전찻길이 생겨 전차를 이용해 주변 지역을 오고 갑니다.

(   )

옛이야기에 담긴 지역의 특징

▲ 설문대 할망 이야기(제주특별자치도)

전설, 민담, 지명에 얽힌 이야기 등 지역마다 전해 내려오는 옛이야기에는 지역의 특징과 유래, 지역의 자연환경과 옛날 사람들의 생활 모습 등이 담겨 있습니다.

3 병점 이야기를 통해 알 수 있는 지역의 옛날 모습은 무엇입니까? (   )
① 말에게 죽을 끓여 먹이던 곳이었다.
② 사람들에게 떡을 파는 가게가 많았다.
③ 품질 좋은 유기를 만드는 사람들이 많았다.
④ 편찮으신 어머니께 효도했던 사람이 살던 곳이었다.
⑤ 뽕나무가 많아 누에를 키우고 비단을 만드는 사람들이 많았다.

4 다음 □ 안에 들어갈 알맞은 말을 쓰시오.

설문대 할망 이야기로 한라산과 오름 등 제주도에 있는 다양한 □□□의 특징을 파악할 수 있습니다.

(   )

2단원

답안 쓰기✏️

1 지역이나 산, 강 등의 이름을 ☐☐(이)라고 합니다.

✏️ _____

2 지명은 학교, 건물, 다리, 공원 등 곳곳에서 볼 수 (있습니다 / 없습니다).

✏️ _____

3 마이산은 두 개의 큰 산봉우리가 말의 (귀 / 꼬리)를 닮았다는 뜻에서 유래했습니다.

✏️ _____

4 말죽거리라고 불렸던 양재동 지역은 여전히 ☐☐의 중심지로 많은 차와 사람이 다니는 곳입니다.

✏️ _____

5 지역 누리집에 들어가 지역 소개, 지역의 발자취와 (위치 / 역사) 부분을 살펴보면 지역의 변화를 조사할 수 있습니다.

✏️ _____

6 어른께 지역의 변화를 여쭈어볼 때는 우리 지역을 잘 (아는 / 모르는) 어른께 여쭈어봅니다.

✏️ _____

7 지역의 변화 모습을 조사하기 위한 계획을 세울 때는 조사할 곳과 (주제 / 결과), 조사 방법을 정합니다.

✏️ _____

8 지역이 변화하며 지역 사람들의 살아가는 모습인 ☐☐☐☐☐도 많이 달라졌습니다.

✏️ _____

9 지역의 변화 모습을 조사한 결과를 정리할 때는 생활 모습과 관련 (없는 / 있는) 자료를 선택합니다.

✏️ _____

10 조사 결과를 정리하여 조사 주제, 조사 방법, 달라진 사람들의 생활 모습 등을 적은 ☐☐☐을/를 작성합니다.

✏️ _____

대표 문제

2.❸ 지역의 변화와 달라진 생활 모습(2)

지명에 담긴 지역의 유래

▲ 사기막골(경기도 이천시)

지역의 다양한 변화는 학교, 건물, 도로, 다리, 공원 등의 이름에도 그 흔적이 남아 있습니다.

1 다음 지명과 관련 있는 내용을 바르게 줄로 이으시오.

(1) 교동 · · ㉠ 향교가 있던 지역

(2) 서빙고동 · · ㉡ 그릇을 만들던 마을

(3) 사기막골 · · ㉢ 서쪽에 있는 얼음 창고

2 목계나루라는 지명을 통해 알 수 있는 지역의 모습으로 알맞은 것은 어느 것입니까? (   )
① 얼음을 보관하던 장소가 있었다.
② 선비들이 공부하던 공간이 있었다.
③ 누에를 기르는 방인 잠실이 많았다.
④ 나룻배가 드나드는 나루터가 있던 지역이다.
⑤ 북한강과 남한강의 두 물줄기가 만나는 곳이다.

지역의 변화를 조사하는 방법

▲ 지역 누리집 방문하기   ▲ 주변 어른께 여쭤보기

이 외에도 문헌 찾아보기, 사진이나 영상 찾아보기, 답사하기의 방법으로 지역의 변화 모습을 조사할 수 있습니다.

3 다음 어린이가 지역의 변화 모습을 조사하는 방법은 무엇입니까? (   )

박물관

박물관에서 지역의 변화 모습을 직접 살펴보자.

① 답사하기
② 옛날 지도 읽기
③ 관광 안내도 살펴보기
④ 주변 어른께 여쭈어보기
⑤ 인터넷으로 사진 찾아보기

4 지역의 변화 모습을 조사하는 방법에 대해 바르게 말한 어린이는 누구인지 쓰시오.

> 승민: 지역의 달라진 모습을 혼자 상상해 봤어.
> 채원: 친구에게 지역의 달라진 모습을 물어봤어.
> 은찬: 시청 누리집에 들어가 지역 소개 부분을 읽어 봤어.

(   )

 시간의 흐름과 우리

1 다음은 2학년 때 학교에서 있었던 일입니다. 시간의 흐름에 따라 순서대로 기호를 쓰시오.

> ㉠ 봄 운동회에서 달리기 경주를 했습니다.
> ㉡ 여름에 학교에서 친구와 책을 읽었습니다.
> ㉢ 겨울에 학예회에서 친구들과 노래에 맞춰 춤을 췄습니다.
> ㉣ 가을에 현장 체험 학습을 하러 가서 양에게 먹이를 주었습니다.

(   ) → (   ) → (   ) → (   )

2 시간의 흐름을 알 수 있는 사례로 알맞지 <u>않은</u> 것은 어느 것입니까? (   )

① 가족들과 울릉도로 여행을 갔다.
② 아침에 해가 뜨고 저녁에 해가 졌다.
③ 마당에 심은 새싹이 자라서 나무가 되었다.
④ 유치원에 다니던 동생이 초등학생이 되었다.
⑤ 동네에 오래된 건물이 사라지고 새로운 건물이 생겼다.

3 다음 중 1392년을 '연대'로 바르게 표현한 것은 무엇입니까? (   )

① 1400년대   ② 1380년대
③ 2020년대   ④ 1390년대
⑤ 1392년대

4 다음 시간을 나타내는 말을 찾아 바르게 줄로 이으시오.

(1) 미래   •   • ㉠ 작년

(2) 과거   •   • ㉡ 오늘날

(3) 현재   •   • ㉢ 내일

5 다음 할아버지의 사진을 통해 알 수 있는 내용을 바르게 말한 어린이는 누구인지 쓰시오.

1962년 3월 5일, 국민학교 입학식

> 서하: 1930년대에 할아버지께서 국민학교에 입학하셨습니다.
> 민재: 1962년에 할아버지께서 학교에 다니기 시작하셨습니다.
> 규리: 지금으로부터 30년 전에 할아버지께서 국민학생이 되셨습니다.

(   )

6 다음 밑줄 친 부분에 들어갈 알맞은 내용을 한 가지만 쓰시오.

> 나에게 일어났던 일을 조사하는 방법
>
> • 옛날 사진이나 동영상을 찾아본다.
> • _____

_____

_____

7 다음은 나에게 일어났던 일을 연표로 나타낸 것입니다. 현재와 가장 먼 옛날의 사건은 어느 것입니까? (   )

① 발표회를 한 날
② 돌잔치를 한 날
③ 동생이 태어난 날
④ 강아지를 데려온 날
⑤ 초등학교에 입학한 날

---

2   오래된 것이 알려 주는 과거

8 다음 물건을 보고 알 수 있는 과거의 모습으로 알맞은 것에 ○표를 하시오.

▲ 버스 토큰

(1) 사진을 찍을 때 필름이 필요했습니다. (   )

(2) 반장이 되면 명찰을 달기도 했습니다. (   )

(3) 버스를 탈 때 돈 대신 쓰던 물건이 있었습니다.
(   )

9 주변에서 오래된 물건이나 자료를 찾는 방법을 잘못 선택한 어린이는 누구입니까? (   )
① 리아: 할아버지께 여쭈어보기
② 시윤: 지도에서 지역 찾아보기
③ 예찬: 집에서 오래된 물건 가져오기
④ 도연: 인터넷으로 오래된 광고 찾아보기
⑤ 주호: 민속촌에서 오래된 자료의 사진 찍어오기

10 다음 설명을 보고, 오래된 물건이나 자료가 필요한 까닭을 쓰시오.

> 내가 어렸을 때 입었던 옷과 턱받이, 우리 부모님이 쓴 육아 일기야. 이걸 보면 내가 기억하지 못하는 일들을 알 수 있어.

_____

_____

11 다음은 오래된 물건을 보고 나눈 대화입니다. ☐ 안에 들어갈 알맞은 말은 어느 것입니까?

( )

> 예림: 엄마, 이 물건 좀 보세요. ☐(이)라 는데, 어디에 쓰던 물건일까요?
> 엄마: 이건 밥을 지을 때 사용했던 것이란다.
> 아빠: 전기가 없던 옛날에는 전기밥솥 대신 이 걸 사용했지.

① 키   ② 맷돌
③ 쟁기   ④ 가마솥
⑤ 다듬잇돌

12 다음에서 설명하는 오래된 건축물은 무엇인지 쓰 시오.

- 기차를 탈 때 이용하는 장소임.
- 먼 거리를 쉽고 빠르게 이동할 수 있게 되었음.

( )

13 다음 어린이가 말하는 오래된 자료는 무엇입니까?

( )

> 이 자료를 보면 수원 화성이 어떻게 만들어졌는지 알 수 있어.

① 일기   ② 사진
③ 광고   ④ 옛날 책
⑤ 노래 가사

14 다음 일기를 통해 알 수 있는 과거의 모습으로 알 맞은 것은 어느 것입니까? ( )

> 1992년 4월 8일   날씨 맑음
>
> 오늘 학교에서 재현이랑 싸웠다. 재현이가 책상 가운데에 그어 놓은 선을 자꾸 넘어왔기 때문이다. 화가 나서 점심시간에 엄마가 싸 준 도시락도 거의 먹지 않았다. 하지만 집에 올 때 재현이가 사과를 해서 받아 줬다.

① 쌀과 보리를 섞은 밥을 지어 먹었다.
② 한 개의 교실을 두 개 학급이 사용했다.
③ 토요일에도 학교에 나와 수업을 들었다.
④ 교실에서 난로에 불을 피워 난방을 했다.
⑤ 학교에 도시락을 싸 와서 점심으로 먹었다.

3 **지역의 변화와 달라진 생활 모습**

15 다음 설명을 읽고, ( ) 안의 알맞은 말에 ○표 를 하시오.

> 시·도청 등에서는 지역 주민들에게 지역의 역사를 알리기 위해 디지털 아카이브를 만들었 습니다. 지역 아카이브를 통해 우리는 지역의 (사진 / 애장품)을 살펴볼 수 있습니다.

16 다음 신문 기사를 보고 알 수 있는 지역의 변화 모습에 대해 바르게 말한 어린이는 누구인지 쓰시오.

○○신문

폐광촌에서 탄광 문화촌으로!

1960년대에 많은 광부로 북적였던 마차리 지역은 석탄 산업이 몰락하면서 폐광촌이 되었습니다. 하지만 탄광 문화촌이 세워지며 이제는 탄광 마을의 생활상을 엿볼 수 있는 장소가 되었습니다.

은혜: 옛날 마차리에는 농사짓는 사람이 많았어.
종훈: 오늘날에도 마차리 지역 사람들은 탄광에서 일하고 있어.
가윤: 옛날과 오늘날 마차리 지역 사람들의 생활 모습은 달라졌어.

(   )

17 지역의 변화 모습을 조사하는 과정에 대한 설명으로 알맞지 <u>않은</u> 것은 어느 것입니까? (   )

① 조사하기 전에 주제를 미리 정한다.
② 수첩, 필기도구 등 필요한 물건은 미리 준비한다.
③ 지역의 변화가 가장 잘 나타나는 곳을 조사한다.
④ 조사 결과를 정리할 때는 생활 모습과 관련 있는 자료를 선택한다.
⑤ 문화원을 답사하거나 지역 누리집을 방문하는 방법으로만 조사한다.

18 말죽거리 이야기를 통해 알 수 있는 옛날 지역 사람들의 모습은 어느 것입니까? (   )

①
②
③
④

[19~20] 다음 자료를 보고, 물음에 답하시오.

▲ 1960년대   ▲ 2020년대
서울특별시 중구   서울특별시 중구

19 위 지역의 변화를 조사하기 위해 사용한 자료를 보기 에서 찾아 기호를 쓰시오.

보기
㉠ 책   ㉡ 사진   ㉢ 증언

(   )

서술형·논술형 문제

20 위 자료로 알 수 있는 지역의 변화 모습을 한 가지만 쓰시오.

_____

_____

2. 일상에서 만나는 과거

1 오른쪽 자료를 보고, 물음에 답하시오.

(1) 오른쪽 자료를 무엇이라고 하는지 쓰시오.

(   )

(2) 오른쪽 자료에서 현재와 가장 가까운 일을 찾아 쓰시오.

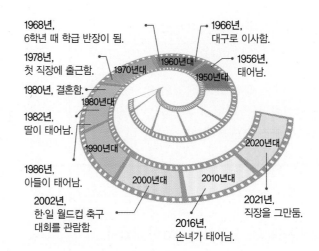

1968년, 6학년 때 학급 반장이 됨.
1978년, 첫 직장에 출근함.
1980년, 결혼함.
1982년, 딸이 태어남.
1986년, 아들이 태어남.
2002년, 한·일 월드컵 축구 대회를 관람함.
1966년, 대구로 이사함.
1956년, 태어남.
2021년, 직장을 그만둠.
2016년, 손녀가 태어남.

_____

_____

2 다음 대화에서 ㉠에 들어갈 알맞은 질문을 쓰시오.

선생님: 도롱이는 _____㉠_____

도윤: 벼와 같은 짚으로 엮어서 만든 것 같아요.

▲ 도롱이

_____

_____

3 다음 자료를 보고, 사기막골에 현재까지 이어져 내려오는 모습을 쓰시오.

▲ 옛날 사기막골의 모습

▲ 오늘날 사기막골의 모습

_____

_____

2. 일상에서 만나는 과거

1 오른쪽 그림을 보고, 물음에 답하시오.

(1) 오른쪽과 같이 과거의 일을 사진으로 남긴 것을 뜻하는 말을 쓰시오.

(   )

(2) 과거의 일을 남긴 사진, 영상 등을 통해 알 수 있는 것을 쓰시오.

_____

_____

2 할머니가 들려주는 과거 이야기를 통해 알 수 있는 과거의 모습을 한 가지만 쓰시오.

> 어릴 적 등교할 때는 흙길을 한 시간 정도 걸어서 지금은 초등학교로 불리는 국민학교에 도착했어. 교과서와 공책, 필통이 들어 있는 보따리를 매고 다녔는데 그것을 책보 혹은 책 보따리라고 불렀단다.

_____

_____

3 다음 지역의 변화 모습을 보고, 옛날과 비교해 오늘날 사람들의 달라진 생활 모습을 쓰시오.

▲ 옛날 빨래터의 모습   ▲ 오늘날 세탁기 사용 모습

_____

_____

1 다음 중 장소가 <u>아닌</u> 것은 어느 것입니까? (   )

① 은행   ② 교과서
③ 수영장   ④ 우체국
⑤ 바닷가

서술형·논술형 문제

2 다음을 보고, 같은 장소에 대한 생각이나 느낌이 다른 까닭을 쓰시오.

_____

_____

3 장소에 대한 경험과 느낌을 표현하는 방법으로 알맞은 것에 ○표를 하시오.

(1) 학교에서 즐거웠던 일을 그림으로 그렸습니다.

(   )

(2) 공원에서 있었던 일을 자기 전에 다시 생각했습니다.

(   )

4 다음 중 놀거나 쉴 수 있는 장소는 어디입니까?

(   )

①
▲ 병원

②
▲ 보건소

③
▲ 소방서

④
▲ 놀이공원

5 다음과 같은 일이 생겼을 때 도움을 받을 수 있는 장소는 어디입니까? (   )

① 병원   ② 약국
③ 도서관   ④ 박물관
⑤ 경찰서

6 우리 주변에 있는 여러 장소를 조사하는 방법을 바르게 줄로 이으시오.

(1) 어른께 여쭤보기 •

(2) 경험 떠올리기 •

(3) 지도 찾아보기 •

• ㉠

• ㉡

• ㉢

7 우리가 사는 곳을 더 좋은 곳으로 만드는 방법으로 알맞지 <u>않은</u> 것을 보기 에서 찾아 기호를 쓰시오.

보기
㉠ 불편한 점이 있으면 숨겨야 합니다.
㉡ 좋은 점은 발전시켜 나가야 합니다.
㉢ 우리가 사는 곳에 관심을 가지고 지켜봐야 합니다.

( )

8 다음 중 시간을 표현하는 말을 사용한 어린이를 쓰시오.

지한: 나는 우리 반에서 키가 가장 커.
서우: 내가 제일 좋아하는 장소는 놀이터야.
지율: 나는 어제 저녁에 가족들과 떡볶이를 먹었어.

( )

9 다음 연표를 보고 알 수 있는 것으로 알맞은 것은 어느 것입니까? ( )

① 동생의 이름을 알 수 있다.
② 강아지를 몇 월에 데려왔는지 알 수 있다.
③ 과거부터 현재까지 일어난 모든 일을 알 수 있다.
④ 음악 발표회에서 어떤 노래를 불렀는지 알 수 있다.
⑤ 돌잔치가 동생이 태어난 일보다 더 먼저 일어난 일이라는 것을 알 수 있다.

10 과거의 모습을 알려 주는 오래된 물건과 자료로 알맞지 <u>않은</u> 것은 어느 것입니까? ( )

①
▲ 1학년 때부터 쓴 일기

②
▲ 아빠의 어릴 때 놀이기구

③
▲ 앞으로 개발될 태블릿 컴퓨터

④
▲ 엄마의 어릴 때 책가방

기말 평가 1회

11 다음 건축물을 보고 옛날 모습을 바르게 짐작한 어린이를 쓰시오.

▲ 세관

> 민성: 학생들이 공부를 했던 곳 같아.
> 승민: 적의 침입을 막기 위해 만든 곳일 거야.
> 예서: 항구에 드나들던 물건에 세금을 정하고 거두던 곳일 거야.

(   )

12 100년 뒤 어린이들에게 현재 3학년 학생들의 생활을 보여 주기 위해 남길 물건으로 알맞은 것에 ○표를 하시오.

(1) 할머니의 반장 명찰   (   )

(2) 현재 3학년이 사용하는 교과서   (   )

(3) 언니가 어렸을 때 입었던 배냇저고리 (   )

서술형·논술형 문제

13 다음 내용을 읽고 지명으로 알 수 있는 것을 쓰시오.

섬말은 마을의 앞뒤에 하천이 있어서 섬처럼 생긴 마을이라는 뜻임.

교동은 옛날에 향교가 있던 지역에 붙여진 이름임.

_____

_____

14 다음 중 지역의 변화 모습을 알 수 있는 역사 자료가 아닌 것은 어느 것입니까? (   )

① ▲ 책

② ▲ 증언

③ ▲ 신문 기사

④ ▲ 졸업장

15 지역의 변화를 조사하기 위한 주제로 알맞은 것을 보기 에서 찾아 기호를 쓰시오.

보기
ㄱ 지역의 유명한 식당
ㄴ 지역을 대표하는 인물
ㄷ 지역의 옛날과 오늘날 모습

(   )

1. 우리가 사는 곳 ~ 2. 일상에서 만나는 과거

1 다음에서 공통으로 설명하고 있는 말은 어느 것입니까? ( )

> • 우리 생활과 아주 밀접한 관련이 있는 곳입니다.
> • 산, 강, 바다, 시장, 학교, 놀이터 등이 모두 해당합니다.
> • 사람들이 생활하면서 이용하는 곳으로, 우리가 사는 곳을 이루고 있는 부분입니다.

① 땅   ② 마을
③ 장소   ④ 건물
⑤ 자연환경

2 다음 장소에서 볼 수 <u>없는</u> 곳은 어디입니까?

( )

▲ 학교

① 화단
② 교실
③ 약국
④ 운동장
⑤ 급식실

3 장소를 소개하기 위해 다음과 같이 만드는 것은 무엇입니까? ( )

① 장소 책   ② 장소 카드
③ 장소 신문   ④ 장소 지도
⑤ 장소 안내도

4 다음 놀이터에 대한 어린이들의 생각을 보고 알 수 있는 것을 한 가지만 쓰시오.

_____

_____

5 다음은 장소에서의 경험과 느낌을 표현하는 과정입니다. ☐ 안에 공통으로 들어갈 알맞은 말은 어느 것입니까? ( )

> **1** 좋아하는 장소, 다른 사람에게 알려 주고 싶은 장소 등의 주제를 정함.
> ⇓
> **2** 주제에 맞게 머릿속에 떠오르는 장소로 ☐를 그림.
> ⇓
> **3** 장소에 대한 느낌을 장소 위에 간단한 그림으로 나타내서 표현하는 등 ☐를 꾸밈.

① 편지   ② 노선도
③ 그림지도   ④ 세계 지도
⑤ 영상 지도

기말 평가 2회

6 장소에서의 경험과 느낌을 표현한 작품을 보고 바르게 말하지 <u>않은</u> 어린이는 누구입니까? ( )

① 인선: 주변 장소들에 관심을 가져야겠어요.

② 수영: 장소에 대한 다른 친구의 생각도 존중해야겠어요.

③ 한이: 장소에 대한 서로의 생각을 이해하는 것이 중요해요.

④ 민후: 친구들의 작품을 보니 비슷한 점은 없고 다른 점만 있어요.

⑤ 지율: 같은 장소라도 표현하는 사람에 따라 다른 모습으로 나타나요.

7 다음 어린이들이 설명하는 곳은 어디입니까?

( )

자유 시간을 즐겁게 보낼 수 있는 곳이에요.

놀이나 여가와 관련 있는 곳이에요.

① ▲ 보건소

② ▲ 경찰서

③ ▲ 박물관

④ ▲ 놀이공원

8 디지털 영상 지도에 대한 설명으로 알맞은 것을 보기에서 찾아 기호를 쓰시오.

보기
┌─────────────────────────────┐
│ ㉠ 디지털 영상 지도를 축소하면 자세히 볼 수 │
│   있습니다. │
│ ㉡ 디지털 영상 지도를 확대하면 전체 모습을 │
│   볼 수 있습니다. │
│ ㉢ 디지털 영상 지도에서 찾으려는 장소의 모 │
│   습은 볼 수 없습니다. │
│ ㉣ 디지털 영상 지도에 찾고 싶은 장소를 검색 │
│   하면 장소의 위치를 정확히 알 수 있습니다. │
└─────────────────────────────┘

( )

9 다음 내용에서 □ 안에 들어갈 알맞은 말에 ○표를 하시오.

위 그림은 새싹이 자라서 나무가 된 모습입니다. 이러한 변화를 보면 □□□의 흐름을 알 수 있습니다.

• 공기   • 시간   • 대화

10 다음 단어들의 공통점은 무엇입니까? ( )

• 2030년   • 2000년대   • 30년 전

① 시간을 표현하는 말이다.

② 미래를 나타내는 말이다.

③ 과거를 나타내는 말이다.

④ 현재를 나타내는 말이다.

⑤ 일상 속에서 많이 쓰지 않는 말이다.

11 다음과 같은 방법으로 알 수 있는 것을 쓰시오.

▲ 내가 쓴 일기 살펴보기

▲ 어린 시절 사진이나 영상 살펴보기

▲ 나를 보살펴 주신 어른께 여쭤보기

▲ 주변 어른들이 쓴 기록 살펴보기

_____

_____

12 연표에 대한 설명으로 알맞은 것을 보기 에서 찾아 기호를 쓰시오.

보기
㉠ 연표의 모양은 한 가지입니다.
㉡ 연표는 시간의 순서에 따라 나타냅니다.
㉢ 연표에는 있었던 일을 모두 기록해야 합니다.

(   )

13 다음 오래된 물건의 쓰임새로 알맞은 것은 어느 것입니까? (   )

① 밭을 갈았다.
② 곡식을 갈아서 먹었다.
③ 비가 올 때 들고 나갔다.
④ 어두운 밤을 환하게 밝혔다.
⑤ 불에 달구어서 머리카락 모양을 다듬었다.

14 다음 물건들의 공통점을 두 가지 고르시오.

(,   )

• 카세트
• 필름 사진기
• 무선 호출기

① 오래된 물건이다.
② 미래의 모습을 알 수 있는 물건이다.
③ 과거의 모습을 알 수 있는 물건이다.
④ 오늘날 전혀 찾아볼 수 없는 물건이다.
⑤ 옛날보다 오늘날에 더 많이 쓰는 물건이다.

15 다음 이야기를 통해 알 수 있는 것은 어느 것입니까? (   )

과거에는 뽕나무의 잎을 먹여 누에를 기르고, 누에고치가 되면 실을 뽑아 비단을 만들었습니다. '잠실'의 이름은 누에를 기르는 방이 많다는 뜻에서 유래했습니다.

① 옛날 누에의 가격
② 잠실에서 옛날에 했던 일
③ 옛날 사람들이 먹었던 음식
④ 잠실에 살았던 사람들의 이름
⑤ 잠실에 살았던 사람들의 인구

MEMO

배움으로 행복한 내일을 꿈꾸는
천재교육 커뮤니티 안내 . . .

교재 안내부터 구매까지 한 번에!
천재교육 홈페이지

자사가 발행하는 참고서, 교과서에 대한 소개는 물론
도서 구매도 할 수 있습니다. 회원에게 지급되는 별을 모아
다양한 상품 응모에도 도전해 보세요!

다양한 교육 꿀팁에 깜짝 이벤트는 덤!
천재교육 인스타그램

천재교육의 새롭고 중요한 소식을 가장 먼저 접하고 싶다면?
천재교육 인스타그램 팔로우가 필수!
깜짝 이벤트도 수시로 진행되니 놓치지 마세요!

수업이 편리해지는
천재교육 ACA 사이트

오직 선생님만을 위한, 천재교육 모든 교재에 대한 정보가 담긴
아카 사이트에서는 다양한 수업자료 및 부가 자료는 물론
시험 출제에 필요한 문제도 다운로드하실 수 있습니다.

https://aca.chunjae.co.kr

천재교육을 사랑하는 샘들의 모임
천사샘

학원 강사, 공부방 선생님이시라면 누구나 가입할 수 있는 천사샘!
교재 개발 및 평가를 통해 교재 검토진으로 참여할 수 있는 기회는 물론
다양한 교사용 교재 증정 이벤트가 선생님을 기다립니다.

아이와 함께 성장하는 학부모들의 모임공간
튠맘 학습연구소

튠맘 학습연구소는 초·중등 학부모를 대상으로 다양한 이벤트와 함께
교재 리뷰 및 학습 정보를 제공하는 네이버 카페입니다.
초등학생, 중학생 자녀를 둔 학부모님이라면 튠맘 학습연구소로 오세요!

정답과 풀이

코칭북 BOOK 3

사회 리더
3-1

천재교육

코칭북 BOOK 3

코칭북

정답과
풀이

3-1

1. ❶ 우리 생활 속 여러 장소에 대한 경험과 느낌

❶ 우리 주변에 있는 장소

단원평가 2~3쪽

1 예 우리 주변에서 볼 수 있는 장소이다. **2** (2) ○
3 예 약국, 편의점, 병원 **4** ⑤ **5** ㉡ **6** ㉢
7 조은 **8** ② **9** ① **10** ㉢

1 장소는 사람들이 주로 이용하는 곳으로, 우리가 사는 곳을 이루고 있는 부분입니다. 산, 바다와 같은 자연환경, 우리가 공부를 하는 학교, 물건을 사는 시장 등이 모두 장소입니다.

채점 기준

정답 키워드 주변	장소	상
'우리 주변에서 볼 수 있는 장소이다.' 등의 내용을 정확히 씀.	상
바다, 학교, 시장의 공통점을 썼지만 표현이 부족함.	하

2 사람들은 일상에서 여러 장소를 방문하여 다양한 경험을 쌓고 다른 이들과 관계를 맺으며 생활합니다.

3 제시된 일기에는 학교에 갈 때 보이는 장소로, 약국, 편의점, 병원, 식당, 문구점 등이 등장합니다.

4 학교, 놀이터, 시장 등은 어린이들이 일상에서 쉽게 접할 수 있는 곳으로, 주변에서 볼 수 있는 장소들입니다.

5 주변의 장소를 이어서 말하는 놀이를 할 때 장소를 순서대로 말하지 못했거나 새로운 장소를 말하지 못하면 놀이가 끝납니다.

6 급식실에서는 점심시간에 맛있는 급식을 먹을 수 있습니다.

7 어떤 사람은 교실에 앉아 있으면 마음이 편하다고 느끼지만, 어떤 사람은 교실에 있는 것을 지루하게 느끼기도 합니다.

8 학교 운동장에서는 친구들과 공놀이를 하며 뛰어놀기도 하고, 체육 시간에 체육 활동을 하기도 합니다.

9 시장은 필요한 물건을 사러 방문하는 곳입니다. 책을 읽을 수 있는 곳은 도서관입니다.

10 메타버스를 이용하면 박물관, 미술관, 놀이공원 등 실제 장소에 가지 않아도 국가유산이나 그림을 관람할 수 있고, 다양한 놀이기구를 체험할 수 있습니다.

❷ 여러 장소에 대한 다양한 경험과 느낌

단원평가 4~5쪽

1 ①, ② **2** 예 모두 주변의 장소에서 경험한 것이다.
3 ㉡ **4** 재희 **5** 세영 **6** ⑤ **7** 경험
8 ② **9** (1) ○ **10** 학교

1 어린이를 포함하여 사람들은 여러 장소에서 다양한 경험을 합니다.

2 주변의 여러 장소에서 보고, 듣고, 맛보고, 냄새 맡고, 만져 본 경험을 떠올려 볼 수 있습니다.

채점 기준

정답 키워드 장소	경험	상
'모두 주변의 장소에서 경험한 것이다.' 등의 내용을 정확히 씀.	상
그림에 나타난 공통점을 썼지만 표현이 부족함.	하

3 눈을 통해서 다양한 것을 보며 경험할 수 있습니다. ㉡ 그림은 공원에서 눈으로 봄꽃을 보는 경험을 한 것입니다.

4 수영장에서 물살을 가르며 수영할 때, 뜨겁거나 차가운 물건을 만질 때 피부로 좋거나 싫은 느낌을 느낄 수 있습니다.

5 내 휴대 전화의 사진첩에 있는 사진에는 나의 경험과 느낌이 담겨 있습니다.

6 장소에서의 경험과 느낌을 떠올리기 위해 일기장을 살펴보면 머릿속에서 떠올린 장소보다 더 많은 곳에서 다양한 경험을 했다는 것을 알 수 있습니다.

7 장소 카드에는 장소의 이름을 쓰고 장소의 모습을 그리거나 사진을 붙입니다. 그리고 장소에서 경험한 일과 느낌을 써서 완성합니다.

8 치과라는 같은 장소에 가더라도 어떤 사람은 충치가 생기기 전에 치료를 받아서 다행이라고 생각하기도 하고, 어떤 사람은 치료를 받을 때 들리는 기계 소리 때문에 무섭다고 생각하기도 합니다.

9 사람들은 같은 장소에서 서로 다른 경험을 할 때도 있기 때문에 같은 장소에 관한 생각이나 느낌이 다를 수 있습니다.

왜 틀렸을까?
② 놀이터라는 한 장소에서 다양한 경험을 했습니다.

10 어린이들은 학교에서 다양한 경험을 합니다.

❸ 여러 장소에 대한 경험과 느낌의 표현과 존중

단원평가   **6~7쪽**

1 윤서	**2** ⑤	**3** 다양합니다
4 예 공원에서 경험한 것을 표현하고 있다.		**5** ④
6 ④	**7** (2) ○ **8** 동효 **9** ㉠	**10** ③

1 장소에서의 경험과 느낌을 그림, 글, 동시, 편지, 소식지, 그림지도 등으로 표현할 수 있습니다.

2 제시된 작품은 장소에서의 경험과 느낌을 그림으로 표현한 것으로, 장소의 특징이 드러나게 그림을 그렸습니다.

3 우리 생활 속 여러 장소에 대한 경험이나 느낌을 다양한 방법으로 표현할 수 있습니다.

4 동시에는 꽃이 예쁘게 핀 공원의 풍경을 본 경험이 나타나 있고, 사진에는 공원에서 자전거를 타고 있는 어린이의 경험이 나타나 있습니다.

채점 기준	
정답 키워드 공원 | 경험	
'공원에서 경험한 것을 표현하고 있다.' 등의 내용을 정확히 씀.	상
두 작품이 공통으로 표현하고 있는 것을 구체적으로 쓰지 못함.	하

5 제시된 자료는 좋아하는 장소를 편지로 써서 나타낸 것입니다.

6 마음속에 있는 장소에 대한 정보를 지도의 모습으로 나타낼 수 있습니다.

7 그림지도를 그릴 때는 머릿속에 떠오르는 우리 주변의 여러 장소 중에서 좋아하는 장소나 다른 사람들에게 알려 주고 싶은 장소 등을 그립니다.

8 그림지도를 그릴 때는 장소의 모습을 있는 그대로 정확하기 그리기보다는 장소의 위치를 기억에 따라 자유롭게 그릴 수 있습니다.

9 제시된 그림지도에 있는 장소 중 과학관에 ☆ 모양이 가장 많이 표시되어 있습니다.

왜 틀렸을까?
㉡ 방송국에는 ☆ 모양이 없고, ㉢ 어린이 공원, ㉣ 공연장에는 ☆ 모양이 각각 세 개씩 있습니다

10 제시된 그림지도에는 과학관, 대학교, 공원, 우리 집, 태권도장, 학교, 놀이터, 영화관 등이 나타나 있습니다.

---

1. ❷ 우리가 만드는 살기 좋은 곳

❶ 우리 생활에 편리함과 도움을 주는 장소들

단원평가   **8~9쪽**

1 ②	**2** ㉡	**3** ④	**4** ②	**5** ④
6 ㉡	**7** ②	**8** (1) ㉠, ㉣ (2) ㉡, ㉢		
9 건강	**10** 예 안전과 건강을 지켜 준다.			

1 열이 나거나 아플 때 병원에서 치료를 받을 수 있습니다.

2 우리는 도서관에서 위인전, 동화책, 만화책 등을 빌려 읽고 도서관에서 여는 행사에 참여합니다.

3 우리는 학교, 병원, 시장, 도서관, 소방서, 기차역 등의 장소에서 다양한 도움을 받을 수 있습니다.

4 여가는 공부, 잠, 식사 등을 하는 시간 이외의 자유 시간을 말합니다.

5 놀이·여가와 관련 있는 장소로는 놀이터, 공원, 운동장, 놀이공원 등이 있습니다.

왜 틀렸을까?
① 약국은 건강에 도움을 주는 장소, ② 기차역은 이동할 때 가는 장소, ③ 경찰서는 안전을 지켜 주는 장소입니다.

6 놀이·여가와 관련 있는 장소로는 체육관, 영화관, 바닷가 등이 있습니다. 바닷가에서는 물놀이를 하며 여가를 보낼 수 있습니다.

7 우리가 배우고 즐기는 장소에는 학교, 태권도장, 공연장, 도서관, 박물관, 미술관 등이 있습니다.

8 우리 주변에는 우리 생활을 편리하게 도와주는 다양한 장소가 있습니다.

9 보건소, 병원, 약국과 같은 장소가 있어서 위급한 일이 생겼을 때나 아플 때 도움을 받을 수 있습니다.

10 무더위 쉼터는 여름철에 사람들이 무더위를 피해 시원하게 쉴 수 있는 장소이고, 지진 옥외 대피 장소는 지진이 발생했을 때 안전하게 피할 수 있도록 마련된 장소입니다. 아동 안전 지킴이집은 위험에 처한 어린이를 임시로 보호해 주는 장소입니다.

채점 기준	
정답 키워드 안전 | 건강	
'안전과 건강을 지켜 준다.' 등의 내용을 정확히 씀.	상
무더위 쉼터, 지진 옥외 대피 장소, 아동 안전 지킴이집의 공통점을 썼지만 표현이 부족함.	하

② 디지털 영상 지도의 활용

단원평가 10~11쪽

1 ⑤　　**2** ④, ⑤　　**3** 세은　　**4** (1) ○
5 예 디지털 영상 지도를 통해 우리가 사는 곳의 전체 모습과
자세한 모습을 볼 수 있다.　　**6** ㉠　　**7** ⑤
8 ④　　**9** ②　　**10** 확대·축소

1 디지털 영상 지도는 인공위성이나 비행기에서 찍은 사진을 디지털 기기로 이용할 수 있도록 만든 지도입니다.

2 인공위성은 지구 주위를 돌도록 우주로 쏘아 올린 장치입니다.

3 디지털 영상 지도의 검색 기능을 이용해 우리 생활에 도움을 주는 장소를 찾아볼 수 있습니다.

4 높은 곳에 올라가 우리가 사는 곳을 내려다보면 높은 건물 뒤에 가려진 모습까지는 볼 수 없지만 디지털 영상 지도를 보면 건물에 가려진 모습 없이 전체적인 모습을 살펴볼 수 있습니다.

5 디지털 영상 지도를 통해 한 지역의 넓은 범위와 좁은 범위를 모두 볼 수 있습니다.

채점 기준	
정답 키워드 전체 | 자세한	
'디지털 영상 지도를 통해 우리가 사는 곳의 전체 모습과 자세한 모습을 볼 수 있다.' 등의 내용을 정확히 씀.	상
두 지도를 보고 알 수 있는 디지털 영상 지도의 특징을 썼지만 표현이 부족함.	하

6 디지털 영상 지도를 보면 여러 장소의 위치를 정확하게 알 수 있고 우리가 사는 곳에 어떤 장소들이 있는지도 알 수 있습니다.

7 디지털 영상 지도를 활용하기 위해 가장 먼저 국토정보플랫폼, 브이 월드 등과 같이 지도를 볼 수 있는 누리집에 들어가야 합니다.

8 디지털 영상 지도에서 찾고 싶은 장소를 검색할 때는 검색창에 해당 장소의 이름을 쓰고 돋보기를 선택해 봅니다.

9 디지털 영상 지도를 열어서 '일반 지도'를 선택하면 일반 지도도 볼 수 있습니다.

10 '+', '−' 단추를 누르거나 마우스 스크롤을 위아래로 움직이면 지도를 확대하거나 축소할 수 있습니다.

③ 우리 주변의 장소 조사하기
~ ④ 우리가 사는 곳을 더 살기 좋은 곳으로 만들기 위한 노력

단원평가 12~13쪽

1 예 어른들께 여쭤보기, 답사하기　　**2** ①　　**3** ①
4 계획서　　**5** ③　　**6** 지율　　**7** ⑤　　**8** 고쳐서
9 ㉡　　**10** ①, ⑤

1 우리 주변의 여러 장소를 다양한 방법으로 조사하여 그곳의 좋은 점과 불편한 점 등을 파악할 수 있습니다.

채점 기준	
정답 키워드 여쭤보다 | 답사	
'어른들께 여쭤보기', '답사하기' 등의 내용을 정확히 씀.	상
제시된 그림 외에 주변의 장소를 조사하는 방법을 썼지만 표현이 부족함.	하

2 조사를 하기 전에 먼저 조사할 주제와 장소를 정하고, 조사할 내용을 정합니다.

3 조사할 주제와 장소를 정한 후에 어떤 내용을 조사할지 구체적으로 써 봅니다.

4 조사할 주제와 장소를 정하고, 조사 내용, 조사 방법, 역할을 정한 후에 조사 계획서를 씁니다.

5 주변의 장소를 조사하는 방법에는 지역 누리집에서 찾아보기, 책이나 지도 등에서 찾아보기, 장소를 잘 아는 사람에게 물어보기, 직접 찾아가기 등이 있습니다.

6 직접 찾아가서 조사하면 장소를 직접 이용해 보며 장소의 좋은 점과 불편한 점을 느낄 수 있고, 장소를 잘 알거나 자주 이용하는 사람을 만나 궁금한 점을 물어볼 수 있습니다.

7 조사 보고서에는 조사한 장소의 좋은 점과 불편한 점, 조사하면서 새롭게 알게 된 점과 더 알고 싶은 점 등이 들어갑니다.

8 우리가 사는 곳에 관심을 갖고 문제점을 고쳐 나가면 더 살기 좋은 곳으로 만들 수 있습니다.

9 살기 좋은 곳은 놀이·여가·교육·문화·안전·의료 시설 등이 잘 갖춰져 있어서 사람들이 편리하고 안전한 생활을 누릴 수 있는 곳입니다.

10 주변의 장소에 관심을 갖는 것이 주변의 장소를 더 좋은 곳으로 만들기 위한 첫걸음입니다.

2. ❶ 시간의 흐름과 우리

❶ 시간의 흐름을 알 수 있게 해 주는 것

단원평가 | 14~15쪽

1 ②	**2** ㉠	**3** ㉾ 시간이 흐르면서 나의 몸이 자랐다.	
4 변화	**5** 가희	**6** ⑤	**7** ㉢
8 시간대별	**9** ㉡	**10** (2) ○	

1 우리 주변의 다양한 변화를 통해 시간의 흐름을 알 수 있습니다.

2 가족들의 옛날 사진을 보면 지금과는 다른 모습을 통해 시간이 흘렀다는 것을 알 수 있습니다. 이 밖에도 주변의 다양한 변화를 보면 시간의 흐름을 알 수 있습니다.

3 나의 몸이 자란 것, 새싹이 나무가 된 것, 거리에 새로운 건물이 생긴 것 등의 사례를 통해 시간의 흐름을 알 수 있습니다.

채점 기준

정답 키워드 몸 | 자랐다	
'시간이 흐르면서 나의 몸이 자랐다.', '시간이 흐르면서 나무가 자랐다.' 등의 내용을 정확히 씀.	상
일상에서 시간의 흐름을 알 수 있는 사례를 썼지만 표현이 부족함.	하

4 나와 가족들의 변화한 모습을 통해 시간의 흐름을 알 수 있습니다.

5 사진에서 아기가 자라서 어린이가 된 모습을 볼 수 있습니다.

6 첫 번째 사진과 두 번째 사진을 비교해 보면 가족의 변화한 모습을 볼 수 있고, 두 사진을 찍은 시기 사이에 많은 시간이 흘렀다는 것을 알 수 있습니다.

7 시간의 흐름을 표현한 것들에는 학급 시간표, 하루 일과표, 달력, 시계 등이 있습니다.

8 하루 일과표는 하루 동안의 생활을 계획하고 그 내용을 시간대별로 정리한 표로, 시간의 흐름을 알 수 있도록 표현한 것입니다.

9 제시된 표는 학급 시간표이며, 시간대별로 공부할 과목이 적혀 있고, 한 과목당 수업 시간을 알 수 있습니다.

10 시간의 흐름을 알 수 있게 표현하면 언제, 무엇을 했는지 기억하기 쉽고, 해야 할 일들이 시간 순서대로 정리되어 있어서 헷갈리지 않습니다.

❷ 시간을 표현하는 말

단원평가 | 16~17쪽

1 미래	**2** ①	**3** (1) ㉡ (2) ㉠	**4** ③
5 ㉾ 칼국수 가게가 60년 전에 문을 열었다.			**6** ㉢
7 ㉢	**8** ⑤	**9** ㉡	**10** 과거

1 현재는 지금의 시간을 의미하며, 현재를 기준으로 지나간 시간을 과거라고 하고, 다가올 시간을 미래라고 합니다.

2 현재를 기준으로 지나간 시간은 과거이며, 옛날, 어제, 작년 등의 말로 표현할 수 있습니다.

3 연도와 연대는 모두 시간을 묶어서 단위로 표현하는 말입니다. 연도는 일 년 동안의 기간을 나타내며, 연대는 10년, 100년, 1000년 단위의 해를 나타냅니다.

4 2023년을 연대로 표현하면 2020년대, 2000년대 등으로 나타낼 수 있습니다.

5 광고지에 나온 시간을 표현하는 말인 '3대'를 보면 칼국수 가게가 얼마나 오래되었는지 짐작할 수 있고, '60년 전', '1965년'이라는 표현을 통해 칼국수 가게가 언제 문을 열었는지 알 수 있습니다.

채점 기준

정답 키워드 60년 전	
'칼국수 가게가 60년 전에 문을 열었다.', 1965년에는 칼국수가 20원이었다.' 등의 내용을 정확히 씀.	상
광고지에 나온 시간을 표현하는 말을 보고 알 수 있는 점을 썼지만 표현이 부족함.	하

6 제시된 자료는 알림장이며, 시간을 표현하는 말인 연도, 월, 일, 요일이 적혀 있습니다.

7 작년은 현재를 기준으로 지나간 과거의 시간을 표현하는 말이고, 다음 주는 앞으로 다가올 미래의 시간을 표현하는 말입니다.

8 같은 과거를 나타내더라도 가까운 과거와 더 먼 과거를 표현하는 말이 다릅니다. 옛날은 가까운 과거, 아주 먼 옛날은 더 먼 과거를 나타냅니다.

9 현재와 더 가까운 과거의 모습은 2000년에 고등학교 졸업식을 한 모습입니다.

10 과거를 보여 주는 사진, 영상 등의 자료를 살펴보면 그와 비슷한 시기의 자료들을 알 수 있으며, 얼마나 오래전의 모습인지 생각해 볼 수 있습니다.

❸ 시간의 흐름을 나타내는 방법

단원평가 18~19쪽

1 기록　　**2** (1) ○　　**3** ㉐ 과거에 있었던 일이나 사람들이 살아온 이야기를 알 수 있다.　　**4** 영지　　**5** ㉐ 학교의 특별한 기념물을 찾아본다.　　**6** 연표　　**7** ①
8 ㉠　　**9** ⑤　　**10** (2) ○

1 글, 사진, 영상 등 기록이 남아 있어야 과거의 사실을 정확히 파악할 수 있습니다.

2 기록을 남기는 이유는 과거에 있었던 일을 기억하기 위해서입니다.

3 기록을 통해 과거에 있었던 일이나 사람들이 살아온 이야기를 알 수 있고, 우리 학교나 우리 지역, 우리나라에 있었던 중요한 일을 알 수 있습니다.

채점 기준

정답 키워드 과거	있었던 일	
'과거에 있었던 일을 알 수 있다.', '사람들이 살아온 이야기를 알 수 있다' 등의 내용을 정확히 씀.	상
기록으로 알 수 있는 것을 썼지만 표현이 부족함.	하

4 나와 가족에게 일어난 일을 조사하려고 할 때 주변 어른께 여쭤볼 수 있고, 과거의 사진, 영상, 직접 쓴 일기를 살펴볼 수 있습니다.

5 학교의 특별한 기념물을 찾아보면 어떤 중요한 일이 있었는지 알 수 있습니다.

채점 기준

정답 키워드 학교	기념물	
'학교의 특별한 기념물을 찾아본다.' 등의 내용을 정확히 씀.	상
제시된 그림과 관련 있는 학교에서 일어난 일을 조사하는 방법을 썼지만 표현이 부족함.	하

6 생활 계획표는 하루 동안의 생활을 계획하고, 그 내용을 정리한 표로, 시간의 흐름을 알 수 있도록 표현한 것 중 하나입니다.

7 연표는 과거부터 현재까지 있었던 일을 시간 순서대로 연도와 함께 나타낸 것이며, 연표의 주제에 따라 인물이 살아온 모습, 우리나라에 있었던 중요한 사건 등을 알 수 있습니다.

8 연표를 통해 일이 일어난 때, 일의 순서, 과거의 일이 지금으로부터 얼마나 떨어져 있는지 등을 알 수 있습니다.

9 연표를 만들 때 먼저 연표 주제를 정합니다. 그리고 연표에 들어갈 사실을 조사하고, 연표 종류를 정하고 연표 틀을 그립니다. 중요한 일이 일어난 연도와 내용을 정리한 후, 연표에 내용을 쓰고 제목을 붙입니다.

10 연표는 기본적인 요소를 갖춘 다양한 형태로 만들 수 있고, 사건과 관련된 사진이나 그림을 넣을 수 있습니다.

2. ❷ 오래된 것이 알려 주는 과거

❶ 주변에서 오래된 물건이나 자료 찾아보기

단원평가 20~21쪽

1 ③　　**2** ㉐ 내가 기억하지 못하는 일을 알 수 있다.
3 (2) ○　　**4** ③　　**5** ㉡　　**6** (1) ○　　**7** ②
8 ④　　**9** 증거　　**10** 라온

1 오늘 새로 산 필기도구는 오래된 물건이 아닙니다. 우리 주변에서 나와 관련된 오래된 물건으로 애장품이나 어렸을 때 사용하던 물건 등을 찾아볼 수 있습니다.

2 나와 관련된 오래된 물건이나 자료를 통해 내가 기억하지 못하는 일과 나의 과거 모습을 알 수 있습니다.

채점 기준

정답 키워드 기억하지 못하는 일	과거 모습	
'내가 기억하지 못하는 일을 알 수 있다.', '나의 과거 모습을 알 수 있다.' 등의 내용을 정확히 씀.	상
나와 관련된 오래된 물건을 보고 알 수 있는 것을 썼지만 표현이 부족함.	하

3 다음 주부터 입을 태권도복은 자신과 관련된 물건이지만 오래된 물건이 아닙니다. 어렸을 때부터 간직한 카드 앨범은 자신과 관련된 오래된 물건이며, 이를 통해 자신이 기억하지 못하는 어린 시절의 모습을 알 수 있습니다.

4 아기 때 입던 배냇저고리를 보면 나의 몸이 얼마나 작았는지 알 수 있습니다.

5 일기 내용을 보면 학교 점심시간에 도시락 검사를 받았다는 것을 알 수 있습니다. 이 밖에도 난로에 불을 피우려면 나무 땔감을 넣어야 했고, 도시락에는 보리밥과 쌀밥을 섞어서 가져가야 했음을 알 수 있습니다.

6 오래된 자료를 보면 과거의 모습이나 사람들의 과거 생활 모습을 알 수 있습니다.

7 옛날에는 이름과 금액이 적힌 봉투에 월급을 넣어 주었습니다.

8 제시된 물건은 반장 명찰이고, 옛날에는 반장이 되면 명찰을 달았다는 것을 알 수 있습니다.

9 오래된 물건이나 자료는 과거에 어떤 일이 일어났는지 알 수 있게 해 주는 증거 역할을 합니다.

10 박물관이나 민속촌에서 오래된 물건이나 자료를 찾아볼 수 있으나 함부로 가져올 수 없으며, 사진으로 찍어 와야 합니다. 사진을 찍으면 안 되는 경우도 있으니 주의합니다.

② 오래된 물건과 건축물로 과거의 모습을 알아보기

단원평가   22~23쪽

1 ㉢   **2** ③   **3** ㉡   **4** ㉢   **5** ①
6 (1) ○   **7** 성   **8** 예 옛날에는 자연에서 얻을 수 있는 재료를 이용해 다리를 놓았다.   **9** 한결   **10** ㉢

1 오래된 물건으로 과거의 모습을 탐구할 때 '어떻게 사용했을까요?', '무엇으로 만들었을까요?', '무엇을 할 때 쓰던 물건일까요?'라는 질문이 필요합니다.

2 제시된 오래된 물건은 도롱이로, 비가 올 때 입었던 비옷입니다.

3 제시된 물건들은 각각 방 안에 두고 오줌을 누는 그릇인 요강과 곡식을 갈 때 쓰던 맷돌입니다. 두 물건 모두 옛날에 사용하던 오래된 물건으로 오늘날에는 많이 쓰이지 않습니다.

4 제시된 물건은 키이고, 곡식에 섞인 작은 부스러기와 먼지를 골라내기 위해 사용한 물건입니다.

5 제시된 물건은 호롱으로, 옛날에 불을 붙여서 어두운 방을 환하게 밝혔던 물건입니다.

6 오래된 물건을 통해 과거의 모습과 옛날 사람들의 생활 모습을 알 수 있습니다.

7 적이 침입하는 것을 막기 위해 돌로 높이 쌓아 올린 오래된 건축물은 성입니다.

8 섶다리는 강을 건너기 위해 나무와 짚으로 만든 다리입니다. 옛날에는 자연에서 얻을 수 있는 재료를 이용해 다리를 놓았다는 것을 알 수 있습니다.

채점 기준

정답 키워드 자연 | 재료	
'옛날에는 자연에서 얻을 수 있는 재료를 이용해 다리를 놓았다.', '옛날에는 강을 건너기 위해 나무와 짚으로 다리를 만들었다.' 등의 내용을 정확히 씀.	상
섶다리를 보고 알 수 있는 과거 모습을 썼지만 표현이 부족함.	하

9 향교는 옛날에 학생들이 공부를 하던 곳으로, 나라에서 지방에 세운 교육 기관입니다.

10 오래된 건축물을 보면 과거의 모습과 옛날 사람들의 생활 모습을 알 수 있으며, 당시 사람들의 생각과 지혜를 알 수 있습니다.

③ 오래된 자료로 과거의 모습 살펴보기

단원평가   24~25쪽

1 (1) ○   **2** 신문 기사   **3** ④   **4** ④   **5** (2) ○
6 서아   **7** 예 옛날에는 공기놀이, 비사치기 같은 놀이를 하면서 놀았다.   **8** 동현   **9** ㉡   **10** ⑤

1 노래 가사에는 노래가 만들어진 당시의 생활 모습이나 사용하던 물건이 담기기도 합니다.

2 제시된 자료는 학생 수가 많아 한 개의 교실을 두 개 학급이 사용하게 되었다는 내용의 신문 기사입니다.

3 이 노래는 보리쌀로만 지은 밥을 먹자는 내용으로, 쌀이 부족해 쌀과 보리를 섞어 지은 밥을 먹었던 옛날 모습을 알 수 있습니다.

4 『화성성역의궤』는 수원 화성의 건설 과정이 글과 그림으로 기록된 옛날 책으로, 이 책의 내용을 바탕으로 수원 화성을 다시 지을 수 있었습니다.

5 일기를 통해 쌀이 부족하여 나라에서 쌀과 보리를 섞어 지은 밥을 먹게 했던 과거의 모습을 살펴볼 수 있습니다.

6 옛날 사진을 보면 우리가 직접 보지 못한 과거의 모습을 알 수 있습니다.

7 할아버지의 어린 시절 이야기를 통해 옛날 어린이들의 생활 모습을 알 수 있습니다.

채점 기준

정답 **키워드** 공기놀이 | 비사치기 | 놀이	
'옛날에는 공기놀이, 비사치기 같은 놀이를 하면서 놀았다.' 등의 내용을 정확히 씀.	상
할아버지의 과거 이야기로 알 수 있는 과거의 모습을 썼지만 표현이 부족함.	하

8 미래 사람들이 현재 초등학생의 생활을 다르게 이해할 수 있으므로 현재 초등학생의 생활을 대표할 수 있는 물건을 남겨야 합니다.

9 자료 선택에 따라 과거에 대한 설명이 달라질 수 있으므로, 미래에 현재 모습을 보여 주려면 현재를 대표할 수 있는 물건을 남겨야 합니다.

10 자료를 보존하면 미래 사람들이 과거의 모습을 알 수 있고, 자료에 담긴 과거 사람들의 지혜와 교훈, 문화 등을 미래 사람들에게 전달할 수 있습니다.

2. ❸ 지역의 변화와 달라진 생활 모습

❶ 지역의 변화를 보여 주는 역사 자료

단원평가 26~27 쪽

1 (1) ㉡ (2) ㉢ (3) ㉠ **2** 주하 **3** 누리집 **4** ①
5 (2) ○ **6** ㉢ **7** ⑩ 지역의 옛날 이름을 알 수 있다.
8 ③ **9** ② **10** ⑤

1 사진이나 영상, 옛날 지도, 주변 어른들의 증언과 같은 역사 자료로 지역의 변화 모습을 살펴볼 수 있습니다.

2 금천구의 과거와 현재 사진을 통해 논과 밭이 없어지고 아파트와 높은 건물이 생겼음을 알 수 있습니다.

3 지역 문화원이나 시·군·구청 누리집에 들어가면 지역의 변화 모습이 담긴 사진이나 영상을 찾을 수 있습니다.

4 『세종실록지리지』를 통해 담양 지역에서 예로부터 대나무를 재배하였음을 알 수 있습니다.

5 과거 마차리 지역은 광부들로 북적였지만, 석탄 산업이 몰락하면서 폐광촌이 되었습니다. 지금은 탄광 마을의 생활상을 엿볼 수 있는 장소가 되었습니다.

6 제시된 그림에는 바다에서 해산물을 캐는 해녀와 제주도의 아름다운 풍경을 즐기는 옛날 사람들의 모습이 담겨 있습니다.

7 옛날 지도를 보면 지역의 범위와 지역의 이름이 지금과 달랐음을 알 수 있습니다.

채점 기준

정답 **키워드** 범위 | 이름	
'지역의 옛날 이름을 알 수 있다.', '지역의 옛날 범위를 알 수 있다.' 등의 내용을 정확히 씀.	상
옛날 지도를 보고 알 수 있는 점을 썼지만 표현이 부족함.	하

8 주변 어른들의 증언을 통해서도 지역의 변화 모습을 알 수 있습니다.

9 사진이나 영상, 문헌, 옛이야기 등의 역사 자료로 시간의 흐름에 따라 변화한 지역의 모습을 살펴볼 수 있습니다.

10 지역의 역사 자료를 보면 지역 사람들의 달라진 생활 모습과 우리 지역의 이어져 내려온 모습, 변화된 모습, 사라진 모습 등을 알 수 있습니다.

❷ 옛이야기와 지명으로 알아보는 지역의 변화

단원평가 28~29 쪽

1 (1) ㉡ (2) ㉠ **2** ④ **3** 효자동 **4** ④
5 (2) ○ **6** ③ **7** 잠실(동) **8** ④
9 ⑩ 사기나 옹기를 만들었던 사람들이 모여 살던 마을에 붙여진 이름이다. **10** 다온

1 옛이야기는 오래전부터 전설, 민담 등으로 지역마다 다양하게 전해 내려오며, 지명은 지역이나 산, 강 등의 이름으로 지역 곳곳에서 볼 수 있습니다.

2 옛이야기와 지명으로 지역의 특징과 자연환경, 옛날 사람들의 생활 모습, 지역의 유래 등을 알 수 있습니다.

3 제시된 자료는 전주시 효자동의 장개남 이야기로, 부모님께 효도하는 것이 중요했던 옛날 사람들의 생각이 담겨 있습니다.

4 경기도 안성 지역에서 손님들의 마음에 들게 품질 좋은 유기를 만들어 준다고 해서 안성맞춤이라는 말이 생겨났습니다.

5 병점동은 이 지역을 거쳐 가는 사람들에게 떡을 팔며 생활했던 곳입니다.

6 구름재는 구름과 안개가 낀 고개라는 뜻에서 유래한 지명입니다. 지명으로 지역의 자연환경을 알 수 있습니다.

7 잠실동이라는 지명은 누에를 기르는 방인 잠실이 많다는 뜻에서 유래했다는 이야기로, 옛날 이 지역에는 누에와 관련된 일을 하는 사람들이 많았습니다.

8 서빙고동은 서쪽에 있는 얼음 창고라는 뜻으로, 이 지명을 통해 옛날에는 얼음을 보관하던 별도의 장소가 있었음을 알 수 있습니다.

9 옛날 사기막골에는 사기그릇을 만들어 파는 사람들이 많았습니다. 지금도 이 지역에는 그릇을 만들어 파는 가게들이 있습니다.

채점 기준

정답 키워드 사기 │ 옹기	
'사기나 옹기를 만들었던 사람들이 모여 살던 마을에 붙여진 이름이다.' 등의 내용을 정확히 씀.	상
사기막골이라는 지명의 유래를 썼지만 표현이 부족함.	하

10 말죽거리는 오늘날 양재동으로 지명이 바뀌었으며, 여전히 교통의 중심지로 많은 차와 사람이 다니는 곳입니다.

❸ 지역의 변화 모습 조사하기

단원평가 30~32 쪽

1 ㉠ 예 계획 ㉡ 예 결과 **2** ㉠ **3** ⑤ **4** ③
5 ㉡ **6** 예 지역과 관련된 문헌 찾아보기 **7** (1) ○
8 답사(하기) **9** ③ **10** ㉢
11 채현 **12** 예 지역의 변화에 따라 사람들의 생활 모습이 어떻게 달라졌는지 드러나도록 정리한다. **13** ④ **14** ㉡
15 예 생활 모습

1 지역의 변화 모습은 조사 계획 세우기, 조사하기, 조사 결과 정리하기의 순서로 조사합니다.

2 조사 계획을 세울 때는 조사할 곳과 조사 주제, 조사 방법을 정합니다.

3 조사할 곳을 정할 때는 지역의 변화가 가장 잘 나타나는 곳을 선택합니다.

4 조사 계획을 세울 때는 우리 지역에서 조사하고 싶은 곳과 조사 주제를 먼저 정하고 어떤 방법으로 조사할 것인지를 선택합니다.

5 지역의 변화를 살펴볼 수 있는 주제로는 지역의 모습, 지명의 유래, 지역의 특산물, 지역 사람들이 주로 하는 일 등이 있습니다.

6 지역의 변화 모습을 조사하는 방법으로 사진이나 영상 찾아보기, 주변 어른께 여쭈어보기, 문헌 찾아보기, 지역 누리집 방문하기, 답사하기 등이 있습니다.

채점 기준

정답 키워드 누리집 │ 문헌 │ 답사 │ 여쭙다	
'지역과 관련된 문헌 찾아보기', '지역의 변화를 알 수 있는 장소 답사하기' 등의 내용을 정확히 씀.	상
조사 방법을 썼지만 표현이 부족함.	하

7 지역과 관련된 책이나 지역 신문 등의 문헌을 통해 지역의 옛이야기나 자세한 정보를 찾을 수 있습니다.

8 답사는 조사 장소에 가서 직접 보고 오는 것으로, 지역의 변화를 살펴볼 수 있는 장소에 가서 달라진 지역과 지역 사람들의 생활 모습을 조사하는 것입니다.

9 지역의 변화 모습은 지역에 오래 사셨거나 지역을 잘 아는 어른께 여쭙습니다. 어른의 말씀을 녹음할 때는 먼저 허락을 구하고 중요한 내용은 수첩에 기록합니다.

10 지역 누리집에 들어가 지역 소개, 지역의 발자취와 역사 부분을 살펴보며 지역의 달라진 모습을 조사할 수 있습니다.

11 제시된 자료를 통해 옛날 영종도 사람들은 농사를 짓거나 물고기, 조개를 잡는 일을 했었고, 오늘날 영종도에는 공항이나 여러 시설에서 일하는 사람이 많다는 것을 알 수 있습니다.

12 조사 결과를 정리할 때는 조사한 자료 중에서 생활 모습과 관련 있는 자료를 선택하고, 지역의 변화에 따라 사람들의 생활 모습이 어떻게 달라졌는지 명확히 드러나도록 정리합니다.

채점 기준

정답 키워드 생활 모습 │ 달라지다	
'지역의 변화에 따라 사람들의 생활 모습이 어떻게 달라졌는지 드러나도록 정리한다.'라는 내용을 정확히 씀.	상
조사 결과를 정리할 때 드러낼 점을 썼지만 표현이 부족함.	하

13 조사 보고서로 조사 결과를 정리할 경우, 조사 주제, 조사 방법, 지역의 변화 모습, 달라진 사람들의 생활 모습, 더 알고 싶은 점 등을 적습니다.

14 제시된 내용은 지역의 변화 모습을 조사한 뒤 더 알고 싶은 점에 대해 쓴 것입니다.

15 여러 가지 방법을 이용해 지역의 과거와 현재 모습을 비교하면 지역이 변화하며 지역 사람들의 생활 모습도 달라졌다는 것을 알 수 있습니다.

1. 우리가 사는 곳

❶ 우리 생활 속 여러 장소에 대한 경험과 느낌

핵심 체크   10쪽

❶ 장소   ❷ ○

개념 쏙 익히기   11쪽

1 ②   2 헤나   3 ④   4 ©

1 장소는 어떤 일이 이루어지거나 일어나는 곳으로, 우리 주변에는 다양한 장소가 있습니다.

2 장소는 어린이들의 생활과도 밀접한 관련이 있고, 어린이들이 생활하면서 많이 이용하고 있습니다.

3 급식실은 학교에서 점심시간에 급식을 먹을 수 있는 곳입니다. 강당, 교문, 화단, 운동장은 모두 학교에서 볼수 있는 장소입니다.

4 도서관은 책들을 모아 두고 사람들이 볼 수 있도록 한시설입니다.

실력 확 올리기   12~14쪽

1 ©   2 ④   3 ③   4 (2) ○   5 채하
6 ②   7 ③   8 ©   9 @   10 세정
11 (1) 예 문구점 (2) 예 아빠와 함께 학용품을 샀다.

1 우리는 학교에 가서 공부를 하고, 수업이 끝나면 집에와서 쉬거나 놀이터에서 놀기도 합니다. 이처럼 학교, 집, 놀이터와 같이 어떤 일이 이루어지거나 일어나는 곳을 장소라고 합니다.

2 우리가 익숙하게 자주 가는 곳들이 모두 주변에서 볼수 있는 장소입니다.

3 학교, 놀이터, 시장 등은 우리 주변에서 쉽게 볼 수 있는 장소로, 우리가 주변의 장소를 떠올려 볼 때 생각나는 곳입니다.

4 주변의 장소를 이어서 말하는 놀이를 할 때 장소를 순서대로 말하지 못했거나 새로운 장소를 말하지 못하면 놀이가 끝납니다.

더 알아보기

주변의 장소를 이어서 말하는 놀이 하기
• '시장에 가면' 놀이를 변형한 놀이입니다.
• 가위바위보로 놀이 순서를 정한 뒤, 앞 친구가 말한 장소들을 차례대로 말하고, 내가 떠올린 장소를 말하는 놀이입니다.
• 활동 후에는 새롭게 알게 된 장소를 써 보며 장소에 대한 관심을 가지도록 합니다.

5 주변의 장소를 이어서 말하는 놀이를 할 때 친구들이 떠올린 장소를 기억하고 자신이 떠올린 장소를 덧붙여 말합니다.

6 어린이들이 많은 시간을 보내는 학교에는 교실, 운동장, 급식실뿐만 아니라 화단, 과학실, 보건실, 강당 등이 있습니다.

7 교실은 학교에서 선생님, 친구들과 함께 공부를 하는 장소입니다.

8 놀이터, 분식집, 학교 등은 어린이들의 생활과 밀접한 관련이 있는 장소입니다.

더 알아보기

분식집
• 국수류, 빵, 만두 따위의 간단하게 먹을 수 있는 음식을 파는 식당입니다.
• 어린이들이 자주 찾고 친숙한 장소입니다.

9 우체국은 시청, 소방서와 같은 공공 기관으로, 우편물을 보낼 수 있는 곳입니다.

10 우리가 사는 곳에는 학교, 문구점, 수영장, 어린이집, 공원, 병원 등 다양한 장소가 있습니다.

11 내가 경험한 것을 떠올리며 우리 주변의 다양한 장소에 대해 이야기할 수 있습니다.

채점 기준		
(1)	'문구점' 등을 씀.	
(2)	**정답 키워드** 학용품 | 샀다 '아빠와 함께 학용품을 샀다.' 등의 내용을 정확히 씀.	상
	좋아하는 장소와 한 일을 썼지만 표현이 부족함.	하

핵심 체크   18쪽

❶ ○   ❷ ×

개념 쏙 익히기   19쪽

1 ④   **2** ②   **3** ㉡   **4** (2) ○

1 눈으로 본 것, 피부로 느낀 것, 코로 냄새를 맡은 것, 귀로 들은 것, 혀로 맛본 것은 모두 경험입니다.

2 장소에서의 경험과 느낌을 떠올리기 위해 사진첩을 살펴보면 주변의 장소에서 경험한 일을 생생하게 떠올릴 수 있습니다.

3 일기에는 치과에서 치료를 받으며 무서웠던 경험이 나타나 있습니다.

4 장소에서의 경험은 사람마다 다릅니다. 그래서 같은 장소라도 그 장소에서의 느낌은 서로 다를 수 있습니다.

실력 확 올리기   20~22쪽

1 ③   **2** ㉤   **3** 희준   **4** ㉢   **5** ②, ④
6 운동장   **7** ④   **8** (3) ○   **9** 수훈
10 예 사람마다 장소에서의 경험이 다르기 때문이다.

1 보고 듣는 것뿐만 아니라, 냄새, 맛, 손이 닿는 느낌 등을 통해서도 경험을 할 수 있습니다.

2 학교에서 친구의 발표를 들은 것은 여러 가지 감각 중 귀로 들은 경험입니다.

왜 틀렸을까?
㉠은 혀, ㉡은 눈, ㉢은 코, ㉣은 피부의 감각으로 경험한 것입니다.

3 일기장이나 사진첩을 보면 머릿속에서 떠올린 장소보다 더 많은 곳에서 다양한 경험을 했다는 것을 알 수 있습니다.

왜 틀렸을까?
지빈: 일기장을 살펴보면 주변 장소에서의 경험과 느낌을 찾기 쉽습니다.
나영: 사진첩을 보면 머릿속으로 생각하는 것보다 경험을 더 생생하게 떠올릴 수 있습니다.

4 우리는 생활하면서 주변 여러 장소를 방문하고, 그곳에서 다양한 경험을 합니다.

5 일기장을 살펴보면 직접 경험한 다양한 장소와 그곳에서의 경험과 느낌을 기억해 내기 쉽습니다.

6 학생들이 자유롭게 장소를 떠올리며 그곳에서 경험하며 든 생각과 느낌을 정리해 나만의 장소 책을 만들 수 있습니다.

◎ 장소 책을 접은 모습

7 도서관에서 편안함, 즐거움을 느끼는 사람도 있지만, 불편함이나 심심함을 느끼는 사람도 있습니다.

8 장소에서의 경험은 사람마다 다르고, 그에 따라 장소에 대해 갖는 느낌도 사람마다 다르게 됩니다.

왜 틀렸을까?
⑴ 장소에서의 경험은 사람마다 다릅니다.
⑵ 장소에 대한 감정이나 태도는 사람마다 다릅니다.

9 진솔이는 놀이터 바닥에 있는 돌에 걸려 넘어져서 아팠다고 하고 있고, 해나는 친구들과 함께 술래잡기를 하며 놀았던 기억에 즐거웠다고 하고 있습니다.

10 사람마다 장소에서의 경험이 다르기 때문에 같은 장소라도 그 장소에 대한 생각이나 느낌은 다양합니다.

채점 기준

정답 키워드 경험 | 다르다	
'사람마다 장소에서의 경험이 다르기 때문이다.' 등의 내용을 정확히 씀.	상
진솔이와 해나가 놀이터에 대해 다른 생각을 하는 까닭을 썼지만 표현이 부족함.	하

핵심 체크 26쪽

❶ ×   ❷ 갖는

개념 쏙 익히기 27쪽

1 소은   **2** ③   **3** 그림지도   **4** (2) ○

1 주변 장소를 그림으로 표현할 때는 장소의 특징이 드러나게 그립니다.

2 주변의 장소를 동시로 표현할 때는 장소에서의 경험과 느낌을 생각하며 떠오르는 낱말을 써 보고 그 낱말을 이용하여 동시를 쓸 수 있습니다.

3 그림지도는 심상지도라고도 하는데, 머릿속에 있는 장소에 대한 생각을 그림으로 표현한 지도를 말합니다.

4 장소에서의 경험과 느낌은 다양한 방법으로 표현할 수 있고, 사는 곳이 비슷한 친구라도 표현하는 장소나 방법이 다를 수 있습니다.

실력 확 올리기 28~30쪽

1 ③   **2** ③   **3** ②   **4** ㉠ → ㉡ → ㉢
5 민영   **6** ⑤   **7** ④   **8** 준연   **9** ③
10 예 같은 장소에 대해서도 다양한 생각과 느낌이 있기 때문에 서로 이해하고 존중해야 한다.

1 장소에서의 경험과 느낌을 표현하기 위해 여러 가지 표정을 넣은 그림말을 사용할 수 있습니다. 그림말은 글 대신 간단한 그림으로 나타낸 표시입니다.

2 주변의 장소를 표현하기 위해 내가 좋아하는 장소를 골라 친구에게 소개하는 편지를 쓸 수 있습니다.

3 장소에서의 경험과 느낌을 어떻게 표현할지 생각할 때 먼저 주변의 여러 장소를 기준에 맞게 나누어 써 봅니다.

4 주변 장소를 그림지도로 그릴 때에는 모든 장소를 다 그리는 것이 아니라 주제에 맞게 떠오르는 장소를 그립니다.

더 알아보기

그림지도를 그리는 순서
그리고 싶은 고장의 장소 떠올리기 → 중요하다고 생각하는 장소, 학교나 집, 그 밖에 표시하고 싶은 장소나 길 그리기 → 장소에 관한 경험과 느낌을 다양한 색과 모양으로 표현하기

5 주변 장소의 모습을 표현할 때 상상 속의 장소가 아니라 주변에 실제로 있는 장소를 표현합니다.

6 소식지는 새로운 소식을 알리는 것으로, 제시된 자료는 우리 주변에 새로 생긴 도서관, 음식점, 공원 등을 소개하고 있습니다.

7 주변에서 자주 가는 장소 중 머릿속에 떠오르는 장소를 그림지도와 글로 나타낼 수 있습니다. 그림지도로 나타낼 때는 우리 주변에 실제로 있는 장소를 떠올리며 표현합니다.

더 알아보기

다양한 그림지도

8 작품을 소개할 때는 내가 선택한 장소를 어떤 방법으로 표현했는지 설명하고, 그 장소를 왜 그렇게 표현했는지에 대해서도 경험과 느낌을 바탕으로 이야기합니다.

9 두 지도는 같은 장소를 그렸지만 비슷한 모습도 있고, 다른 모습도 나타나 있습니다. 이는 같은 장소라도 표현하는 사람에 따라 다른 모습으로 나타날 수 있다는 것을 보여 주고 있습니다.

더 알아보기

그림지도 비교하기
• 민후의 그림지도는 ☆ 표시로 좋아하는 장소를 나타냈습니다.
• 서이의 그림지도는 그림말을 이용해 장소에 대한 느낌을 나타냈습니다.

10 우리가 사는 곳에 대한 이야기를 나눌 때는 다양한 생각과 느낌을 이해하고 존중하는 태도가 필요합니다.

채점 기준

정답 키워드 다양 | 존중	
'같은 장소에 대해서도 다양한 생각과 느낌이 있기 때문에 서로 이해하고 존중해야 한다.' 등의 내용을 정확히 씀.	상
같은 장소를 다르게 표현한 작품을 보고 가져야 할 태도를 썼지만 표현이 부족함.	하

❷ 우리가 만드는 살기 좋은 곳

1 학교, 공원, 병원, 도서관, 박물관, 놀이터, 경찰서, 영화관 등은 많은 사람이 이용하는 장소로, 우리가 생활하는 데 편리함과 도움을 줍니다.

2 사람들은 공원에서 휴식, 산책 등을 하면서 여가를 보냅니다.

3 우리가 배우고 즐기는 장소로는 학교, 태권도장, 공연장, 도서관 등이 있습니다.

4 경찰서는 범죄를 예방하고 주민의 안전을 책임지는 장소입니다.

> **왜 틀렸을까?**
> (1) 우리가 배우고 즐기는 장소는 학교, 태권도장, 도서관 등이 있습니다.

1 주요 장소는 여러 장소 중에서 눈에 잘 띄거나 많은 사람이 이용하는 장소입니다. 주요 장소로는 학교, 도서관, 박물관, 놀이터, 공원, 영화관, 병원, 경찰서 등이 있습니다.

2 우리가 배우고 즐기는 장소로는 학교, 태권도장, 공연장, 도서관, 박물관, 미술관 등이 있습니다.

3 우리가 놀거나 쉴 수 있는 장소는 공원, 놀이공원 등이 있고, 안전과 건강에 도움을 주는 장소는 경찰서, 소방서 등이 있습니다.

4 공원, 놀이공원, 캠핑장, 경기장 등에서 사람들은 놀거나 쉬며 시간을 보냅니다.

> **왜 틀렸을까?**
> ① 안전과 관련 있는 장소에는 소방서, 경찰서 등이 있습니다.
> ② 운동 경기를 하는 장소에는 경기장이 있습니다.
> ④ 선생님과 함께 공부하는 장소에는 학교가 있습니다.
> ⑤ 건강을 지키는 데 도움을 주는 사람들이 있는 장소에는 병원, 보건소 등이 있습니다.

5 공연장에서는 음악이나 연극 등을 관람합니다.

> **더 알아보기**
> **박물관**
>

6 경찰서, 소방서 등은 안전한 생활과 관련 있는 곳입니다.

7 아동 안전 지킴이집은 낯선 사람으로부터 위협을 받거나 길을 잃는 등 위험에 처한 어린이를 임시로 보호해 주는 장소입니다.

> **더 알아보기**
> **아동 안전 지킴이집**
> • 학교 주변이나 학교 가는 길 또는 공원 근처의 우체국, 편의점 등에서 볼 수 있습니다.
> • 어린이가 낯선 사람에게 위협을 받거나 길을 잃는 등 위험에 빠졌을 때 아동 안전 지킴이집에 가면 어린이를 임시로 보호하고 경찰에 연락해 줍니다.

8 보건소는 감염병 등 질병을 예방하고 치료하며, 건강 관련 정보를 제공하기도 합니다. 병원은 아픈 사람을 진찰하고 치료해 줍니다.

> **왜 틀렸을까?**
> ① 쉬기 위해 가는 곳에는 공원이 있습니다.
> ② 운동을 하기 위해 가는 곳에는 체육관이 있습니다.
> ④ 즐거움을 느끼기 위해 가는 곳에는 경기장이 있습니다.
> ⑤ 새로운 것을 배우기 위해 가는 곳에는 학교가 있습니다.

9 감기에 걸리면 병원에 가서 진찰을 받을 수 있습니다. 독감이 유행할 때 예방하기 위해 병원이나 보건소에 가서 예방 접종 주사를 맞을 수도 있습니다.

10 교통정리가 필요한 상황에서도 경찰서의 도움을 받을 수 있습니다.

> **채점 기준**
>
> | 정답 키워드 범죄 \| 안전 | |
> |---|---|
> | '범죄를 예방한다.', '주민의 안전을 책임진다.' 등의 내용을 정확히 씀. | 상 |
> | 경찰서가 우리에게 주는 도움을 썼지만 표현이 부족함. | 하 |

1 디지털 영상 지도는 사진을 지도 형식으로 바꾸고 다양한 기기에서 이용할 수 있도록 디지털 정보로 표현한 지도입니다.

2 제시된 지도 중 ㉠ 지도는 고장의 전체적인 모습을 나타내고 있고, ㉡ 지도는 고장의 자세한 모습을 나타내고 있습니다.

3 디지털 영상 지도에서 찾고 싶은 장소를 검색하여 자세히 살펴볼 수 있습니다.

> **더 알아보기**
>
> **디지털 영상 지도로 장소를 찾는 방법**
> ❶ 지도를 볼 수 있는 누리집 들어가기
>
>
>
> ❷ 디지털 영상 지도 열기
>
>
>
> ❸ 찾고 싶은 장소 검색하기
>
>

> ❹ 지도를 확대·축소하면서 장소의 모습 살펴보기
>
>

4 디지털 영상 지도의 다양한 기능을 활용해 우리 주변의 장소를 살펴볼 수 있습니다.

1 인공위성은 지구 따위의 행성 둘레를 돌도록 로켓을 이용하여 쏘아 올린 인공의 장치를 말합니다.

> **더 알아보기**
>
> **항공 사진과 위성 영상**
> • 항공 사진은 비행기를 타고 공중에서 지표를 촬영한 사진으로, 위성 영상보다 역사가 오래되었습니다.
> • 위성 영상은 우주 공간의 인공위성에서 촬영한 영상으로, 항공 사진은 매번 비행기를 타고 하늘로 올라가야 얻을 수 있지만, 인공위성은 한번 올려놓으면 수시로 영상을 찍을 수 있고 필요한 날짜나 지역을 지정하여 영상을 얻을 수도 있습니다.

2 제시된 지도는 디지털 영상 지도로, 디지털 영상 지도를 보면 한눈에 여러 장소를 파악할 수 있어서 좋습니다.

3 ㉡ 지도보다 ㉠ 지도가 고장의 전체적인 모습을 더 잘 보여 주고 있고, 디지털 영상 지도로 고장을 살펴보면 건물에 가려진 모습이 없이 같은 위치에서 내려다본 것처럼 전체적인 모습을 살펴볼 수 있습니다.

4 디지털 영상 지도를 이용하려면 인터넷이 연결되어 있어야 하고, 태블릿 컴퓨터, 스마트폰 등 스마트 기기가 필요합니다.

5 디지털 영상 지도로 장소를 찾기 위해서는 지도를 볼 수 있는 누리집에 먼저 들어가야 합니다.

6 디지털 영상 지도에서 장소를 찾을 때에는 내가 찾으려는 장소를 검색창에 쓰고, 돋보기 단추를 누릅니다.

7 디지털 영상 지도의 '거리 보기' 기능을 이용하면 직접 그 장소에 가지 않아도 내가 가고 싶은 장소의 모습을 살펴볼 수 있습니다.

왜 틀렸을까?
- ㉠ 위치 찾기 기능입니다.
- ㉡ 지도 선택 기능입니다.
- ㉣ 확대와 축소 기능입니다.

8 디지털 영상 지도를 활용하면 내가 찾고자 하는 장소를 살펴볼 수 있고, 지도를 원하는 곳으로 움직여서 주변 장소도 탐색할 수 있습니다.

9 제시된 디지털 영상 지도에는 학교가 많고, 학교 주변에서 도서관, 경찰서, 우체국 등도 볼 수 있습니다.

더 알아보기
디지털 영상 지도 살펴보기

○표한 부분에 우체국, 도서관, 경찰서, 공원 등이 모여 있습니다.

10 원하는 장소를 찾은 후에 지도를 축소해 우리 지역의 전체적인 모습을 확인하고 더 자세히 보고 싶은 구역을 확대해 지역의 자세한 모습을 살펴봅니다.

채점 기준

정답 키워드 확대 | + 단추	
'지도의 확대 기능을 사용한다.', '지도에 있는 '+' 단추를 누른다.' 등의 내용을 정확히 씀.	상
디지털 영상 지도를 더 자세히 볼 수 있는 방법을 썼지만 표현이 부족함.	하

핵심 체크　　　　　　　　　　**50**쪽

❶ ○　　　❷ 계획서

---

1 ⑤　　**2** ④　　**3** 답사　　**4** 혜강

1 조사 계획을 세울 때는 조사할 장소와 내용, 방법을 정한 후 조사 계획서를 씁니다.

왜 틀렸을까?
⑤ 직접 장소에 가서 조사하는 것은 조사 계획을 모두 세운 후 조사하는 단계에서 하는 일입니다.

2 조사 계획서에는 조사할 때 주의할 점에 대해서도 기록해야 합니다.

3 답사는 현장에 실제로 가서 보고 듣고 조사하는 것을 말합니다.

더 알아보기
답사하는 모습

어린이 공원의 좋은 점은 무엇일까요?

실제 모습을 사진으로 찍어야지.

4 주변 장소에 대한 발표 내용을 들으며 앞으로 우리가 사는 곳에 관심을 가지고 불편한 점을 해결해 나갈 수 있도록 노력하는 태도를 지닐 수 있습니다.

왜 틀렸을까?
한결: 주변 장소의 불편한 점은 개선해야 합니다.
시후: 다른 모둠의 조사 내용을 존중해야 합니다.

실력 확 올리기　　　　　　**52~54**쪽

1 ①　　**2** 방법　　**3** ⑤　　**4** 나희　　**5** ③
6 ㉡　　**7** ㉠　　**8** 보고서　　**9** ④
10 예 답사 장소에 가서 사진을 찍는다. 답사 장소에 가서 궁금한 내용을 물어본다.

1 조사 계획을 세울 때 조사할 장소와 내용, 방법을 정합니다.

왜 틀렸을까?
② 조사 결과 발표하기, ③ 조사 결과 정리하기, ⑤ 조사하고 알게 된 점 정리하기는 조사를 다 한 후에 하는 일입니다.
④ 장소에 가서 조사하기는 조사 계획을 세운 후 직접 조사를 하러 가는 것입니다.

2 조사할 장소에 알맞은 조사 방법을 정한 후에 직접 조사를 해야 합니다.

3 알게 된 점은 조사를 다 한 후에 쓰는 조사 보고서에 들어갑니다.

4 지역 누리집에서 장소에 대한 조사를 하면 짧은 시간에 다양한 정보를 얻을 수 있고, 사진과 설명을 살펴보며 편리하게 조사할 수 있습니다.

5 제시된 삽화는 모둠 친구들이 어린이 공원에 직접 찾아가 조사하는 모습입니다.

6 답사를 할 때 어른과 함께 가고, 사진을 찍거나 녹음을 할 때는 먼저 허락을 구합니다.

7 장소에 대해 궁금한 점이 있을 때는 장소를 잘 알거나 자주 이용하는 사람에게 물어봐야 합니다.

8 장소를 조사하며 느낀 좋은 점과 불편한 점을 정리한 후 조사 보고서를 작성합니다.

9 주요 장소의 모습과 특징을 조사한 결과를 정리할 때 좋은 점과 불편한 점을 구분하여 쓸 수 있습니다.

10 답사를 간 장소에서 관찰한 것을 사진으로 남기고 주변 사람들에게 궁금한 점을 물어보면서 관찰한 내용을 기록합니다.

채점 기준

정답 키워드 사진 | 궁금한 내용	
'답사 장소에 가서 사진을 찍는다.', '답사 장소에 가서 궁금한 내용을 물어본다.' 등을 정확히 씀.	상
'답사하기' 과정에서 해야 할 일을 썼지만 표현이 부족함.	하

핵심 체크   58 쪽

❶ ○   ❷ 불편한

개념 쏙 익히기   59 쪽

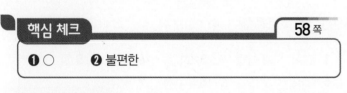

1 ㉢, ㉣   2 ②   3 ①   4 재성

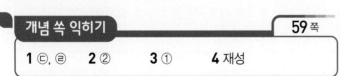

1 공원에 다양한 운동 기구가 있는 점, 놀이터에 새로운 놀이기구가 많이 생긴 점 등은 장소에 대한 좋은 점입니다.

왜 틀렸을까?

㉠ 어린이는 불편한 점을 말하고 있습니다.

---

2 우리 주변의 여러 장소를 답사하면 실제 장소에 가서 살펴볼 수 있으므로 그 장소의 좋은 점과 불편한 점을 직접 보고 알 수 있습니다.

3 이동 경찰 센터를 만들어서 경찰서와 멀리 떨어진 곳에 사는 사람들을 찾아가서 도움을 줍니다.

더 알아보기

이동 경찰 센터
• 지역의 안전을 강화하기 위해 만든 곳입니다.
• 경찰서와 멀리 떨어진 곳을 순찰하며 지역 주민들과 소통합니다.

4 바뀌었으면 하는 점을 포스터나 홍보판 등을 통해 알려야 개선될 수 있습니다.

실력 확 올리기   60~62 쪽

1 세은   2 (2) ○   3 ㉠   4 ①, ③   5 ④
6 ㉢   7 공공 기관   8 ③   9 ㉢
10 예 바뀌었으면 하는 점을 포스터로 그려 전시한다.

1 우리 주변 장소에서 불편한 점은 고칠 방법을 함께 생각해 보고 문제점을 해결해야 합니다.

왜 틀렸을까?

• 병원이 멀어서 진료를 받기 힘든 것은 불편한 점입니다.
• 도서관에서 즐거운 경험을 한 것은 좋은 점입니다.
• 시설이 깨끗한 수영장이 생긴 것은 좋은 점입니다.
• 공원에 쓰레기가 있는 것은 불편한 점입니다.

2 우리 주변의 여러 장소에 관심을 가지고 불편한 점이 있다면 고쳐야 합니다.

3 살기 좋은 지역이 되려면 많은 아이들이 놀기에 충분한 놀이 공간과 휴식 장소가 필요합니다.

4 살기 좋은 곳은 놀이, 여가, 교육, 문화, 안전, 의료 시설 등이 잘 갖추어져 있어서 사람들이 편리하고 안전한 생활을 누릴 수 있는 곳입니다.

5 안심 조명 공원은 주변 상점이 문을 닫아도 어둡지 않도록 공원 곳곳에 조명을 설치한 것이고, 안심 벽화 지하도는 사람들이 다리 아래로 만든 길을 안심하고 다닐 수 있도록 비상벨과 카메라 등을 설치한 곳입니다.

6 도서관과 멀리 떨어진 곳에 작은 도서관을 만들거나 책 읽는 버스를 보내서 도서관에서 먼 곳에 사는 사람들이 이용할 수 있게 합니다.

7 공공 기관은 주민 전체를 위해 일하는 기관으로, 시청, 교육청, 행정 복지 센터, 우체국, 도서관, 체육관 등으로 다양합니다.

8 교육청은 학생들이 좀 더 나은 환경에서 공부할 수 있도록 지원하고, 선생님이 학생을 잘 가르칠 수 있도록 도움을 주기도 합니다.

> **왜 틀렸을까?**
> ① 우체국에서는 편지와 물건을 배달하고, 은행 업무도 합니다.
> ② 행정 복지 센터에서는 도움이 필요한 주민들을 지원하고 각종 서류를 발급해 줍니다.
> ④ 도서관에서는 주민들에게 책을 빌려 주고, 공부하는 공간을 제공해 줍니다.

> **더 알아보기**
> **공공 기관**
> • 공공 기관은 개인의 이익이 아닌 주민 전체의 이익과 생활의 편의를 위해 국가나 지방 자치 단체가 세워 관리하는 곳입니다.
> • 공공 기관에는 시청, 교육청, 우체국, 행정 복지 센터, 도서관, 체육관, 박물관, 보건소, 경찰서 등이 있습니다.

9 더 살기 좋은 장소로 만들기 위한 캠페인에 들고 나갈 홍보판을 친구들과 직접 만들 수 있습니다.

10 우리 주변의 장소를 더 좋은 장소로 만들기 위해 어린이 스스로 할 수 있는 일이 많습니다.

> **채점 기준**
>
> **정답 키워드** 포스터 | 전시
>
> | | |
> |---|---|
> | '바뀌었으면 하는 점을 포스터로 그려 전시한다.' 등의 내용을 정확히 씀. | 상 |
> | 더 살기 좋은 곳으로 만들기 위해 우리가 할 수 있는 일을 썼지만 표현이 부족함. | 하 |

> **단원 평가** 64~65쪽
>
> **1** 윤우 **2** ④ **3** ③ **4** ③
> **5** ❶ 다릅니다 ❷ 다양합니다 **6** 나영
> **7** (1) ㅁ (2) ㄴ, ㅂ (3) ㄱ, ㄷ, ㄹ **8** ④ **9** ㄴ
> **10 예** 교문 앞 도로를 넓혀 달라고 공공 기관에서 일하는 분께 편지를 쓴다.

1 장소는 우리 생활과 밀접한 관련이 있는 곳으로, 어린이들도 학교, 놀이터, 집과 같은 장소와는 밀접한 관련이 있습니다.

2 학교, 약국, 편의점, 병원, 식당 등은 우리 주변에서 쉽게 찾아볼 수 있는 장소입니다.

3 우리는 여러 장소에서 보고, 듣고, 맛보고, 냄새 맡고, 만져 보는 경험을 할 수 있습니다.

4 놀이터라는 장소는 같지만 놀이터라는 장소에 대한 느낌은 사람마다 다릅니다.

5 같은 장소에 대한 나와 친구들의 경험과 느낌이 다르기도 합니다.

6 장소에서의 경험과 느낌을 표현한 그림지도를 그릴 때는 가장 먼저 지도의 주제를 정한 뒤에 그림지도를 그리고, 마지막으로 그림지도를 꾸며서 완성합니다.

> **더 알아보기**
> **그림지도**
>
>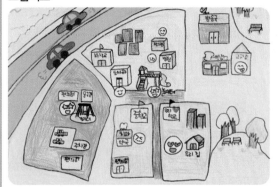
>
> • 우리 집 주변에서 볼 수 있는 장소를 그림지도로 나타냈습니다.
> • 글 대신 간단한 그림으로 나타낸 표시인 그림말로 장소에 대한 느낌을 표현했습니다.
> • 우리 집, 편의점, 놀이터 등은 좋아하는 표정의 그림말로, 병원, 치과 등은 찡그린 표정의 그림말로 나타냈습니다.

7 우리 주변에 있는 장소들을 놀거나 쉴 수 있는 장소, 배우고 즐기는 장소, 안전과 건강에 도움을 주는 장소 등으로 나눌 수 있습니다.

8 디지털 영상 지도는 산이나 전망대에서 바라보는 것보다 더 넓은 범위의 모습을 볼 수 있는 지도입니다.

9 조사를 하기 전 조사 계획을 세우는 단계에서 조사할 주제와 장소를 정하고, 조사할 내용을 정합니다.

10 우리가 사는 곳을 더 살기 좋은 곳으로 만들기 위해서는 주변에 불편한 점이 없는지 살펴보며 개선하려고 노력해야 합니다.

> **채점 기준**
>
> **정답 키워드** 공공 기관 | 편지
>
> | | |
> |---|---|
> | '교문 앞 도로를 넓혀 달라고 공공 기관에서 일하는 분께 편지를 쓴다.' 등의 내용을 정확히 씀. | 상 |
> | 사례에 맞게 우리가 더 살기 좋은 곳으로 만들기 위해 할 수 있는 일을 썼지만 표현이 부족함. | 하 |

2. 일상에서 만나는 과거

❶ 시간의 흐름과 우리

핵심 체크   70쪽

❶ ×   ❷ ○

개념 쏙 익히기   71쪽

1 예 시간   2 ㉢   3 ②   4 (1) ○

1 시간은 계속 흘러가며, 우리는 시간의 흐름 속에서 살아가고 있습니다. 나의 몸이 자란 것, 나무가 자란 것 등 일상에서의 다양한 변화를 보면서 시간의 흐름을 알 수 있습니다.

2 계절이 계속 바뀌는 것과 같은 일상의 변화를 통해서 시간의 흐름을 알 수 있습니다. 바닷물이 차가운 것과 강아지가 낯선 사람을 보고 짖는 것은 시간의 흐름과는 관련이 없습니다.

> **더 알아보기**
> 시간은 눈에 보이지 않지만 계절이 계속 바뀌는 것, 해가 뜨고 지는 것, 머리카락이 길어지는 것 등 일상 속 다양한 사례를 통해 시간의 흐름을 알 수 있습니다.

3 새싹이 자라서 나무가 되는 모습을 보면 시간이 흐른다는 것을 알 수 있습니다.

4 우리는 일상이나 가정 등 주변의 다양한 변화를 통해 시간의 흐름을 알 수 있습니다.

실력 확 올리기   72~74쪽

1 (1) ○   2 ㉠ → ㉢ → ㉡   3 ①   4 주은
5 변화한, 옛날   6 (2) ○   7 ⑤   8 ㉠
9 ④   10 예 우리보다 먼저 살았던 부모님이 경험한 시간과 변화한 모습을 통해 시간의 흐름을 알 수 있다.

1 일상 속의 다양한 변화를 통해 시간의 흐름을 알 수 있습니다.

2 학교에 입학해서 한 일을 시간의 흐름에 맞게 나열하면 1학년 봄에 입학식을 했던 일, 2학년 여름에 피구 대회에서 우승을 했던 일, 3학년 겨울에 학예회를 했던 일을 순서대로 쓸 수 있습니다.

3 제시된 사례에서는 자신의 어렸을 적 사진을 통해 변화한 모습을 알아보고 있습니다. 어렸을 때와 달라진 자신의 모습을 통해서 시간의 흐름을 알 수 있습니다.

4 선생님의 설명을 통해 인간이 지구에 살기 시작한 것은 지구가 태어나고 아주 오랜 시간이 흐른 뒤부터였다는 것을 알 수 있습니다.

5 부모님의 옛날 사진을 보면 부모님이 변화한 모습을 통해 시간의 흐름을 알 수 있습니다.

> **더 알아보기**
> **부모님의 변화 모습**
>

6 두 사진을 비교해 보면 사진 속 두 사람의 모습이 변화했으며, 어린아이가 청소년이 된 모습을 확인할 수 있습니다.

7 두 사람의 변화한 모습을 통해 두 사진을 찍은 시기 사이에 시간이 많이 흘렀다는 것을 알 수 있습니다.

8 하루 일과표는 하루 동안의 일과를 시간마다 정리한 표이고, 학급 시간표는 학급에서 매시간에 공부할 과목을 적어둔 표입니다. 두 표를 통해 시간의 흐름을 알 수 있습니다.

> **왜 틀렸을까?**
> ㉡ 나와 관련된 오래된 물건이나 자료 등을 통해 내가 변화한 모습을 알 수 있습니다.
> ㉢ 하루 동안 있었던 일을 기록한 것은 일기입니다.

9 시간의 흐름을 표현하는 것을 통해 해야 할 일을 기록하고 정리할 수 있지만, 모든 일을 예상할 수는 없습니다.

10 가정에서도 시간의 흐름을 확인할 수 있습니다. 부모님의 옛날 사진을 보면 부모님이 경험한 시간을 알 수 있고, 이를 통해 시간의 흐름을 알 수 있습니다.

채점 기준

정답 키워드 변화 | 시간의 흐름	
'부모님이 경험한 시간과 변화한 모습을 통해 시간의 흐름을 알 수 있다.' 등의 내용을 정확히 씀.	상
'시간의 흐름을 알 수 있다.' 등과 같이 일부 내용만 쓰거나 표현이 부족함.	하

핵심 체크 78쪽

❶ × ❷ ○

개념 쏙 익히기 79쪽

1 (1) ⓒ (2) ⓑ (3) ㉠ **2** 과거 **3** (1) ○ **4** ⑤

1 과거는 현재를 기준으로 이미 지나간 때, 현재는 우리가 살고 있는 지금, 미래는 앞으로 올 때를 의미합니다.

2 옛날, 어제, 작년은 시간을 표현하는 말 중에서 과거를 표현하는 말에 해당합니다.

3 일 년 동안의 기간을 묶어서 나타내는 말을 연도라고 하며, 10년, 100년, 1000년 단위의 해를 나타내는 말을 연대라고 합니다.

4 현재로부터 가까운 과거를 옛날이라고 표현하면, 더 먼 과거는 아주 먼 옛날이라고 표현할 수 있습니다.

실력 확 올리기 80~82쪽

1 ③ **2** 역사 **3** 연도, 연대 **4** ㉠
5 (3) ○ **6** ⑤ **7** ㉠ **8** 1년, 작년, 올해
9 지연 **10** (1) ㉠ (2) 예 과거를 보여 주는 자료들을 살펴보면 얼마나 오래전의 것인지 알 수 있다.

1 우리가 살고 있는 때인 지금을 현재라고 합니다. 현재를 기준으로 이미 지나간 때는 과거, 앞으로 올 때는 미래라고 합니다. 과거, 현재, 미래는 모두 시간을 표현하는 말입니다.

2 역사를 돌아보면 현재를 잘 이해할 수 있고, 미래를 내다볼 수 있습니다.

3 연도는 일 년 동안의 기간을 묶어서 나타내는 말로 2015년과 같이 명확한 시기를 말할 때 사용합니다. 연대는 시간을 10년, 100년, 1000년 단위로 묶어서 표현하는 말로, 1970년대, 2000년대와 같이 사용합니다.

4 공통된 문화와 특징을 가지고 있는 시기를 묶어서 표현하는 말은 시대입니다. 시대는 사용하던 도구에 따라 구분하기도 하고 나라의 이름에 따라 구분하기도 합니다.

왜 틀렸을까?

ⓒ 연대는 10년, 100년, 1000년 단위의 해를 나타내는 말이고, ⓒ 현대는 우리가 살고 있는 때인 지금의 시대를 나타내는 말로 모두 시간을 표현하는 말에 해당됩니다.

더 알아보기

시간을 표현하는 말: 시대
도구의 재료에 따른 시대 구분으로는 돌로 도구를 만들었던 시대, 청동으로 도구를 만들었던 시대, 철로 도구를 만들었던 시대 등이 있습니다. 나라 이름에 따른 시대 구분으로는 신라 시대, 고려 시대, 조선 시대 등이 있습니다.

⚠ 청동으로 도구를 만들었던 시대 ⚠ 조선 시대

5 시간을 표현하는 말을 보면 언제 무슨 일이 일어났는지 알 수 있고, 자료가 언제 만들어진 것인지도 알 수 있습니다.

6 일기, 상장, 알림장, 졸업 사진첩에서 연도, 월, 일, 요일 등 시간을 표현하는 말을 찾아볼 수 있습니다. 물건의 가격표에는 시간을 표현하는 말을 사용하지 않습니다.

7 제시된 일기에서 시간을 표현하는 말로 '2025년', '3월', '10일', '월요일'을 찾을 수 있습니다.

8 제시된 편지에서 '1년', '작년', '올해'라는 표현을 찾을 수 있습니다. 편지 외에도 일기나, 책 등 주변에서 볼 수 있는 여러 자료에서 시간을 표현하는 말을 찾을 수 있습니다.

9 제시된 자료는 수도권 전철 개통 기념식 그림으로, 1974년 8월 15일에 개통되었다는 것을 알 수 있습니다. 1974년을 연대로 나타내면 1900년대, 1970년대 등으로 나타낼 수 있습니다.

더 알아보기

수도권의 의미
수도권은 수도를 중심으로 이루어진 대도시권을 말합니다.

10 과거를 보여 주는 자료들을 살펴볼 때 자료 속에 나타난 사람들의 옷차림, 도구 등을 비교해 보면 얼마나 오래전의 모습인지 알 수 있고, 비슷한 시기의 자료들도 알 수 있습니다.

채점 기준

(1)	'㉠'이라고 정확히 씀.	
(2)	**정답 키워드** 얼마나 | 오래전 '과거를 보여 주는 자료들을 살펴보면 얼마나 오래전의 것인지 알 수 있다.' 등의 내용을 정확히 씀.	상
	과거를 보여 주는 자료들을 통해 알 수 있는 것을 썼지만 표현이 부족함.	하

핵심 체크 86쪽

❶ ○   ❷ ○

개념 쏙 익히기 87쪽

1 기록   2 은찬   3 연표   4 ㉠

1 과거에 있었던 일을 남긴 글이나 사진, 영상 등을 기록이라고 합니다. 기록을 남기면 시간이 흐른 뒤에도 어떤 일이 있었는지 알 수 있습니다.

2 학교 누리집에서 학교의 소개를 살펴보는 것으로는 나에게 일어났던 일을 알 수 없습니다.

3 연표는 과거부터 현재까지 있었던 일을 시간 순서대로 연도와 함께 나타낸 것입니다.

4 연표를 보면 중요한 사건이나 사실을 알 수 있고, 여러 가지 일 중에서 어떤 일이 먼저 일어난 일인지 알 수 있습니다.

> **왜 틀렸을까?**
> ㉡ 연표에는 조사한 내용 중 중요한 일들만 적습니다.
> ㉢ 연표를 보면 사람들이 살아온 모습을 알 수 있습니다.
> ㉣ 연표에는 사실만을 적습니다.

실력 확 올리기 88~90쪽

1 ③   2 (3) ○   3 ①   4 다온   5 연표
6 ㉢   7 ③   8 ①   9 ㉡
10 예 자신의 어린 시절을 알고 계신 주변 어른께 여쭤보았다.

1 두 자료는 각각 옛날에 있었던 일을 알 수 있는 일기와 과거 모습이 나타나 있는 사진입니다. 이처럼 과거에 있었던 일을 남긴 글이나 사진 등을 기록이라고 합니다.

2 기록을 통해 역사를 알 수 있고 우리 학교, 우리 지역, 우리나라에서 일어난 중요한 일을 알 수 있습니다.

> **왜 틀렸을까?**
> (1) 기록을 통해 과거에 일어난 일을 알 수 있습니다.
> (2) 기록을 통해 과거 사람들의 생활 모습을 알 수 있습니다.

3 학교에 있었던 중요한 일을 조사하기 위해 학교와 관련된 신문, 사진, 기념물 등 기록을 살펴볼 수 있으며 선생님께 여쭤보거나 학교의 졸업 사진첩이나 영상을 보며 조사할 수도 있습니다.

4 주변 사람들이 살아온 이야기를 조사하기 위해서는 조사할 사람, 조사 방법, 조사할 내용을 정해야 합니다.

5 연표는 역사적인 사실을 일어난 순서대로 적어 만든 표로, 연도와 함께 나타냅니다.

6 연표에는 사건이나 일에 관련된 사진이나 그림을 넣을 수 있습니다. 그리고 연표에 일어났던 일을 모두 적을 수는 없습니다.

> **더 알아보기**
> **연표의 공통적인 특징**
> • 시작점과 끝나는 점이 있습니다.
> • 시간의 순서에 따라 있었던 일을 정리했습니다.
> • 어떤 사건이 언제 일어났는지를 알 수 있습니다.

7 세종 대왕의 연표를 보면 세종 대왕의 일생에서 있었던 중요한 사건들을 알 수 있습니다. 그러나 사건이 일어난 까닭은 적혀 있지 않습니다.

8 연표를 만들 때는 먼저 연표의 주제를 정합니다. 그리고 연표에 들어갈 사실을 조사한 후, 연표 종류를 정하고 연표의 틀을 그립니다. 그 위에 연도를 표시하고, 중요한 일이 일어난 연도와 내용을 정리하여 내용을 쓰고 제목을 붙입니다.

9 연표를 만들 때는 일의 순서를 고려해야 하고, 연표에 들어갈 요소를 먼저 파악해야 합니다. 연표에 들어갈 내용은 다양한 방법을 통해 조사하여 사실만을 적어야 합니다.

10 나에게 일어났던 일을 조사하는 방법에는 옛날에 쓴 일기 살펴보기, 어린 시절 사진이나 영상 찾아보기, 나의 어린 시절을 알고 계신 주변 어른께 여쭤보기 등이 있습니다.

채점 기준

정답 키워드 주변 어른	
'자신의 어린 시절을 알고 계신 주변 어른께 여쭤보았다.' 등의 내용을 정확히 씀.	상
'주변 어른께 여쭤보았다.' 등과 같이 일부 내용만 쓰거나 표현이 부족함.	하

❷ 오래된 것이 알려 주는 과거

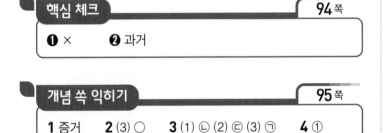

핵심 체크 94쪽

❶ ×   ❷ 과거

개념 쏙 익히기 95쪽

1 증거   **2** (3) ○   **3** (1) ⓛ (2) ⓒ (3) ⓖ   **4** ①

1 오래된 물건이나 자료는 과거의 모습이나 사실을 알 수 있게 해 주는 증거 역할을 합니다.

더 알아보기
나와 관련된 오래된 물건이나 자료를 통해 내가 기억하지 못하는 일과 나의 과거 모습을 알 수 있습니다.

2 오늘 산 신발을 보고 현재 나의 발 크기를 알 수 있다는 것은 오래된 물건으로 알 수 있는 모습이 아닙니다. 나와 관련 있는 오래된 물건을 보면 나의 과거 모습을 떠올릴 수 있습니다.

3 옛날에는 라디오로 음악이나 방송을 들었고, 학교에서 반장이 되면 반장 명찰을 달았습니다. 그리고 버스를 탈 때는 동전 모양의 버스 토큰을 냈습니다.

4 주변에서 찾을 수 있는 오래된 물건이나 자료를 통해 우리가 직접 보지 못한 것이나 태어나기 전에 일어난 일을 알 수 있습니다.

1 지은   **2** ④   **3** ⓒ   **4** ④   **5** ④
6 ②   **7** 해담   **8** 지훈   **9** 비디오
10 예 오래된 물건은 과거를 알려 주는 증거 역할을 하기 때문이다.

1 오늘 산 연필은 오래된 물건이라고 할 수 없고, 아버지의 필름 사진기는 자신과 관련된 물건이 아닙니다.

2 일기장, 카드 앨범, 태권도복, 편지 등 자신이 가지고 있는 오래된 애장품들을 통해서 자신의 과거 모습을 떠올려 볼 수 있습니다.

3 일기, 사진 등 나와 관련된 오래된 자료를 보면 내가 기억하지 못했던 과거의 일을 알 수 있습니다.

4 최신형 드론은 오래된 물건이라고 할 수 없습니다. 오래된 물건을 보면 옛날 사람들의 생활 모습을 떠올려 볼 수 있습니다.

5 무선 호출기는 호출한 사람의 전화번호를 소리나 진동으로 알려 주는 물건으로, 휴대 전화가 널리 쓰이지 않던 옛날에 사용했습니다.

더 알아보기
무선 호출기를 보면 옛날에는 휴대 전화가 없어서 이동하면서 전화할 수 없었고, 휴대 전화가 생기기 전에는 번호로 소식을 주고받았음을 알 수 있습니다.

6 집, 박물관, 민속촌에서 오래된 물건을 직접 찾을 수 있고, 인터넷 검색으로 오래된 신문 기사, 사진 등의 자료를 찾을 수도 있습니다.

7 오래된 물건이나 자료는 망가지지 않도록 조심히 다뤄야 합니다. 그리고 오래된 물건이나 자료를 가져오려고 할 때 주인이 있으면 허락을 받아야 하며, 어른께 설명을 들을 때에는 글로 적거나 허락을 받고 녹음을 하는 것이 좋습니다.

8 집 안에서 찾은 오래된 물건을 보고 과거의 생활 모습을 떠올려 볼 수 있습니다. 라디오는 전파를 통해 음악이나 방송을 들었던 물건입니다.

9 우리 주변에서 찾은 오래된 물건이나 자료를 통해 과거의 모습을 알 수 있습니다. 촬영한 영상을 재생하는 데 쓰던 물건은 비디오입니다.

더 알아보기

비디오와 비디오테이프
옛날에는 비디오테이프에 영상을 녹화하고, 비디오에 넣어서 재생을 했습니다.

⬆ 비디오

⬆ 비디오테이프

10 버스 토큰은 옛날에 버스를 탈 때 돈 대신 토큰을 내고 이용했다는 사실의 증거가 됩니다.

채점 기준

정답 키워드 과거 | 증거	
'오래된 물건은 과거를 알려 주는 증거 역할을 하기 때문이다.' 등의 내용을 정확히 씀.	상
'증거 역할을 하기 때문이다.' 등과 같이 일부 내용만 쓰거나 표현이 부족함.	하

핵심 체크   102쪽

❶ ○   ❷ ×

개념 쏙 익히기   103쪽

1 (1) ㉡ (2) ㉠   **2** 지유   **3** (1) 성 (2) 섶다리   **4** ㉢

1 (1)은 키로, 곡식에 섞인 티끌을 골라낼 때 쓰던 물건입니다. (2)은 맷돌로, 곡식을 갈 때 쓰던 물건입니다.

더 알아보기

맷돌의 사용 방법
맷돌은 손잡이를 돌리면 위아래의 두 돌이 돌아가면서 곡식이 갈립니다. 윗돌에는 곡식을 집어넣을 수 있는 구멍이 있고 아랫돌에는 곡물이 잘 갈리도록 판 홈이나 구멍이 있습니다.

2 다듬이와 다듬잇돌은 옷이나 옷감을 두드려서 매끄럽게 만들 때 쓰는 방망이와 받침돌입니다.

왜 틀렸을까?
서준: 밥을 지을 때 사용하던 오래된 물건은 가마솥입니다.
수아: 곡식을 갈 때 쓰던 오래된 물건은 맷돌입니다.

3 옛날에는 적의 침입을 막기 위해서 성을 쌓았습니다. 그리고 강을 건너기 위해 나무와 짚으로 섶다리를 만들기도 했습니다.

4 오래된 물건과 오래된 건축물을 통해 과거 모습과 옛날 사람들의 생활 모습을 알 수 있습니다.

실력 확 올리기   104~106쪽

1 ②   **2** 수정   **3** ㉠   **4** (3) ○   **5** ③
6 ⑤   **7** 향교   **8** ①   **9** ④
10 예 옛날에 일본이 우리나라를 빼앗았던 시대가 있었다는 것을 알 수 있다.

1 가마솥은 무쇠로 만든 우리나라의 전통 솥으로 밥을 지을 때 쓰던 물건입니다.

왜 틀렸을까?
① 글씨를 쓰기 위한 물건은 먹과 벼루입니다.
③ 곡식을 갈 때 쓰던 물건은 맷돌입니다.
④ 방에 두고 오줌을 누던 물건은 요강입니다.
⑤ 다듬이질을 할 때 쓰던 물건은 다듬이와 다듬잇돌입니다.

2 옛날 사람들은 비가 오면 짚으로 엮어 만든 비옷인 도롱이를 입고, 나막신을 신었습니다.

도롱이   나막신

3 오래된 물건으로 과거의 모습을 탐구하기 위해서는 물건의 재료, 물건의 쓰임새와 사용 방법 등 궁금한 점을 질문하고 답을 찾아가는 과정이 필요합니다.

4 호롱은 불을 붙여 밤에 방을 환하게 밝히던 물건으로, 전기가 보급되지 않았던 시대에 사용되었을 것으로 짐작할 수 있습니다.

5 방 안에 두고 오줌을 누던 물건은 요강입니다. 물건의 여러 부분을 자세하게 살펴보고, 물건의 재료, 쓰임새, 사용 방법 등을 탐구하다 보면 과거의 모습을 알 수 있습니다.

6 오래된 물건을 통해서 과거의 모습과 옛날 사람들의 생활 모습을 알 수 있습니다.

7 향교는 옛날에 나라에서 지방에 세운 교육 기관입니다.

8 항구에 드나들던 물건에 세금을 정하고 거두던 곳은 세관으로, 조선 시대 말기에 항구를 통해 다른 나라와 물

건을 주고받게 되면서 생겨났습니다.

9 제시된 건축물은 1866년에 지어진 홍순형의 집입니다. 집의 특징을 보면 옛날 사람들이 나무로 지은 집에서 살았다는 것을 알 수 있습니다.

10 서대문 형무소는 옛날에 일본이 우리나라를 강제로 **빼앗았을** 때 세워진 건축물입니다. 이를 보면 일본이 우리나라를 빼앗았던 시대가 있었다는 것과 당시 우리나라를 되찾으려는 사람들이 있었다는 것을 알 수 있습니다.

채점 기준

정답 키워드 일본 | 빼앗았던	
'옛날에 일본이 우리나라를 빼앗았던 시대가 있었다는 것을 알 수 있다.' 등의 내용을 정확히 씀.	상
서대문 형무소를 보고 알 수 있는 것을 썼지만 표현이 부족함.	하

더 알아보기

서대문 형무소를 보고 알 수 있는 것
• 우리나라를 되찾으려 했던 사람들의 마음을 알 수 있습니다.
• 일본에 대항하여 우리나라를 되찾기 위해 노력한 사람들이 있었다는 것을 알 수 있습니다.
• 건물이 많은 것을 보면 우리나라를 되찾기 위해 노력한 사람들이 많이 잡혀 왔다는 것을 알 수 있습니다.
• 일본이 우리나라를 되찾으려 했던 사람들을 잔인하게 탄압하였음을 알 수 있습니다.

핵심 체크 　　　　　　　　　　　110쪽

❶ 과거　　❷ ×

개념 쏙 익히기 　　　　　　　　　111쪽

1 ㉢, ㉣　　2 (1) ○　　3 이야기　　4 해인

1 과거의 모습을 담은 자료에는 옛날 사진이나 신문 기사, 노래, 일기, 책, 그리고 옛날 그림이나 편지 등이 있습니다.

2 오래된 자료에는 글로 남겨진 것뿐만 아니라 증언이나 사진, 그림, 노래 등 다양한 종류의 기록이 있습니다.

3 어른들의 과거 이야기를 들으면 지금과는 다른 과거의 모습을 알 수 있습니다.

4 우리가 사용하는 물건 중 어떤 물건을 남기느냐에 따라 미래 사람들이 우리의 모습을 다르게 이해할 수 있습니다. 우리의 현재 모습을 보여 주려면 현재를 대표할 수 있는 물건을 남겨야 합니다.

실력 확 올리기 　　　　　　　112~114쪽

1 예 자료　2 ①　　3 진형　4 ⑤　　5 ④
6 ③　　7 ㉢　　8 ④　　9 (2) ○
10 예 점심으로 도시락을 싸 가지고 다녔다.

1 과거의 모습을 담은 자료에는 옛날 사진이나 신문 기사, 일기, 노래 등이 있습니다. 이러한 자료들은 당시에 어떤 일이 있었고 당시 사람들이 어떻게 생활했는지를 담고 있어 과거를 알려 주는 증거 역할을 합니다.

2 옛날 사진으로 우리가 직접 보지 못한 과거의 모습을 생생하게 알 수 있습니다.

3 어른들의 과거 이야기 속에는 자신의 특별한 경험이나 기억이 담겨 있으며, 당시 어떤 문화가 유행했는지, 특별한 장소의 옛 모습은 어떠했는지 등을 알 수 있습니다.

4 옛날 그림이나 일기, 편지 등의 자료를 통해 과거의 생활 모습을 알 수 있습니다. 미래 사람들도 이러한 자료를 보고 과거의 모습을 알 수 있지만, 어떤 자료를 발견하느냐에 따라 과거에 대한 설명이 달라집니다.

5 사진은 아이들이 한강에서 썰매를 타는 모습으로, 1960년대에는 겨울에 한강이 얼면 많은 아이들이 한강에서 썰매를 타고 놀았다는 것을 알 수 있습니다.

6 아빠의 과거 이야기를 통해 컴퓨터가 거의 없던 시절에는 수업이 끝나면 오락실에서 게임을 했음을 알 수 있습니다.

7 1970년대 쥐잡기 운동에 관한 기사로, 쥐 때문에 입는 피해가 커지자 전국적으로 쥐잡기 운동을 벌여 많은 쥐를 잡았음을 보여 줍니다.

8 『화성성역의궤』는 수원 화성을 건설할 당시의 과정과 공사 방법, 사용된 재료 등이 글과 그림으로 자세하게 적혀 있는 책입니다.

> **더 알아보기**
>
> **수원 화성**
>
> 수원 화성은 조선 시대에 만든 성입니다. 평지와 산지, 하천 등 자연환경을 따라 성곽을 연결했으며 동서양의 건축 기술을 활용해 과학적으로 지었습니다. 수원 화성의 여러 건축물은 아름다운 모습으로도 인정받고 있습니다.

9 오래된 물건과 자료는 과거의 모습을 알려 주는 증거 역할을 합니다. 따라서 자료를 보존하면 미래 사람들이 과거의 모습을 알 수 있고, 과거 사람들의 지혜와 교훈, 문화 등을 미래 사람들에게 전달할 수 있습니다.

10 책상 가운데에 선을 그었다는 내용을 통해 책상 하나를 두 명이 함께 써서 짝꿍과 공간을 나누어 사용했음을 알 수 있고, 엄마가 싸 준 도시락을 먹지 않았다는 내용을 통해 점심으로 도시락을 싸 가지고 다녔음을 알 수 있습니다.

> **채점 기준**
>
> | 정답 키워드 책상 \| 도시락 | |
> |---|---|
> | '점심으로 도시락을 싸 가지고 다녔다.', '책상 하나를 두 명이 함께 썼다.' 등의 내용을 정확히 씀. | 상 |
> | 일기에 담긴 과거의 모습을 썼지만 표현이 부족함. | 하 |

❸ 지역의 변화와 달라진 생활 모습

핵심 체크   118쪽

❶ ○   ❷ ×

개념 쏙 익히기   119쪽

1 ⑤   2 (2) ○   3 진규   4 사진

1 사진이나 영상, 문헌, 주변 어른들의 증언 등과 같은 역사 자료를 보면 지역과 지역 사람들의 생활 모습이 어떻게 달라졌는지 알 수 있습니다.

2 지역의 다양한 역사 자료를 보면 시간의 흐름에 따라 지역의 모습이 어떻게 변화했고, 지역 사람들의 생활 모습이 어떻게 달라졌는지 알 수 있습니다.

3 문헌을 살펴보면 지역의 자세한 정보나 지역의 유래와 관련된 이야기를 찾을 수 있습니다.

4 지역의 변화를 알아보기 위해 사진을 활용한 것으로, 지역의 과거와 현재 사진으로 지역의 변화 모습을 생생하게 볼 수 있습니다.

실력 확 올리기   120~122쪽

1 ②   2 ①   3 전차   4 ④   5 민지
6 대나무   7 ②   8 ③   9 ㉢   10 증언
11 ⑩ 과거에는 김을 채취하는 사람이 많았지만, 오늘날에는 제철소에서 일하는 사람이 많아졌다.

1 지역의 변화 모습을 알 수 있는 역사 자료에는 사진이나 영상, 문헌, 옛날 지도, 주변 어른들의 증언 등이 있습니다.

2 사진을 보면 옛날 금천구에는 논과 밭이 많았지만, 오늘날 금천구에는 논밭이 줄어들고 주택과 아파트, 높은 건물이 많아졌음을 알 수 있습니다.

3 서울특별시 중구의 과거와 현재 사진을 통해 과거에는 숭례문 주변에 전차가 오고 갔지만, 오늘날에는 전찻길과 전차가 사라지고 버스나 택시, 자동차 등이 숭례문 주변을 오고 간다는 것을 알 수 있습니다.

4 책이나 신문 기사 등과 같은 문헌을 살펴보면 지역의 유래와 관련된 이야기나 자세한 정보를 찾을 수 있습니다.

5 옛날 지도에는 지역의 옛 이름과 범위가 나타나 있어 지역의 달라진 점을 알 수 있습니다.

6 『세종실록지리지』는 담양 지역에서 옛날부터 대나무를 재배하였음을 보여 주는 역사 자료입니다.

> **더 알아보기**
>
> **『세종실록지리지』**
>
> 세종 대왕 때 일어난 일들을 기록한 『세종실록』에 부록으로 수록된 지리서입니다. 울릉도와 독도 등 당시 조선의 각 지역에 대한 정보가 자세하게 기록되어 있습니다.

7 과거에 탄광이 있던 지역에 오늘날 탄광 문화촌이 생겼다는 내용을 통해 지역의 모습이 변화했음을 알 수 있습니다.

8 제주도의 옛 모습을 담고 있는 「탐라순력도」를 통해 과거에도 제주도에는 해산물을 캐는 해녀와 배를 타고 제주도의 아름다운 풍경을 즐기는 사람들이 있었다는 것을 알 수 있습니다.

9 지역에서 오래 살아온 어른의 증언이나 지역의 옛날 지도, 지역 문화원 누리집의 사진 등으로 지역의 변화 모습을 알 수 있습니다.

> **왜 틀렸을까?**
> ㉠ 지역에 오래 사신 어른이나 지역에 대해 잘 아는 분을 만나 이야기를 듣습니다.
> ㉡ 지역의 옛 지도를 보고 달라진 지역의 범위와 이름을 확인합니다.

10 지역에 오래 사셨거나 지역에 대해 잘 아는 어른의 증언으로 지역의 변화 모습을 알 수 있습니다.

11 할아버지의 증언으로 광양시의 모습과 지역 사람들의 생활 모습이 달라진 것을 알 수 있습니다.

채점 기준	
정답 키워드 김 │ 제철소 │ 바다 │ 땅	
'바다가 땅이 되었고, 도로와 다리가 놓였다.', '과거에는 김을 채취하는 사람이 많았지만, 오늘날에는 제철소에서 일하는 사람이 많아졌다.' 등의 내용을 정확히 씀.	상
지역의 변화 모습을 썼지만 표현이 부족함.	하

핵심 체크 126쪽

❶ ○   ❷ 과거

개념 쏙 익히기 127쪽

1 ㉠   2 (2) ○   3 (1) ㉡ (2) ㉠   4 ⑤

1 옛이야기를 통해 우리 지역의 특징과 옛날 사람들의 생활 모습 등을 알 수 있습니다.

> **왜 틀렸을까?**
> ㉡ 지역이 과거에 어떤 모습이었는지 알 수 있습니다.
> ㉢ 옛날 지역 사람들의 생활 모습을 알 수 있습니다.

2 지명은 산이나 강, 지역의 이름으로, 지역의 유래와 자연환경 등을 알 수 있습니다.

3 구름재와 두물머리는 모두 지역의 자연환경을 알 수 있는 지명입니다.

4 안성맞춤은 어떤 물건이나 상황이 딱 들어맞을 때를 의미하는 말로, 경기도 안성 지역에서 품질 좋은 유기를 만들어 준다는 것에서 유래했습니다.

실력 확 올리기 128~130쪽

1 옛이야기	2 ③	3 ㉠	4 ④	5 ②
6 영재, 은유		7 ④	8 (3) ○	9 ④

10 (1) 말죽거리 (2) 예 오늘날에는 말을 타고 이동하는 사람은 없지만, 많은 차와 사람이 다닌다.

1 안성맞춤 이야기, 설문대 할망 이야기 등 지역마다 전해 내려오는 옛이야기가 있습니다.

2 옛이야기로 지역의 특징과 자연환경, 옛날 사람들의 생활 모습, 그리고 지역의 다양한 변화를 알 수 있습니다.

3 설문대 할망 이야기를 통해 한라산의 백록담과 오름 등 제주도에 있는 다양한 자연환경의 특징을 파악할 수 있습니다.

4 뽕나무가 많았던 옛날 잠실 지역에 누에를 키우는 방을 많이 두었고, 이후부터 이 지역을 잠실이라고 불렀습니다.

5 옛날 이 지역에 떡 파는 가게가 많아지면서 떡을 뜻하는 한자 '병'과 가게를 뜻하는 한자 '점'을 합쳐 병점이라고 부르게 되었습니다.

> **왜 틀렸을까?**
> ① 교동은 옛날 향교가 있던 지역에 붙여진 이름입니다.
> ③ 목계나루는 남한강의 대표적인 나루터이자 장터였던 곳입니다.
> ④ 경기도 안성에는 품질이 좋은 유기를 만드는 사람이 많았습니다.
> ⑤ 말죽거리는 여행자들이 타고 온 말한테 죽을 끓여 먹인 곳입니다.

6 지명은 지역이나 산, 강 등의 이름으로, 학교, 건물, 도로 등 곳곳에서 볼 수 있습니다. 지명을 살펴보면 지역의 유래와 자연환경, 옛날 사람들의 생활 모습 등을 알 수 있습니다.

> **왜 틀렸을까?**
> 민주: 지역의 옛날 모습을 알 수 있습니다.
> 예서: 지역의 자연환경, 지역의 유래와 특징을 알 수 있습니다.

7 사기막골은 옛날에 사기나 옹기 등 그릇을 만들었던 사람들이 모여 살던 마을로, 지금도 그릇을 만들어 파는 가게들이 남아 있습니다.

8 서빙고동은 서쪽에 있는 얼음 창고라는 뜻으로, 옛날에는 얼음이 매우 귀해 '빙고'라는 별도의 저장 공간에 얼음을 보관했습니다.

9 효자 장개남의 효심을 널리 알리려고 전주에서 장개남이 살던 지역을 효자동이라고 이름 붙였습니다.

10 옛날 양재동 지역은 여행자들이 타고 온 말한테 죽을 끓여 먹인 곳이라고 해서 말죽거리라고 불렸습니다. 말죽거리 이야기를 통해 지명과 지역 사람들의 생활 모습이 변화했음을 알 수 있습니다.

채점 기준		
(1)	'말죽거리'라고 정확히 씀.	
(2)	**정답 키워드** 지명 | 사람 | 교통 '오늘날에는 말을 타고 이동하는 사람은 없지만, 많은 차와 사람이 다닌다.' 등의 내용을 정확히 씀.	상
	지역의 변화 모습을 썼지만 표현이 부족함.	하

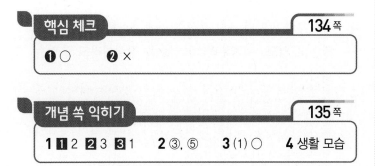

핵심 체크   134쪽

❶ ○   ❷ ×

개념 쏙 익히기   135쪽

1 ❶2 ❷3 ❸1   **2** ③, ⑤   **3** (1) ○   **4** 생활 모습

1 지역의 변화와 달라진 생활 모습을 알아보기 위해서는 조사 계획을 세운 후 선택한 조사 방법으로 지역의 변화 모습을 조사합니다. 조사를 마친 후에는 조사 결과를 정리하며 보고서를 작성합니다.

2 지역의 변화와 달라진 생활 모습을 조사하기 위한 계획을 세울 때는 조사할 곳과 조사 주제, 조사 방법을 정합니다.

> **왜 틀렸을까?**
> ①, ②는 조사한 후에 해야 할 일입니다.
> ④는 지역의 변화와 달라진 생활 모습을 조사하는 모습입니다.

3 우리 지역의 변화를 조사할 때는 우리 지역에 오래 사셨거나 우리 지역을 잘 아는 어른께 여쭈어봅니다.

4 조사 보고서에는 조사 주제, 조사한 사람, 조사한 곳, 조사 방법, 지역의 변화 모습, 달라진 사람들의 생활 모습, 더 알고 싶은 점 등을 씁니다.

실력 확 올리기   136~138쪽

1 ⑤   **2** ④   **3** ②   **4** 누리집   **5** ①
6 민서   **7** ⓒ   **8** ⑤   **9** ㉠, ㉣
10 예 사진 찾아보기   **11** 예 옛날에는 농사를 지었지만, 오늘날에는 공항에서 일하는 사람이 많다.

1 지역의 변화 모습을 조사할 때는 지역의 여러 장소 가운데 변화가 가장 잘 나타나는 곳을 선택하여 조사합니다.

> **왜 틀렸을까?**
> ① 조사 내용을 정리한 후 보고서를 씁니다.
> ② 조사 방법이나 주제는 조사하기 전에 정합니다.
> ③ 지역의 변화 모습은 지역 누리집, 문헌, 답사 등 다양한 방법으로 조사할 수 있습니다.
> ④ 책이나 지역 신문으로 지역이나 지역 사람들의 생활 모습의 변화에 대한 정보를 얻을 수 있습니다.

2 지역의 변화를 조사할 때는 지명의 유래, 지역의 특산물, 지역의 모습, 지역 사람들이 주로 하는 일 등 지역의 변화 모습이 잘 나타나는 주제로 정합니다.

3 인터넷에서 지역의 과거와 현재 모습이 담긴 사진이나 영상을 찾아 살펴보면 지역의 변화 모습을 알 수 있습니다.

4 지역 누리집에 들어가 지역 소개, 지역의 발자취와 역사 부분을 살펴보면 지역의 변화 모습을 확인할 수 있습니다.

5 답사는 지역의 문화원, 박물관, 시·군·구청 등 지역의 변화를 알 수 있는 장소에 직접 찾아가는 방법입니다.

6 어른의 말씀을 녹음할 때는 녹음해도 되는지 여쭈어보며 허락을 구해야 합니다.

7 조사 결과를 정리할 때는 조사한 자료 중에서 생활 모습과 관련 있는 자료를 선택하고, 지역의 변화에 따라 사람들의 생활 모습이 어떻게 달라졌는지 명확히 드러나도록 정리합니다.

8 과거 영종도 사람들은 배를 타고 육지를 오고 갔지만, 오늘날에는 다리와 공항 철도가 있어 자동차나 열차로 육지를 오고 갑니다.

9 조사 보고서를 작성할 때는 조사 주제, 조사 방법, 지역의 변화 모습, 달라진 사람들의 생활 모습 등을 씁니다.

10 영종도 지역의 변화와 달라진 생활 모습을 조사하기 위해 지역의 과거와 현재 사진을 찾고 할머니, 할아버지의 이야기를 듣는 방법을 선택했습니다.

11 지역의 과거와 현재 사진으로 지역의 모습이 변화했다는 것을 알 수 있고, 증언을 통해 지역 사람들의 생활 모습이 달라졌음을 알 수 있습니다.

단원 평가   140~141 쪽

1 ⑤	**2** 해찬	**3** ㉡	**4** ②, ⑤	**5** ①
6 ⑤	**7** ㉢	**8** (1) ㉡ (2) ㉢ (3) ㉠		**9** ③

10 (1) 예 문헌 찾아보기 (2) 예 인터넷에서 지역의 과거와 현재 사진을 찾는다.

1 유치원에 다니던 동생이 초등학교에 입학한 것을 보면 시간이 흘렀다는 것을 알 수 있습니다.

2 시간을 표현하는 말에는 어제, 오늘, 내일, 작년, 올해, 내년 등이 있습니다.

3 기록은 과거에 있었던 일을 남긴 글이나 사진, 영상으로, 우리는 일상생활에서 다양한 기록을 남깁니다.

4 연표는 과거부터 현재까지 있었던 일을 시간 순서대로 연도와 함께 나타낸 것입니다.

왜 틀렸을까?
① 과거부터 현재까지 있었던 일을 알 수 있습니다.
③ 연표는 중요한 일이 일어난 연도와 내용을 정리하여 만듭니다.
④ 연표의 형태는 정해진 것이 아니라 다양한 종류로 나타낼 수 있습니다.

▲ 나의 연표

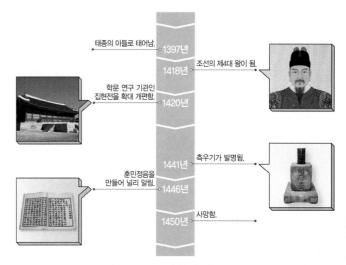

▲ 세종 대왕의 연표

5 카세트는 카세트테이프를 넣어 음악을 듣던 물건입니다.

6 옛날에는 벼루에 먹을 갈아서 먹물을 만든 후 붓에 묻혀 글씨를 썼습니다.

왜 틀렸을까?
① 맷돌은 곡식을 갈 때 쓰던 물건입니다.
② 요강은 방 안에 두고 오줌을 누는 그릇입니다.
③ 쟁기는 소의 힘을 이용해 밭이나 논을 갈 때 쓰던 물건입니다.
④ 다듬잇돌은 다듬이질할 때 밑에 받치는 돌입니다.

7 '꽁당보리밥'은 보리쌀로 지은 밥을 먹자는 의미의 노래입니다. 옛날에는 쌀이 부족해 쌀과 보리를 섞어 지은 밥을 먹기도 했습니다.

8 옛이야기를 통해 우리 지역에 살던 옛날 사람들의 생활 모습을 알 수 있습니다.

9 지역의 다양한 역사 자료를 보면 지역의 모습이 어떻게 변화했고, 지역 사람들의 생활 모습이 어떻게 달라졌는지 알 수 있습니다.

10 지역의 과거와 현재 사진 찾아보기, 지역에 오래 사신 어른께 여쭈어보기, 지역과 관련된 문헌 찾아보기, 지역 누리집 방문하기, 지역의 변화를 알 수 있는 장소 답사하기 등으로 지역의 변화 모습을 조사할 수 있습니다.

개념북 134~141쪽

1. 우리가 사는 곳

❶ 우리 생활 속 여러 장소에 대한 경험과 느낌

단원 쪽지시험   2쪽

1 장소   **2** 있습니다   **3** 경험   **4** 학교
5 친숙합니다   **6** 편의점   **7** 병원
8 겪어   **9** 코   **10** 사진첩

대표 문제   3쪽

1 지운   **2** ③   **3** (1) ○ (3) ○   **4** 희준

1 장소는 우리 주변에서 볼 수 있는 곳으로, 우리가 생활하면서 이용하는 곳입니다.
2 우리 주변에는 우리가 공부하는 학교, 친구들과 노는 놀이터, 필요한 물건을 사는 시장 등 여러 장소가 있습니다.
3 우리는 보고 듣는 것뿐만 아니라, 냄새, 맛, 손이 닿는 느낌 등을 통해서도 경험할 수 있습니다.

4 놀이터에서 곤충을 관찰한 것, 시장에서 다양한 색깔의 과일을 본 것 등은 눈을 통해서 경험한 것입니다.

단원 쪽지시험   4쪽

1 치과   **2** 다릅니다   **3** 느낌   **4** 그림
5 사진   **6** 편지   **7** 그림지도 **8** 주제 정하기
9 있습니다 **10** 존중

대표 문제   5쪽

1 (2) ○   **2** ③   **3** ㉡   **4** 준후

1 같은 장소에서 경험을 하더라도 서로 다른 생각과 느낌을 가질 수 있습니다.

△ 놀이터에 대한 서로 다른 생각과 느낌

2 도서관에서는 주민들에게 책을 빌려줄 뿐만 아니라 다양한 행사를 열기도 합니다.
3 그림지도에는 그린 사람의 생각이나 경험 등이 반영되어 나타납니다.

> **왜 틀렸을까?**
> ㉠ 그림지도는 실제와 똑같이 그리는 것이 아니라 장소에 대한 감정과 느낌을 넣어서 그립니다.
> ㉢ 그림지도에는 상상의 장소를 그리는 것이 아니라 실제로 있는 장소를 그립니다.

4 그림지도를 그릴 때 중요한 장소를 크게 그리거나 장소에 어울리는 색으로 칠하여 느낌을 잘 표현할 수 있습니다.

❷ 우리가 만드는 살기 좋은 곳

단원 쪽지시험   6쪽

1 주요   **2** 공원   **3** 여가   **4** 공연장   **5** 이동
6 경찰서   **7** 디지털 영상 지도   **8** 누리집
9 있습니다 **10** 거리

대표 문제   7쪽

1 (1) ㉠ (2) ㉡ (3) ㉢ (4) ㉠   **2** ㉢   **3** 이진
4 ③

1 경찰서와 소방서는 우리의 생명과 재산을 안전하게 지켜 주고, 병원, 보건소, 약국 등은 우리의 건강을 지키고 질병을 치료하는 데 도움을 줍니다.

2 소방서는 크게 화재를 담당하는 소방 조직과 구조를 담당하는 119 안전 센터로 나뉘어져 있습니다.

▲ 소방서

3 디지털 영상 지도를 통해 우리가 사는 곳의 전체 모습과 자세한 모습을 모두 볼 수 있습니다.

4 디지털 영상 지도로 장소를 찾기 위해서는 가장 먼저 국토정보플랫폼이나 브이 월드 등과 같이 지도를 볼 수 있는 누리집에 들어갑니다.

> **더 알아보기**
>
> **디지털 영상 지도로 장소를 찾는 과정**
>
> **1** 인터넷 검색 누리집의 지도 서비스 화면에 들어감.
>
> ⬇
>
> **2** 내가 찾으려는 장소를 검색창에 쓰고, 돋보기 단추를 누름.
>
> ⬇
>
> **3** '거리 보기' 단추를 누른 후 찾으려는 장소로 커서를 이동함.
>
> ⬇
>
> **4** 찾은 장소 위에 놓인 마우스 왼쪽 단추를 눌러서 해당 장소의 모습과 주소를 확인함.

> **단원 쪽지시험** 8쪽
>
> **1** 내용 **2** 방법 **3** 어른 **4** 답사
> **5** 있습니다 **6** 보고서 **7** 발표 **8** 해결하기
> **9** 안전 **10** 포스터

> **대표 문제** 9쪽
>
> **1** ㉠ **2** 진서 **3** ④ **4** 누리

1 답사 계획을 세울 때는 답사 장소와 날짜, 조사할 내용, 준비물, 역할 등을 정합니다.

평가북 2~13쪽

> **더 알아보기**
>
> **답사 계획서**
>
> | 조사 장소 | 주제 | 놀이·여가와 관련 있는 곳 |
> |---|---|---|
> | | 장소 | ○○○ 자전거 길 |
> | 조사 내용 | | • 장소에서 사람들이 할 수 있는 일
• 장소를 이용할 때의 좋은 점과 불편한 점 |
> | 조사 방법 | | 지도에서 찾아보기, 직접 찾아가기, 장소를 잘 아는 사람에게 물어보기 |
> | 내가 맡은 역할 | | • 자전거 길 안내도 찾아보기
• 장소에 대해 물어볼 질문 만들기
• 장소의 특징이 드러나는 사진 찍기 |
> | 준비물 | | 자전거, 스마트폰, 필기도구 |
> | 주의할 점 | | • 장소에 직접 찾아갈 때는 어른(보호자)과 함께 갑니다.
• 사진을 찍거나 녹음을 할 때는 먼저 허락을 구합니다. |

2 주변 장소를 조사하는 방법에는 지역 누리집에서 찾아보기, 책이나 지도 등에서 찾아보기, 장소를 잘 아는 사람에게 물어보기, 직접 찾아가기(답사하기) 등이 있습니다.

> **왜 틀렸을까?**
>
> 훈정이는 지역 누리집을 살펴보고 있고, 유나는 도서관에서 책을 찾아보고 있습니다.

3 우리 지역을 더 살기 좋은 곳으로 만들기 위해 우리가 직접 불편하거나 필요한 점을 편지로 써서 공공 기관에서 일하는 분께 보낼 수 있습니다.

4 내가 사는 곳에 잘못되었거나 불편한 점이 있으면 개선하려고 노력해야 합니다.

> **단원평가** 10~13쪽
>
> **1** ③ **2** ㉠ **3** ② **4** ㉣
> **5** (1) ㉠ (2) ㉣ (3) ㉡ (4) ㉢ **6** 예술 **7** (2) ○
> **8** 예 주변 장소에서의 경험과 느낌을 찾기 쉽다. 머릿속에서 떠올린 장소보다 더 많은 곳에서 다양한 경험을 했다는 것을 알 수 있다. **9** 그림 **10** ③ **11** 지호 **12** ①, ②
> **13** ㉠, ㉣ **14** 예 안전과 건강을 지켜 주는 장소들이다.
> **15** ⑤ **16** ㉡ **17** ⑤ **18** ① **19** 해준
> **20** 공공 기관

1 장소는 내가 갈 수 있는 모든 곳, 우리가 생활하는 곳을 통틀어서 이르는 말입니다.

2 장소는 우리가 생활하는 곳으로, 건물이나 기관도 해당하지만, 산이나 들, 강과 같은 자연환경도 포함됩니다.

3 학교에서는 교실, 운동장, 급식실뿐만 아니라 과학실, 음악실, 보건실, 화단, 강당 등도 볼 수 있습니다. 학교 안에는 다양한 장소가 있고, 장소에 대해 생각하는 것이 어린이들마다 다릅니다.

4 우체국은 편지와 물건을 배달하고, 은행 업무도 하는 장소입니다.

> **왜 틀렸을까?**
> ㉠은 수영장, ㉡은 치과, ㉢은 도서관, ㉣은 우체국, ㉤은 약국입니다.

5 눈, 코, 귀, 혀, 피부 등의 감각을 이용하여 내가 직접 경험한 장소를 떠올려 볼 수 있습니다.

6 사진첩을 살펴보면 내 머릿속에 떠올린 장소보다 많은 장소에서 다양한 경험을 했다는 것을 알 수 있습니다.

> **더 알아보기**
> **장소에서의 경험과 느낌을 살펴볼 때 볼 수 있는 자료들**
>
>

7 우리는 여러 장소에서 다양한 경험을 하며 그 장소에 대한 생각이나 느낌을 갖게 됩니다. 사람마다 장소에서의 경험이 다르기 때문에 같은 장소라도 그 장소에 대한 생각이나 느낌은 다양합니다.

8 사진첩이나 일기장 등의 개인 경험 자료를 살펴보면 직접 경험한 다양한 장소와 그곳에서의 경험과 느낌을 기억해 내기가 쉽습니다.

정답 **키워드** 쉽다 | 많다		
'주변 장소에서의 경험과 느낌을 찾기 쉽다.', '머릿속에서 떠올린 장소보다 더 많은 곳에서 다양한 경험을 했다는 것을 알 수 있다.' 등의 내용을 정확히 씀.		상
일기를 통해 장소에서의 경험과 느낌을 살펴보면 좋은 점을 썼으나 구체적이지 않음.		하

9 주변의 여러 장소에서의 내 경험과 느낌을 사진, 동시, 그림, 편지, 그림지도, 소식지 등으로 다양하게 표현할 수 있습니다.

> **더 알아보기**
> **장소에서의 경험과 느낌을 표현하기**
>
>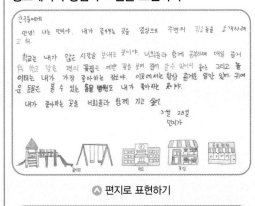
> 편지로 표현하기

> 소식지로 표현하기

10 그림지도는 고장이나 지역의 실제 모습을 그대로 나타낸 것이 아니라 지도를 그리는 사람의 마음속에 있는 장소에 대한 정보를 지도의 모습으로 나타낸 것입니다.

11 그림지도를 그릴 때 먼저 좋아하는 장소, 다른 사람에게 알려 주고 싶은 장소 등의 주제를 정한 뒤 그림지도를 그리고, 장소에 대한 느낌을 그림말이나 ☆ 표시 등으로 표현합니다.

12 우리가 놀거나 쉬며 자유 시간을 즐겁게 보낼 수 있는 장소에는 공원, 놀이공원, 캠핑장, 경기장 등이 있습니다.

13 학교에서는 방과 후 학교 수업 시간에 컴퓨터, 미술, 바둑, 로봇 과학 등을 배우고, 박물관에서는 조상들이 남긴 물건이나 과학 관련 전시물 등을 관람할 수 있습니다.

14 경찰서, 보건소, 무더위 쉼터, 지진 옥외 대피 장소 등이 있어서 우리가 편안하게 생활할 수 있고, 위급한 일이 생겼을 때나 아플 때 도움을 받을 수 있습니다.

15 디지털 영상 지도를 축소하면 우리가 사는 곳의 전체 모습을 볼 수 있고, 확대하면 우리가 사는 곳의 자세한 모습을 볼 수 있습니다.

16 ㉠은 원하는 장소를 검색할 수 있는 위치 찾기 기능, ㉢은 내가 가고 싶은 장소의 모습을 볼 수 있는 거리 보기 기능, ㉣은 지도를 확대하거나 축소할 수 있는 확대와 축소 기능입니다.

17 조사 계획을 세울 때 조사 주제와 장소를 정하고, 어떤 내용을 조사할지 미리 정합니다.

18 답사는 실제 장소에 가서 직접 보고 조사해 자세한 정보를 얻는 활동입니다.

더 알아보기

답사하는 모습

답사 장소에 왔으니 사진을 찍고 관찰 내용을 써 보자.

19 살기 좋은 곳은 놀이, 여가, 교육, 문화, 안전, 의료 시설 등이 잘 갖춰진 곳을 말합니다.

20 공공 기관은 사람이 안전하고 편리하게 생활할 수 있도록 여러 가지 일을 합니다.

단원 서술형 평가 1회   **14**쪽

1 그림지도   **2** ㉠   **3** 예 같은 장소라도 표현하는 사람의 경험이나 느낌에 따라 그림지도에 다른 모습으로 나타나기 때문이다.

1 우리 생활 속 여러 장소에 대한 경험이나 느낌을 다양한 방법으로 표현할 수 있는데, 머릿속에 떠오르는 여러 장소의 모습을 지도처럼 그려서 나타낼 수도 있습니다.

2 그림지도에서 중요한 장소를 크게 그리거나 장소에 어울리는 색을 칠하여 장소에 대한 느낌을 잘 표현할 수 있습니다.

3 친구들이 여러 장소에서 경험한 일과 느낀 점을 표현한 작품을 살펴보면 비슷한 점도 있지만, 서로 다른 점도 찾을 수 있습니다.

단원 서술형 평가 2회   **15**쪽

1 (1) ㉠, ㉣ (2) ㉤, ㉥ (3) ㉡, ㉢   **2** 나은   **3** 예 우리 생활에 편리함과 도움을 준다. 우리 주변 여러 장소 중에서 많은 사람들이 이용하는 장소이다.

1 우리는 친구와 함께 운동장이나 놀이터에서 놀고, 공원에서 자전거를 타거나 산책을 합니다. 태권도장에서는 태권도를 배우고, 박물관, 미술관 등에 가서 전시를 즐기기도 합니다. 경찰서, 소방서는 우리가 안전하게 생활할 수 있도록 도와줍니다.

2 제시된 장소들은 어린이들도 이용할 수 있는 곳입니다. 다른 지역으로 이동할 때는 버스 터미널, 전철역, 기차역, 공항, 항구 등을 이용합니다.

3 제시된 장소들은 여러 장소 중에서 눈에 잘 띄거나 많은 사람이 이용하는 주요 장소입니다.

2. 일상에서 만나는 과거

1 시간의 흐름과 우리

쪽지시험   16쪽

1 시간   **2** 달라진   **3** 경험한   **4** 변화
5 옛날   **6** 시간의 흐름   **7** 생겨난 후   **8** 하루 일과표
9 순서   **10** 기억

대표 문제   17쪽

1 시간   **2** ㉢   **3** (1) ㉠ (2) ㉡   **4** 연우

1 나의 몸이 자란 모습을 통해 시간의 흐름을 알 수 있습니다.

2 두 사진 속 인물들과 배경의 변화를 통해 사진을 찍은 시기 사이에 시간이 많이 흘렀다는 것을 알 수 있습니다.

> **왜 틀렸을까?**
> ㉠ 사진을 찍은 날짜는 나타나 있지만 정확한 시간을 알 수는 없습니다.
> ㉡ 두 사진을 찍어준 사람이 누구인지는 나와 있지 않습니다.

3 하루 일과표와 학급 시간표는 모두 시간의 흐름을 알 수 있도록 표현한 것들입니다.

△ 하루 일과표   △ 학급 시간표

4 시간의 흐름을 표현한 것들을 보면 시간의 흐름을 한눈에 알아볼 수 있어서 편리합니다.

쪽지시험   18쪽

1 현재   **2** 지나간   **3** 역사   **4** 연도   **5** 언제
6 더 먼   **7** 기록   **8** 연표   **9** 다양하다
10 중요한

대표 문제   19쪽

1 ③   **2** ㉠   **3** 과거, 현재   **4** 민정

1 1995년을 10년, 100년 단위로 묶어서 연대로 표현하면 각각 1990년대, 1900년대입니다.

2 더 오래된 자료는 1968년 사진입니다. 과거를 보여 주는 자료를 살펴보면 얼마나 오래전의 모습인지 생각해 볼 수 있습니다.

3 우리가 살아온 이야기를 시간의 흐름에 따라 표현하는 방법으로 연표가 있습니다. 연표는 과거부터 현재까지 있었던 일을 시간 순서대로 연도와 함께 나타낸 것입니다.

4 연표를 보면 중요한 일이나 사실을 알 수 있고 어떤 일이 언제 일어났는지 알 수 있습니다.

> **왜 틀렸을까?**
> 시현: 연표를 보면 과거부터 현재까지 있었던 중요한 일이나 사건을 알 수 있습니다.
> 유민: 연표에 일어났던 모든 일을 적을 수는 없습니다.

2 오래된 것이 알려 주는 과거

쪽지시험   20쪽

1 증거   **2** 애장품   **3** 카세트   **4** 토큰   **5** 민속촌
6 녹음   **7** 맷돌   **8** 쓰임새   **9** 벼루   **10** 사라진

대표 문제   21쪽

1 ①   **2** 연서   **3** ④   **4** (1) ○

1 올해 학급 시간표는 현재 학교에서 공부하고 있는 과목을 적어 넣은 것이기 때문에 과거의 모습을 알기는 어렵습니다.

2 무선 호출기는 호출한 사람의 전화번호를 소리나 진동으로 알려 주는 물건으로, 휴대 전화가 널리 쓰이기 전에 사용했습니다.

3 쟁기는 소의 힘을 이용해 밭이나 논을 갈 때 쓰던 물건입니다.

4 호롱은 기름을 담아서 불을 붙여 방을 환하게 밝히는 데 사용했던 물건으로, 과거에는 집에 전기가 들어오지 않았다는 사실을 알 수 있습니다.

> **왜 틀렸을까?**
> (2) 맷돌에 대한 설명입니다. 맷돌은 곡식을 갈 때 사용하던 것으로, 집에서 곡식을 직접 갈아 먹었던 과거의 모습을 알 수 있습니다.

쪽지시험   **22쪽**

| **1** 과거 | **2** 세관 | **3** 섶다리 | **4** 자료 | **5** 이야기 |
| **6** 과거 | **7** 책 | **8** 생활 | **9** 지혜 | **10** 현재 |

대표 문제   **23쪽**

| **1** ⑤ | **2** ① | **3** ④ | **4** ② |

---

1 물레방앗간은 물레방아를 설치해 놓은 곳입니다. 물레방아는 물의 힘을 이용해 곡식을 찧거나 빻는 기구입니다.

> **왜 틀렸을까?**
> ① 성: 적의 침입을 막기 위해 마을에 쌓은 것입니다.
> ② 세관: 항구에 드나들던 물건에 세금을 정하고 거두던 곳입니다.
> ③ 기차역: 사람들이 기차를 타고 이동하는 곳입니다.
> ④ 섶다리: 강을 건너려고 나무와 짚으로 만든 다리입니다.

---

2 향교는 옛날에 학생들이 공부하던 학교로, 지방에서 유학을 교육하기 위해 설립했습니다.

△ 향교

3 신문 기사는 새로운 소식과 정보를 알리기 위한 수단으로, 오래된 신문을 보면 당시 사람들이 알아야 하는 중요한 사건이나 정보가 무엇이었는지를 알 수 있습니다.

4 어른들의 과거 이야기에는 자신의 특별한 경험이나 기억이 담겨 있으며, 당시 사람들의 생각이나 문화 등을 알 수 있습니다.

---

❸ 지역의 변화와 달라진 생활 모습

쪽지시험   **24쪽**

| **1** 역사 | **2** 누리집 | **3** 문헌 | **4** 지도 | **5** 증언 |
| **6** 시간 | **7** 옛이야기 | **8** 유래 | **9** 유기 | **10** 누에 |

대표 문제   **25쪽**

| **1** 그림 | **2** ⓒ | **3** ② | **4** 자연환경 |

---

1 「탐라순력도」는 옛날 제주도의 모습을 담은 그림책으로, 오늘날까지 이어져 내려오는 제주도 지역 사람들의 생활 모습을 찾아볼 수 있습니다.

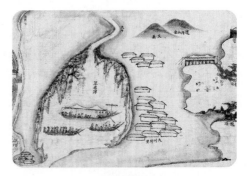

△ 「탐라순력도」

2 영종도의 옛날과 오늘날 사진을 보면, 논과 갯벌이 있던 지역에 높은 건물이 생기고 아파트 단지 등 여러 시설이 들어섰음을 알 수 있습니다.

3 병점 이야기는 예전부터 사람들이 많이 오가던 병점 지역에 떡을 파는 가게가 많아지면서 이 지역을 '떡전 거리'라고 부르기 시작했다는 것으로, 병점동 지역의 옛날 생활 모습을 알 수 있습니다.

> **왜 틀렸을까?**
> ① 말죽거리 이야기에 관한 설명입니다.
> ③ 안성맞춤 이야기에 관한 설명입니다.
> ④ 장개남 이야기에 관한 설명입니다.
> ⑤ 잠실 이야기에 관한 설명입니다.

4 설문대 할망 이야기는 설문대 할망이 제주도와 한라산을 만들었다는 내용으로, 제주도 자연환경의 특징을 알 수 있습니다.

쪽지시험   26쪽

1 지명   **2** 있습니다   **3** 귀   **4** 교통   **5** 역사
6 아는   **7** 주제   **8** 생활 모습   **9** 있는   **10** 보고서

대표 문제   27쪽

1 (1) ㉠ (2) ㉢ (3) ㉡   **2** ④   **3** ①   **4** 은찬

1 지명으로 지역의 유래와 옛날 지역 사람들의 생활 모습 등을 알 수 있습니다.

2 목계나루는 남한강의 대표적인 나루터이자 장터였던 곳으로, 지금은 나루터가 있던 자리에 다리가 생겼습니다.

3 지역의 문화원, 박물관, 시·군·구청 등 지역의 변화를 알 수 있는 장소에 직접 찾아가는 것을 답사라고 합니다.

4 지역 누리집에 들어가 지역 소개, 지역의 발자취와 역사 부분을 살펴보며 지역의 변화 모습을 조사할 수 있습니다.

> **왜 틀렸을까?**
> 승민: 지역의 달라진 모습은 지역 누리집, 문헌, 증언 등으로 조사합니다.
> 채원: 지역에 오래 사셨거나 지역을 잘 아는 어른께 지역의 달라진 모습을 여쭤어봅니다.

단원평가   28~31쪽

1 ㉠, ㉡, ㉢, ㉢   **2** ①   **3** ④
4 (1) ㉢ (2) ㉠ (3) ㉡   **5** 민재   **6** 예 옛날에 쓴 일기를 살펴본다.   **7** ②   **8** (3) ○   **9** ②
10 예 과거의 모습을 알려 주는 증거 역할을 하기 때문이다.
11 ④   **12** 기차역   **13** ④   **14** ⑤   **15** 사진
16 가윤   **17** ⑤   **18** ②   **19** ㉡
20 예 전차와 전찻길이 사라지고 자동차와 버스 등이 숭례문 주변을 오고 간다.

1 지난 일 년 동안 학교에서 경험했던 일을 순서대로 살펴보면 시간의 흐름을 알 수 있습니다. 계절이 바뀌는 것으로도 시간의 흐름을 알 수 있습니다.

2 해가 뜨고 지는 것, 나무가 자라는 것, 동생이 자라는 것, 새로운 건물이 생기는 것 등 우리 주변의 다양한 변화를 통해 시간의 흐름을 알 수 있습니다.

3 연대는 일정 시간을 10년, 100년, 1000년 단위로 묶어서 표현하는 말로, 1392년은 1300년대, 1390년대 등으로 표현할 수 있습니다.

4 과거를 나타내는 말에는 옛날, 어제, 작년 등이 있고, 현재를 나타내는 말에는 오늘날, 오늘, 올해 등이 있습니다. 미래는 내일, 내년 등의 말로 표현합니다.

5 사진 아래 쓴 1962년이라는 연도를 통해 할아버지가 1962년에 국민학교에 입학하셨음을 알 수 있습니다. 1962년을 연대로 표현하면 1960년대, 1900년대이며, 지금으로부터 약 60년 전입니다.

6 나에게 일어났던 일을 조사하는 방법으로는 옛날에 쓴 일기 살펴보기, 옛날 사진이나 동영상 찾아보기, 나의 어린 시절을 알고 계신 주변 어른께 여쭤보기 등이 있습니다.

> **채점 기준**
>
> | 정답 키워드 일기 \| 어른 \| 여쭤보다 | |
> |---|---|
> | '옛날에 쓴 일기를 살펴본다.', '나의 어린 시절을 알고 계신 주변 어른께 여쭤본다.' 등의 내용을 정확히 씀. | 상 |
> | 나에게 일어난 일을 조사하는 방법을 썼지만 표현이 부족함. | 하 |

7 연표는 과거부터 현재까지 있었던 일을 시간 순서대로 연도와 함께 나타낸 것으로, 어떤 일이 언제 일어났는지, 여러 가지 일 중에서 어떤 일이 먼저 일어난 것인지를 알 수 있습니다.

> **왜 틀렸을까?**
> 연표를 보면 '돌잔치를 한 날-동생이 태어난 날-발표회를 한 날-초등학교에 입학한 날-강아지를 데려온 날'의 순서로 나에게 중요한 일이 있었다는 것을 알 수 있습니다.

8 버스 토큰은 버스를 탈 때 돈 대신 쓰던 동전 모양의 물건입니다.

> **왜 틀렸을까?**
> (1) 필름 사진기에 대한 설명입니다.
> (2) 반장 명찰에 대한 설명입니다.

> **더 알아보기**
>
> **옛날 버스의 풍경**
>
>
>
> [출처: 국립민속박물관]
>
> 🔺 버스 회수권
>
> 지금은 교통 카드를 찍고 버스를 타지만, 옛날에는 회수권이나 토큰을 내고 버스를 이용했습니다. 하차 벨이나 요금함이 없던 시절에는 각 버스마다 안내양이 있어서 사람들에게 내릴 정류장을 묻고, 내리는 손님에게 요금을 받기도 했습니다.

9 지도는 우리 지역의 위치를 알려 주는 자료입니다.

10 주변 사람들의 이야기, 내가 사용했던 물건 등 오래된 물건이나 자료는 내가 기억하지 못하는 과거의 모습을 알려 주는 증거 역할을 합니다.

> **채점 기준**
>
> | **정답 키워드** 과거 \| 증거 | |
> |---|---|
> | '과거의 모습을 알려 주는 증거 역할을 하기 때문이다.'라는 내용을 정확히 씀. | 상 |
> | 오래된 물건이나 자료가 필요한 까닭을 썼지만 표현이 부족함. | 하 |

11 가마솥은 밥을 지을 때 쓰던 물건으로, 전기가 없던 옛날에 전기밥솥 대신 사용하던 것입니다.

> **왜 틀렸을까?**
> ① 키는 곡식에 섞인 티끌을 골라낼 때 쓰던 물건입니다.
> ② 맷돌은 곡식을 갈 때 쓰던 물건입니다.
> ③ 쟁기는 소의 힘을 이용해 밭이나 논을 갈 때 쓰던 물건입니다.
> ⑤ 다듬잇돌은 다듬이질할 때 밑에 받치던 돌입니다.

12 기차역은 사람들이 기차를 타고 이동하기 위해 기다리는 곳입니다. 기차가 생기면서 먼 거리를 쉽고 빠르게 이동할 수 있게 되었고, 다른 지역으로 빠르게 물건을 운송할 수 있게 되었습니다.

13 옛날 책인 『화성성역의궤』에는 수원 화성의 건설 과정과 공사 방법, 사용된 재료 등이 자세하게 쓰여 있으며, 이 책의 내용을 바탕으로 전쟁으로 훼손된 수원 화성을 복원할 수 있었습니다. 이러한 기록물은 과거를 알려 주는 자료로서 가치가 있습니다.

14 화가 나서 도시락을 거의 먹지 않았다는 내용으로 학교에 점심으로 도시락을 싸서 다녔음을 알 수 있습니다.

15 디지털 아카이브는 지역 주민들에게 지역의 역사를 소개하고 알리기 위해 만든 것으로, 지역의 다양한 사진이나 영상을 살펴볼 수 있습니다.

16 신문 기사를 통해 옛날 마차리 지역 사람들은 탄광에서 일을 했으며, 석탄 산업이 몰락하면서 지역 사람들의 생활 모습도 달라졌음을 알 수 있습니다.

17 지역의 변화를 조사하는 방법으로는 문헌 찾아보기, 지역 누리집 방문하기, 답사하기, 주변 어른께 여쭈어보기, 사진이나 영상 찾아보기 등이 있습니다.

18 ①은 병점동, ③은 사기막골, ④는 안성시의 모습을 나타낸 것입니다.

19 서울특별시 중구의 변화 모습을 조사하기 위해 지역의 과거와 현재 사진을 비교했습니다.

20 서울특별시 중구의 과거와 현재 사진을 통해 사람들이 이용하는 교통수단이 변화한 모습을 살펴볼 수 있습니다.

> **채점 기준**
>
> | **정답 키워드** 전찻길 \| 버스 \| 교통수단 | |
> |---|---|
> | '전차와 전찻길이 사라지고 자동차와 버스 등이 숭례문 주변을 오고 간다.', '사람들이 이용하는 교통수단이 변화했다.' 등의 내용을 정확히 씀. | 상 |
> | 자료에 나타난 지역의 변화 모습을 썼지만 표현이 부족함. | 하 |

> **더 알아보기**
>
> **전차**
> 전차는 전기의 힘으로 달리는 교통수단입니다. 우리나라에서는 1899년 서울에서 처음 운행을 시작하였고, 이후 우리나라의 중요한 시내 교통수단이 되었습니다. 하지만 자동차와 버스가 새로운 교통수단으로 등장하면서 1969년에 철거되었습니다.

단원 서술형 평가 1회　32쪽

1 (1) 연표 (2) 예 2021년에 직장을 그만둔 일이다.
2 예 무엇으로 만들었을까요?　**3** 예 오늘날에도 여전히 여러 가지 그릇을 만들어 파는 전통이 남아 있다.

1 연표를 보면 중요한 일이나 사실을 알 수 있고, 어떤 일이 언제 일어났는지, 여러 일 중에 어떤 일이 가장 먼저 일어났는지, 과거의 일이 지금으로부터 얼마나 멀리 떨어져 있는지 알 수 있습니다.

채점 기준

(1)	'연표'라고 정확히 씀.	
(2)	**정답 키워드** 2021년 | 직장 '2021년에 직장을 그만둔 일이다.'라고 정확히 씀.	상
	연표에서 현재와 가장 가까운 일을 썼지만 표현이 부족함.	하

2 오래된 물건의 여러 부분을 자세히 살펴보고, 물건의 재료와 쓰임새, 사용 방법 등을 탐구하다 보면 과거의 모습을 알 수 있습니다. 물건의 재료를 탐구할 때는 '무엇으로 만들었을까요?' 등의 질문이 필요합니다.

채점 기준

정답 키워드 무엇으로 '무엇으로 만들었을까요?' 등의 내용을 정확히 씀.	상
선생님의 질문으로 알맞은 말을 썼지만 표현이 부족함.	하

3 사기막골은 옛날에 그릇을 만드는 사람들이 모여 살던 마을입니다. 지명을 통해 옛날 생활 모습을 알 수 있고, 관련된 모습이 오늘날까지 이어져 내려오기도 합니다.

채점 기준

정답 키워드 그릇 | 만들어 '오늘날에도 여전히 여러 가지 그릇을 만들어 파는 전통이 남아 있다.' 등의 내용을 정확히 씀.	상
사기막골에 현재까지 이어져 내려오는 모습을 썼지만 표현이 부족함.	하

단원 서술형 평가 2회　33쪽

1 (1) 기록
(2) 예 과거에 있었던 일이나 사람들이 살아온 이야기를 알 수 있다.
2 예 옛날에는 교과서와 공책, 필통 등이 들어 있던 보따리를 책보라고 불렀다.
3 예 옛날에는 이웃과 함께 빨래터에서 빨래를 했지만, 오늘날에는 가정에서 세탁기를 이용하게 되었다.

1 기록으로 과거에 있었던 일이나 사람들이 살아온 이야기를 알 수 있고, 우리 학교나 우리 지역, 우리나라에 있었던 중요한 일도 알 수 있습니다.

채점 기준

(1)	'기록'이라고 정확히 씀.	
(2)	**정답 키워드** 과거 | 살아온 이야기 '과거에 있었던 일을 알 수 있다.', '사람들이 살아온 이야기를 알 수 있다.'라고 정확히 씀.	상
	기록을 통해 알 수 있는 것을 썼지만 표현이 부족함.	하

2 어른들의 과거 이야기를 통해 당시 사람들의 생각이나 문화 등을 알 수 있습니다. 제시된 이야기를 통해서 옛날 어린이들은 책 보따리를 매고 학교에 갔다는 것, 초등학교를 국민학교라고 불렀다는 것 등을 알 수 있습니다.

채점 기준

정답 키워드 책보 | 국민학교 '옛날에는 교과서에 공책, 필통 등이 들어 있던 보따리를 책보라고 불렀다.', '옛날에는 초등학교를 국민학교라고 불렀다.' 등의 내용을 정확히 씀.	상
과거 이야기를 통해 알 수 있는 옛날 모습을 썼지만 표현이 부족함.	하

3 옛날에는 마을 사람들이 시설을 함께 이용하다 보니 자주 만나게 되어 이웃끼리 잘 알고 지냈습니다. 오늘날에는 집집마다 필요한 시설이나 도구가 잘 갖추어져서 가정에서 많은 일을 해결할 수 있게 되었습니다. 옛날 모습과 오늘날 모습을 비교하면 지역의 변화에 따라 지역 사람들의 생활 모습도 달라졌음을 알 수 있습니다.

채점 기준

정답 키워드 옛날 | 빨래터 | 오늘날 | 세탁기 '옛날에는 이웃과 함께 빨래터에서 빨래를 했지만, 오늘날에는 가정에서 세탁기를 이용하게 되었다.' 등의 내용을 정확히 씀.	상
옛날과 비교해 오늘날 사람들의 달라진 생활 모습을 썼지만 표현이 부족함.	하

1 ②   2 ⑩ 장소에서의 경험은 사람마다 다르기 때문에 같은 장소라도 그 장소에서의 생각이나 느낌이 서로 다를 수 있다.   3 (1) ○   4 ④   5 ⑤
6 (1) ⓒ (2) ⓒ (3) ⑦   7 ⑦   8 자율   9 ⑤
10 ③   11 예서   12 (2) ○   13 ⑩ 지명을 통해 지역의 유래를 알 수 있다. 14 ④   15 ⓒ

1 어떤 일이 이루어지거나 일어나는 곳을 장소라고 합니다. 장소는 우리 생활과 밀접한 관련이 있고, 우리가 생활하면서 이용하는 곳입니다.

2 같은 장소라도 그곳에서 경험한 일이 다르기 때문에 어떤 장소를 떠올릴 때 드는 생각이나 느낌은 사람마다 다르게 나타납니다.

채점 기준

정답 키워드 경험 | 다르다	
'장소에서의 경험은 사람마다 다르기 때문에 같은 장소라도 그 장소에서의 생각이나 느낌은 서로 다를 수 있다.' 등의 내용을 정확히 씀.	상
같은 장소에 대한 생각이나 느낌이 다른 까닭을 썼지만 표현이 부족함.	하

더 알아보기

놀이터에 대한 다양한 감정

3 장소에 대한 경험과 느낌은 그림 그리기, 사진이나 영상 찍기 등 다양한 방법으로 표현할 수 있습니다.

4 놀거나 쉴 수 있는 장소는 공원, 놀이터, 놀이공원 등 놀거나 여가를 즐길 때 이용하는 곳입니다.

5 경찰서는 사람들이 안전하고 건강한 생활을 할 수 있도록 도와주는 장소로, 범죄를 예방하고 주민의 안전을 책임집니다.

6 장소를 조사하는 방법으로 내가 직접 장소에서 겪은 경험을 떠올려 볼 수 있고, 디지털 영상 지도로 원하는 장소의 모습을 살펴볼 수 있습니다. 또한, 주변 어른들께 장소에서 생활하면서 좋았던 점이나 불편한 점을 여쭤볼 수 있습니다.

더 알아보기

디지털 영상 지도 살펴보기

⚠ 디지털 영상 지도를 축소한 모습(전체 모습)

⚠ 디지털 영상 지도를 확대한 모습(자세한 모습)

7 우리가 사는 곳을 더 좋은 곳으로 만들기 위해 우리가 사는 곳의 좋은 점은 더 발전시키고, 불편한 점은 없는지 살펴보며 관심을 가져야 합니다.

8 '어제'라는 표현은 시간을 표현하는 말 중에서 과거를 나타내는 말입니다.

9 연표를 보면 여러 가지 일 중에서 먼저 일어난 일이 무엇인지 알 수 있으며, 과거의 일이 지금으로부터 얼마나 떨어져 있는지도 알 수 있습니다.

왜 틀렸을까?

① 동생이 태어난 연도를 알 수 있습니다.
② 강아지를 데려온 연도를 알 수 있습니다.
③ 과거부터 현재까지 있었던 중요한 일들을 알 수 있습니다.
④ 음악 발표회를 했던 연도를 알 수 있습니다.

10 앞으로 개발될 디지털 기기로는 과거의 모습을 알 수 없습니다.

11 세관은 항구에 드나들던 물건에 세금을 정하고 거두던 곳입니다.

> **왜 틀렸을까?**
> 민성: 학생들이 공부를 했던 곳은 향교입니다.
> 승민: 적의 침입을 막기 위해 만든 곳은 성입니다.

12 미래 사람들에게 현재 모습을 보여 주려면 현재를 대표할 수 있는 물건을 남겨야 합니다. 할머니의 반장 명찰과 언니의 배냇저고리는 오래된 물건입니다.

> **더 알아보기**
> **서울 천 년 타임캡슐**
> • 1994년에 서울이 수도로 정해진 지 600년이 된 것을 기념해서 서울 사람들의 생활 모습을 대표하는 600가지 물건을 넣어서 묻은 타임캡슐입니다.
> • 서울이 수도가 된 지 1,000년이 되는 2394년에 개봉 예정입니다. 타임캡슐에 넣은 물건을 살펴보면 당시 사람들의 생활 모습을 알 수 있습니다.
>
>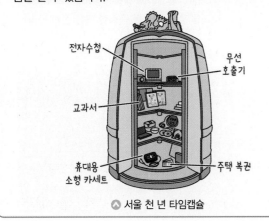
> 전자수첩 / 무선 호출기 / 교과서 / 휴대용 소형 카세트 / 주택 복권
> ⬆ 서울 천 년 타임캡슐

13 지명은 지역이나 산, 강 등의 이름으로, 학교, 건물, 다리 등 곳곳에서 볼 수 있습니다.

> **채점 기준**
>
> | **정답 키워드** 지명 \| 유래 | |
> | --- | --- |
> | '지명을 통해 지역의 유래를 알 수 있다.' 등의 내용을 정확히 씀. | 상 |
> | 지명을 통해 알 수 있는 것을 썼지만 표현이 부족함. | 하 |

14 지역의 변화 모습을 알 수 있는 역사 자료의 종류는 사진, 영상, 문헌, 주변 어른들의 증언, 옛이야기 등이 있습니다.

15 지역의 옛날과 오늘날 모습을 조사하여 비교하면 지역의 변화를 알 수 있습니다.

> **더 알아보기**
> **지역의 변화를 조사하기 위한 주제**
> 지역의 변화를 조사하기 위한 주제로는 지명의 유래, 지역 사람들이 주로 하는 일, 지역의 자연환경 등이 있습니다.

> **기말 평가 2회** `37~39쪽`
>
> **1** ③ **2** ③ **3** ② **4** 예 어린이들은 놀이터에서 다양한 경험을 한다. 어린이들은 놀이터에 대해 다양한 감정을 갖고 있다. **5** ③ **6** ④ **7** ④ **8** ㄹ **9** 시간 **10** ① **11** 예 나의 성장 과정에서 일어난 일을 알 수 있다. **12** ㄴ **13** ②
> **14** ①, ③ **15** ②

1 장소는 우리가 생활하면서 이용하는 곳이기 때문에 우리 생활과 밀접한 관련이 있습니다. 우리가 공부하는 학교, 친구들과 노는 놀이터, 필요한 물건을 사는 시장뿐만 아니라 산, 강, 바다 등과 같은 자연환경도 장소입니다.

2 학교 안에는 교실, 운동장, 급식실 등 우리에게 친숙한 다양한 장소가 있습니다.

> **더 알아보기**
> **학교에서 볼 수 있는 장소**
>
> ⬆ 화단 / ⬆ 운동장 / ⬆ 교실 / ⬆ 급식실

3 카드에 장소의 이름을 쓰고, 장소의 모습을 그리거나 사진을 붙인 다음 장소에서의 경험을 써서 장소 카드를 완성할 수 있습니다.

4 놀이터는 어린이들에게 친숙한 장소로, 어린이들이 놀이터에서 다양한 경험을 했기 때문에 다양한 감정을 갖고 있습니다.

> **채점 기준**
>
> | **정답 키워드** 다양한 \| 경험 \| 감정 | |
> | --- | --- |
> | '어린이들은 놀이터에서 다양한 경험을 한다.', '어린이들은 놀이터에 대해 다양한 감정을 갖고 있다.' 등의 내용을 정확히 씀. | 상 |
> | 놀이터에 대한 어린이들의 다양한 생각을 보고 알 수 있는 것을 썼으나 구체적이지 않음. | 하 |

치과에 대한 다양한 감정

다행이다.

무섭다.

시원하다.

치 과

5 그림지도를 그릴 때 장소에 대한 느낌을 장소 위에 그림말로 나타내거나 ☆, ♡ 표시를 해서 표현할 수 있습니다.

더 알아보기

☆ 표시를 이용하여 나타낸 그림지도

6 친구들이 여러 장소에서 경험한 일과 느낀 점을 표현한 작품을 보면 비슷한 점도 있지만 서로 다른 점도 있습니다.

7 우리가 놀거나 쉴 수 있는 장소에는 공원, 체육관, 놀이공원, 캠핑장, 경기장 등이 있습니다.

왜 틀렸을까?
① 보건소는 건강과 관련 있는 곳입니다.
② 경찰서는 안전을 지켜 주는 곳입니다.
③ 박물관은 배우고 즐기는 곳입니다.

8 디지털 영상 지도를 축소하면 전체 모습을 볼 수 있고, 디지털 영상 지도를 확대하면 자세히 볼 수 있습니다. 거리 보기 기능을 이용하면 직접 그 장소에 가지 않아도 내가 가고 싶은 장소의 모습을 살펴볼 수 있습니다.

9 우리는 다양한 사례를 통해 시간의 흐름을 알 수 있습니다. 시간이 흐르면서 우리의 몸도, 학교 운동장의 나무들도 점점 자랍니다.

10 우리는 일상생활에서 시간을 표현하는 말을 많이 사용합니다. 과거, 현재, 미래라는 말뿐만 아니라 숫자를 이용하여 연도를 나타내는 말도 많이 사용합니다.

11 우리에게 일어난 일은 옛 기록이나 일기를 찾아보거나 주변 어른들께 여쭤보면 알 수 있습니다.

채점 기준	
정답 키워드 성장 ┃ 일어난 일	
'나의 성장 과정에서 일어난 일을 알 수 있다.' 등의 내용을 정확히 씀.	상
제시된 다양한 방법으로 알 수 있는 것을 썼으나 구체적이지 않음.	하

12 과거부터 현재까지 있었던 일을 시간 순서대로 연도와 함께 나타낸 것을 연표라고 합니다. 연표는 다양한 모양으로 만들 수 있고, 모든 사건을 넣는 것이 아니라 중요한 일을 늘어놓은 것입니다.

⬆ 우리가 살아온 이야기를 나타낸 연표

13 옛날 사람들은 맷돌을 이용해서 곡식을 가루로 만들었습니다. 옛날 사람들이 쓰던 물건을 보면 당시 사람들이 어떤 생활을 했는지 알 수 있습니다.

14 우리는 주변에서 오래된 물건을 찾아볼 수 있는데, 이 물건들은 과거의 모습을 알려 주는 증거 역할을 합니다.

15 옛이야기를 통해 지역의 과거 모습과 사람들의 생활 모습을 알아볼 수 있습니다. 옛날에는 누에고치에서 뽑아낸 명주실로 비단을 만들어 입었습니다.

⬆ 옛날 잠실동의 모습

MEMO

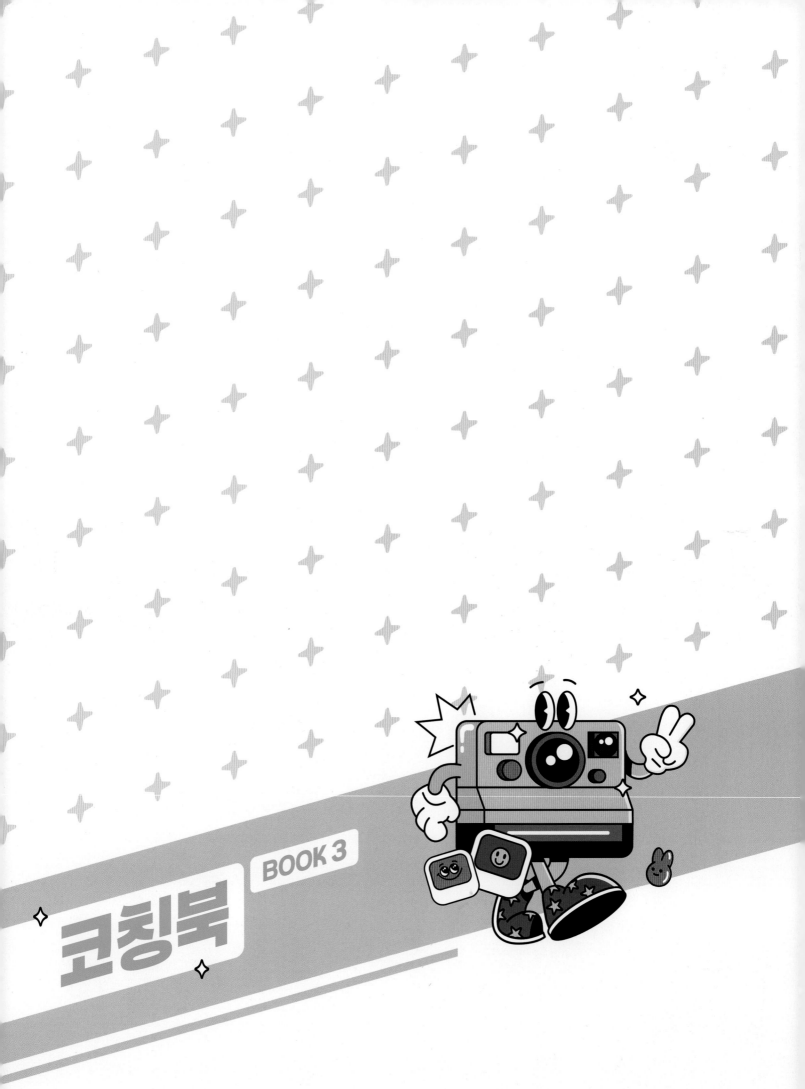

코칭북 BOOK 3

빈틈없는
수준별 학습으로
빠져나갈 구멍 없이
완전봉쇄!

사고력

서술형

독해력

이제 긴 문제도
어렵지 않아요!

기본기와 서술형을 한 번에, 확실하게
수학 자신감은 덤으로!

수학리더 시리즈 (초1~6 / 학기용)

[연산]
(*예비초~초6/총14단계)

[개념]

[기본]

[유형]

[기본＋응용]

[응용·심화]

[최상위]
(*초3~6)

book.chunjae.co.kr

교재 내용 문의 ················	교재 홈페이지 ▶ 초등 ▶ 교재상담
교재 내용 외 문의 ············	교재 홈페이지 ▶ 고객센터 ▶ 1:1문의
발간 후 발견되는 오류 ········	교재 홈페이지 ▶ 초등 ▶ 학습지원 ▶ 학습자료실

My name~

	초등학교
학년 반 번	
이름	

시험 대비교재

- ●올백 전과목 단원평가   1~6학년/학기별
(1학기는 2~6학년)

- ●HME 수학 학력평가   1~6학년/상·하반기용

- ●HME 국어 학력평가   1~6학년

논술·한자교재

- ●YES 논술   1~6학년/총 24권

- ●천재 NEW 한자능력검정시험 자격증 한번에 따기   8~5급(총 7권)/4급~3급(총 2권)

영어교재

- ●READ ME
- – Yellow 1~3   2~4학년(총 3권)
- – Red 1~3   4~6학년(총 3권)

- ●Listening Pop   Level 1~3

- ●Grammar, ZAP!
- – 입문   1, 2단계
- – 기본   1~4단계
- – 심화   1~4단계

- ●Grammar Tab   총 2권

- ●Let's Go to the English World!
- – Conversation   1~5단계, 단계별 3권
- – Phonics   총 4권

예비중 대비교재

- ●천재 신입생 시리즈   수학/영어

- ●천재 반편성 배치고사 기출 & 모의고사